Algorithm

개정 증보판

● 국내 최초 그림으로 배우는 Algorithm 입문서

ANK Co., Ltd. 저 | 이영란, 김성훈 공역 | 이상규 감역(숙명여자대학교 컴퓨터과학과 교수)

알고리즘이 보이는 그림책

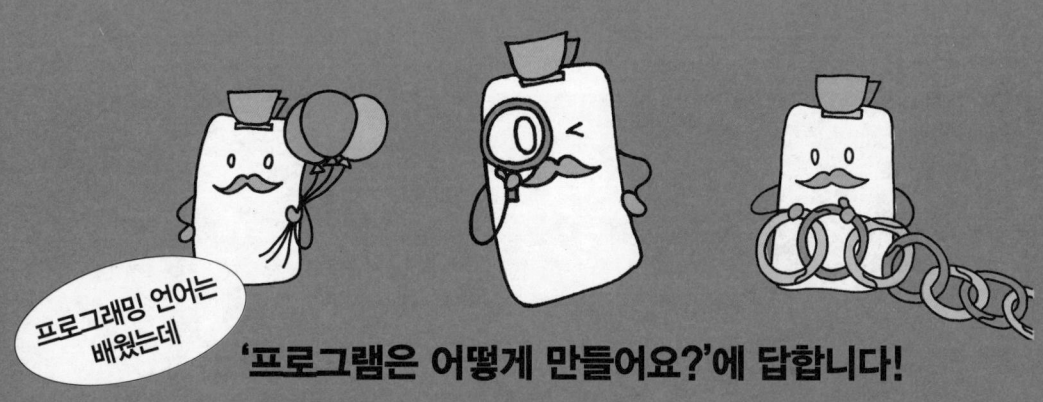

프로그래밍 언어는 배웠는데 '프로그램은 어떻게 만들어요?'에 답합니다!

BM (주)도서출판 성안당

알고리즘이 보이는 그림책

2004. 1. 20. 1판 1쇄 발행
2005. 9. 26. 1판 3쇄 발행
2007. 9. 14. 2판 1쇄 발행
2018. 9. 17. 2판 8쇄 발행
2021. 5. 27. 개정증보 1판 1쇄 발행

글쓴이 | ANK Co., Ltd.
옮긴이 | 이영란, 김성훈
감 역 | 이상규
펴낸이 | 이종춘
펴낸곳 | BM (주)도서출판 성안당

주 소 | 04032 서울시 마포구 양화로 127 첨단빌딩 3층(출판기획 R&D 센터)
         10881 경기도 파주시 문발로 112 파주 출판 문화도시(제작 및 물류)
전 화 | (02) 3142-0036
         (031) 950-6300
팩 스 | (031) 955-0510
등 록 | 1973. 2. 1. 제406-2005-000046호
홈페이지 | www.cyber.co.kr
도서 내용 문의 | nahrcho@naver.com

ISBN | 978-89-315-5642-1 (13000)
정 가 | 17,000원

만든이
책임 | 최옥현
진행 | 조혜란, 최동진
교정 | 최동진
본문 디자인 | Design Bugs, 김인환
표지 디자인 | 박원석
홍보 | 김계향, 유미나, 서세원
국제부 | 이선민, 조혜란, 김혜숙
마케팅 | 구본철, 차정욱, 나진호, 이동후, 강호묵
마케팅 지원 | 장상범, 박지연
제작 | 김유석

성안당 Web 사이트

이 책에서 사용된 모든 프로그램과 상표는 각 회사에 그 권리가 있습니다.

アルゴリズムの絵本 第2版
(Algorithm no Ehon dai2han : 5937-9)
© 2019 ANK Co., Ltd
Original Japanese edition published by SHOEISHA Co., Ltd.
Korean Translation rights arranged with SHOEISHA Co., Ltd.
through Eric Yang Agency

Korean translation copyright © 2021 by SUNG AN DANG, Inc.

본 저작물의 한국어판 저작권은 에릭양 에이전시를 통한 SHOEISHA Co., Ltd. 와의 계약으로 한국어 판권을 성안당이 소유합니다.
저작권법에 의하여 한국 내에서 보호를 받는 저작물이므로 무단 전재와 무단 복제를 금합니다.

한국어판 판권 소유 | BM (주)도서출판 성안당
© 2021 성안당 Printed in Korea

"추천의 말"

그림을 통해 배울 수 있는 알고리즘 입문서

이 책에서 가장 맘에 드는 부분은 지루하지 않게 읽힌다는 점이다. 흥미를 가지고 학습할 수 있는 다양한 그림과 예제를 통해, 알고리즘에 대해 체계적으로 설명하고 있기 때문일 것이다. 또한 쉬운 예제부터 하나씩 풀어나갈 수 있도록 해 준 구성에서 초보자를 위한 책이라는 의지가 엿보인다. 알고리즘을 처음 접하는 사람에게 권하고 싶은 책이다.

박성준(건국대학교 컴퓨터공학과 HCI 연구실 박사 과정)

제목에서 느껴지듯이 이 책은 처음부터 끝까지 다양한 그림을 통해 알고리즘에 대한 열린 사고를 하는 데 도움을 주고 있다. 제목에서 느낄 수 있듯 알고리즘이 보이는 이 책은 진짜로 알고리즘과 친해지는 법을 배울 수 있다. 이 책처럼 스스로 깨우칠 수 있게 해주는 책은 드물다. 많이 생각하면서 만든 책 같다.

유승우(프레임웍스랩 부사장)

알고리즘은 공부하기 어려운 분야다. 몇 년 동안 공부했지만, 아직도 알고리즘은 내게 막연하고 막막한 존재다. 이 책은 알고리즘에 첫발을 내딛는 독자를 위한 알고리즘 입문서로서 손색이 없다. 쉬운 그림 등을 통해 친근하게 설명한 것이 인상적이며, 배운 내용을 토대로 연습 문제를 풀어 보면서 실력을 쌓아갈 수 있도록 한 구성이 돋보인다. 그리고 실제로 프로그래밍을 하다가 막힐 때의 대처 방법 등을 유형별로 분류한 부록 부분도 마음에 든다. 이 모든 것이 실제 프로그램을 개발할 때 도움이 되는 것들이다. 좋은 책은 누구나 쉽게 이해할 수 있는 책이어야 한다. 그런 점에서 이 책은 좋은 책이라 할 수 있다.

이왕희(경북대학교 전기전자컴퓨터학부)

언제나 알고리즘은 내게 너무나 어려운 과목이었다. 시중에 나와 있는 많은 책을 봐도 모두가 어려운 말만 되풀이하고 있어서 이해하기 힘들었고, 과연 '누구를 위한 책인가' 하는 의문마저 드는 것도 있었다. 그러나 이 책은 알고리즘을 공부하고 있거나 공부하려는 사람에게 입문서로 가장 적절하다고 생각된다. 어떻게 하면 더 안정적이고 좋은 프로그램을 만들 수 있는지에 대한 설명이 자세하게 나와 있기 때문이다. 프로그램 만드는 것을 정식으로 공부하고 싶다면, 알고리즘에 대해 체계적으로 설명한 이 책을 통해 기본기를 탄탄히 다지길 바란다.

홍순기(연세대학교 전기전자공학부)

머리말_

여러분은 "프로그램을 짤 수 있습니까?"라는 질문을 받는다면 어떻게 대답하겠습니까? "뭐 그럭저럭."이라고 대답할 수 있다면 아주 간단한 프로그램 정도는 만들 수 있다고 생각합니다. 하지만 프로그래밍을 시작한 지 얼마 되지 않은 사람들은 "어디부터 손을 대야 할지 전혀 모르겠어요."라든가 "어려워서 포기해 버렸어요."라는 말을 자주 합니다. 많은 사람들이 프로그램의 의미는 이해하고 있어도 그것을 응용하여 자기 나름대로의 프로그램을 만드는 것은 어려워하는 것 같습니다.

이 책은 그런 프로그래밍 1년차를 위한 책으로, 프로그램을 만들 때 필요한 순서도를 작성하는 방법과 기초적인 알고리즘에 관해 설명한 입문서입니다.

책 제목에 있는 '알고리즘'이란 간단히 말하면 '프로그램을 짤 때의 절차나 방법'이라고 할 수 있습니다. 보통 '알고리즘 책'이라고 하면 숫자를 정렬하거나 복잡한 수학적 계산에 따라 결과를 구하는 고급 수준의 로직을 설명하는 책이 대부분입니다. 그러나 이 책은 그와는 좀 다른 책이라고 할 수 있습니다. 물론 책의 마지막에서 그런 주제도 다루고 있지만, 그보다 먼저 "프로그램을 어떻게 구성하면 생각한 대로 작동시킬까?"를 중점적으로 설명하고 있습니다. 특히 머릿속에 떠오른 안개같이 흐릿한 이미지를 프로그램으로 구현할 때 필요한 아이디어나 크고 복잡한 프로그램을 만들 때의 대처 방법에 대해 많은 그림을 사용해서 자세히 설명하고 있습니다.

처음 〈알고리즘이 보이는 그림책〉이 이 세상에 나온지 15년, 여러분의 성원 덕분에 이번에 개정판이 나올 수 있게 되었습니다. 개정판에서는 레이아웃과 설명을 더욱 보기 편하게 만들었으며 최신 개발 환경 정보도 추가했습니다.

프로그래밍 언어를 배우고, 프로그래밍 기술을 몸에 익히고, 자기만의 프로그램을 만들어내고, 컴퓨터를 의도한 대로 작동시키는 것은 분명 힘든 일입니다. 하지만 작업이 잘 될 때의 기쁨 역시 그만큼 각별할 것입니다. 이 책을 읽고 프로그래밍의 즐거움을 조금이라도 맛보길 바랍니다.

2018년 12월 저자 씀

감역의 말_

컴퓨터가 만들어진 지 불과 수십 년밖에 되지 않았지만 컴퓨터는 이제 없어서는 안 될 물건이 되었습니다. 다른 사람들이 만든 여러 가지 프로그램을 사용하여 점점 익숙해지다 보면 직접 프로그램을 만들고 싶어질 겁니다. 그러나 프로그램을 만드는 것은 컴퓨터를 사용하는 것보다 훨씬 더 어려운 일입니다. 컴퓨터를 사용하는 것은 일주일만 배우면 어느 정도 할 수 있을지 모르나 훌륭한 프로그램을 만드는 것은 훨씬 더 많은 시간과 노력을 투자해야 얻을 수 있는 것입니다.

프로그램을 만드는 데 있어서 알고리즘은 건축에서의 설계도(청사진)에 해당됩니다. 설계도가 없어도 집을 지을 수는 있습니다. 그러나 많은 시행착오를 거쳐야만 계획된 집을 지을 수 있을 것입니다. 시행착오는 곧 돈과 시간입니다. 알고리즘도 마찬가지입니다. 알고리즘이 없어도 프로그램을 만들 수는 있습니다. 그러나 알고리즘을 가지고 만드는 것보다 훨씬 더 많은 시간이 들게 됩니다. 검증된 알고리즘을 갖고 프로그램을 만드는 것은 시간 절약만이 아니라 프로그램의 정확성과 안정성에도 큰 영향을 줍니다. 따라서 프로그램 만드는 것을 정식으로 공부하고 싶다면 반드시 알고리즘을 배울 필요가 있습니다.

그러나 알고리즘 공부는 쉽지 않습니다. 대학에서 컴퓨터과학을 전공하는 학생들에게도 알고리즘은 어려운 과목 중의 하나입니다. 이런 점에서 〈알고리즘이 보이는 그림책〉은 프로그래머가 되기 위해 알고리즘을 공부하는 사람들에게 입문서로 가장 적절한 책이 될 수 있을 것입니다. 〈알고리즘이 보이는 그림책〉은 알고리즘의 기본 내용을 담고 있습니다. 어려울 수 있는 내용을 그림을 이용한 풍부한 예제를 통해 설명함으로써 보다 쉽게 이해할 수 있게 해 줍니다. 이 책은 프로그램 작성의 어느 한 부분에 대한 예만을 제시하는 것이 아니라, 문제의 이해에서부터 프로그램을 디자인하고 알고리즘을 만들어 코딩을 하는 전 과정을 상세하게 단계별로 설명해 줌으로써 프로그램 작성의 모든 과정에 대한 이해를 돕습니다. 여러분들이 이 책을 통해 알고리즘의 기본 개념들을 이해하고, 이러한 이론적 지식을 바탕으로 보다 안정적이고 우수한 성능을 갖는 프로그램을 개발해 내는 고급 개발자가 되는 발판을 마련하기를 바랍니다.

이상규
숙명여자대학교 컴퓨터과학과 교수

이 책을 쉽게 이해할 수 있는 지름길_ 01

A 꼭 알아야 할 key point

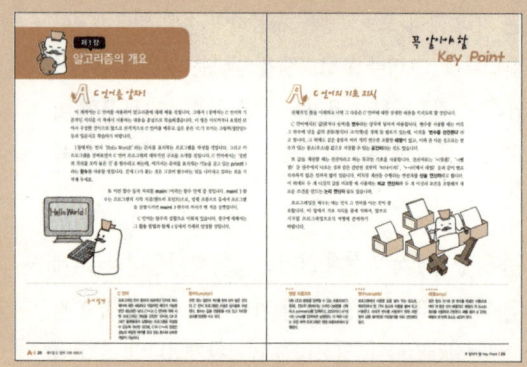

각 장에서 배워야 할 중요한 개념들을 미리 짚어 봅니다.

A 본문

본문은 펼친 양면을 하나의 주제로 완결시켜, 이미지가 산만하게 흩어지지 않도록 배려했습니다. 또한, 나중에 필요한 부분을 찾을 때도 효과적으로 사용할 수 있습니다.

이 책에서는 실제 프로그래밍 언어로 C 언어를 사용하고 있습니다. C 언어의 문법에 대해서는 1장에서 간단히 설명하고 있지만, 〈C가 보이는 그림책(성안당)〉과 함께 읽으면 본문에 있는 프로그램의 의미를 보다 깊이 이해할 수 있을 것입니다.

How to...

그림으로 보는 알고리즘, 알고 보면 더 쉬워요!

예와 실행 결과

예 〉〉 프로그래밍으로 입력할 내용

```c
#include <stdio.h>
int main(int argc, char *argv[])
{
    printf("Hello World!\n");
    return 0;
}
```

실행결과 〉〉 실제 화면에 표시되는 내용

```
Hello World!
■
```

예제 프로그램

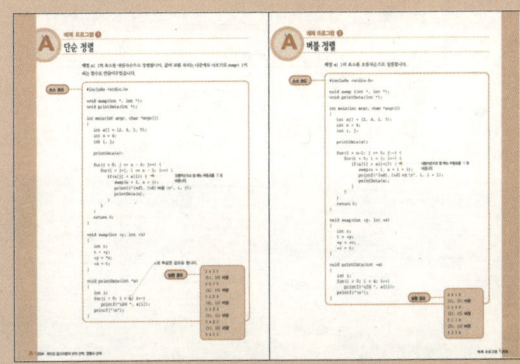

원칙적으로 펼친 부분에 수록된 소스 코드는 요점 부분만 간추린 것이고, 각 장의 끝에 완전한 프로그램을 실었습니다. 또 이 책의 해설과 예제 대부분은 Microsoft Windows 10에서 Visual Studio 2017을 사용해 개발하는 것을 전제로 하고 있습니다(이 책에서 소개하는 예제는 표준 C언어 문법에 따르므로 Visual Studio 2017로 컴파일한 경우, 일부 경고가 나오는 경우가 있지만, 실행에는 지장이 없습니다).

〉〉 이 책의 독자는?

이 책은 앞으로 알고리즘을 배우려는 분들은 물론, 한번 도전했지만 좌절해 버린 분들에게도 권합니다. 또 알고리즘을 모르고 프로그래밍을 시작했지만 다시 한번 기본을 확인하고 싶은 분들에게도 도움이 될 것입니다.

이 책을 쉽게 이해할 수 있는 지름길_ 02

A 도전! 알고리즘

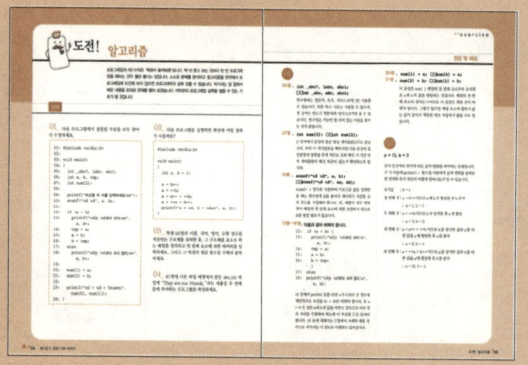

프로그래밍의 제1수칙은 '백문이 불여일행' 입니다. 백 번 듣고 보아도 자신이 직접 프로그래밍을 해보지 않으면 알고리즘을 정복할 수 없습니다. 도전! 알고리즘은 각 장에서 배운 내용을 토대로 연습문제를 풀어 보면서 실력을 쌓아 갈 수 있도록 합니다.

A 알아두면 도움이 되는 알고리즘 상식

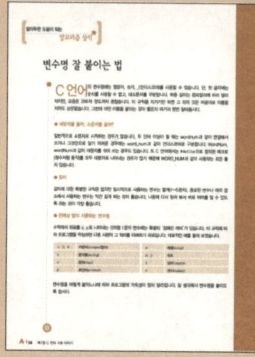

알고리즘의 기본 개념을 공부하는 것이 가장 중요하지만 프로그램의 구조나 처리 등 실제 기능의 구현에 필요한 추가 개념들을 쉬어 가면서 이해할 수 있습니다. 프로그램의 지식을 한층 더 높여 줍니다.

컴퓨터나 각종 애플리케이션에서 표시되는 내용 등은 이용 환경에 따라서 다른 경우가 있습니다.

How to...

그림으로 보는 알고리즘, 알고 보면 더 쉬워요!

A 부록 1 프로그램을 짜다가 막히면

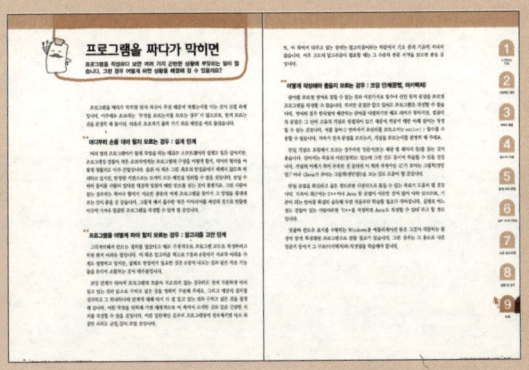

프로그램을 작성하다 보면 여러 가지 곤란한 상황에 부딪히는 일이 많은데, 그럴 경우 어떻게 하면 상황을 해결할 수 있는지 알려 줍니다.

A 부록 2~6

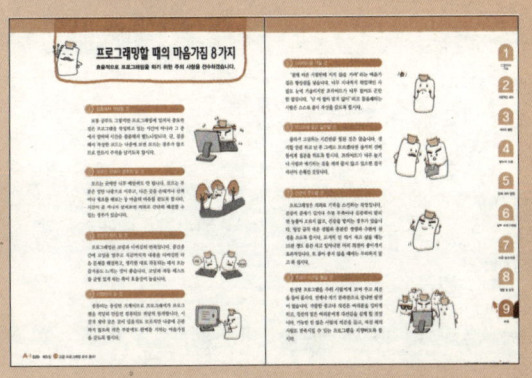

프로그래밍을 할 때의 마음가짐 8가지도 실제 프로그램을 개발할 때 도움이 될 것입니다.

》 표기에 대해

이 책은 아래와 같은 약속에 따라 쓰여졌습니다.

- **고딕체** : 중요한 단어
- 리스트 글꼴 : 프로그래밍에 실제로 사용되는 문장이나 단어
- **리스트 굵은 글꼴** : 리스트 글꼴 중에서도 중요한 포인트
- ⌐ : 한 줄에 써야 하는 긴 코드가 줄을 넘어갈 때 코드가 연결된다는 것을 나타내는 기호

이 책의 목차_

제0장
알고리즘 공부를 시작하기 전에

- 알고리즘이 별건가? ... 16
- 프로그램이 만들어지기까지 ... 18
- 프로그램 흐름이 한눈에 쏘~옥 들어오는 순서도 ... 20
- C 언어 따라잡기 ... 24
- 프로그래밍에서 실행까지의 흐름 ... 25
- 프로그램 작성의 오(五)계명 ... 26

제1장
C 언어 기초 다지기

- `key point` C 언어를 알자! ... 28
- C 언어의 기초 지식 ... 29
- Hello World! ... 30
- 변수와 상수 ... 32
- 수치형 ... 34
- 배열 ... 36
- 포인터 변수 ... 38
- 문자와 문자열 ... 40
- 계산 연산자 ... 42
- 기타 연산자 ... 44
- 파일 읽고 쓰기 ... 46
- 키보드 입력 ... 48
- 메모리 확보 ... 50
- 구조체 ... 52
- `exercise` 도전! 알고리즘 ... 54
- `알고리즘 상식` 변수명 잘 붙이는 법 ... 58

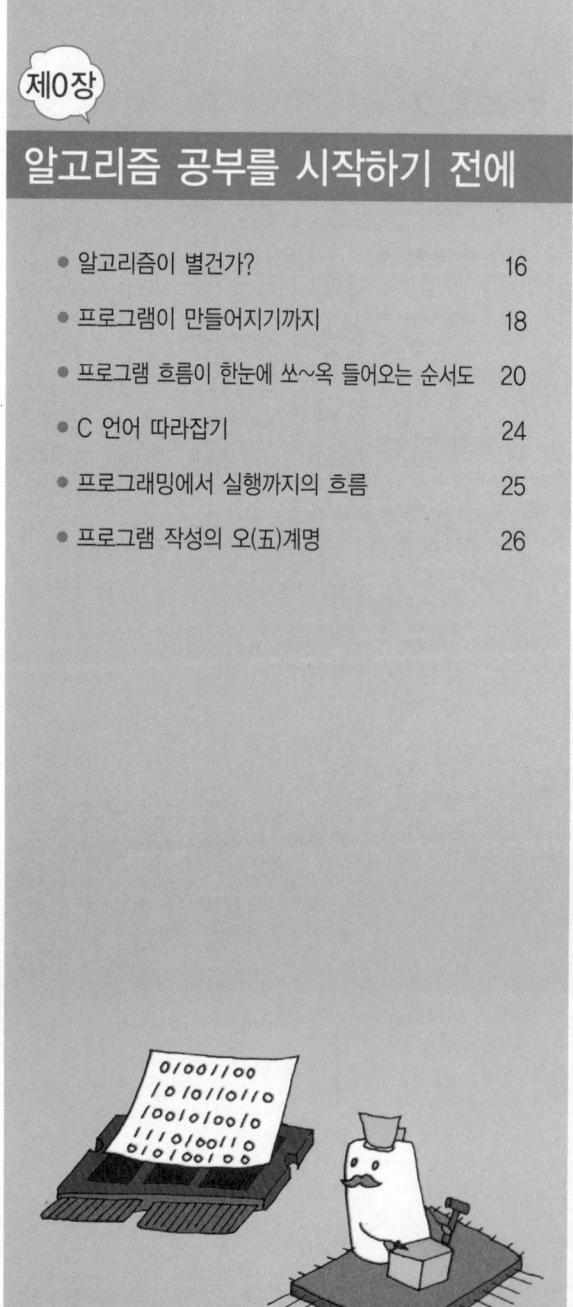

CONTENTS

제2장
기본적인 제어

- **key point** 프로그램의 흐름을 만들자! — 60
- 제어의 종류와 구조화 — 62
- if 문 — 64
- for 문과 while 문 — 66
- 기타 제어문 — 68
- **exercise** 도전! 알고리즘 — 70
- **알고리즘 상식** 구조화 이전의 프로그램 — 72

제3장
제어의 활용

- **key point** 프로그래밍을 시작해 보자! — 74
- 1부터 5까지의 합 — 76
- 배열에서 값 찾기(1) — 78
- 배열에서 값 찾기(2) — 80
- 평균 구하기 — 82
- 막대 그래프 그리기 — 84
- 두 문자열 연결하기 — 86
- 역순으로 읽기 — 88
- 파일의 내용을 표시하기 — 90
- 앞면? 뒷면? 동전 던지기 게임 — 92
- **exercise** 도전! 알고리즘 — 94
- **알고리즘 상식** 스택과 큐 — 96

CONTENTS

제4장 함수의 이용

key point	마법의 블랙박스 함수	98
	프로그래밍과 함수	99
• 함수란?		100
• 함수의 정의와 사용		102
• main( ) 함수		104
• 함수의 특징		106
• 함수의 활용		108
• 함수의 재귀 호출		110
exercise 도전! 알고리즘		112
알고리즘 상식 함수의 포인터		114

제5장 문제 대처 방법

key point	달력을 만들자!	116
	프로그래밍의 흐름	117
• 문제 정리하기		118
• 프로그램의 설계		121
• 프로그램의 작성 (1)		124
• 프로그램의 작성 (2)		126
• 프로그램 정리하기		128
• 테스트와 디버그		130
• 완성 프로그램		132
exercise 도전! 알고리즘		134
알고리즘 상식 상향식·하향식 접근 방식		136

제6장
실무 프로그래밍

key point 한 통의 의뢰서	138
실용적 프로그래밍	139
● 사양 분석하기	140
● 데이터 형식 정하기 (1)	142
● 데이터 형식 정하기 (2)	144
● 기본 설계 결정 (1)	146
● 기본 설계 결정 (2)	148
● 메인 부분을 만든다	150
● 세부 기능 작성 (1)	152
● 세부 기능 작성 (2)	154
● 완성 프로그램	156
exercise 도전! 알고리즘	162
알고리즘 상식 시간이 걸리는 처리	164

제7장
고급 알고리즘

key point 소수, 소인수 분해, 최대 공약수	166
연결 리스트란?	167
● 소수 구하기	168
● 소인수 분해	170
● 최대 공약수 구하기	172
● 연결 리스트 (1)	174
● 연결 리스트 (2)	176
예제 1 소수 구하기	178
예제 2 소인수 분해	179
예제 3 최대 공약수	180
예제 4 연결 리스트	181
exercise 도전! 알고리즘	186
알고리즘 상식 알고리즘 연구	188

CONTENTS

제8장 정렬과 검색

key point 알고리즘의 2대 지주	190
● 단순 정렬	192
● 버블 정렬	194
● 삽입 정렬	196
● 셸 정렬	198
● 퀵 정렬	200
● 이진 검색	202
예제 1 단순 정렬	204
예제 2 버블 정렬	205
예제 3 삽입 정렬	206
예제 4 셸 정렬	207
예제 5 퀵 정렬	208
예제 6 이진 검색	210
exercise 도전! 알고리즘	212
알고리즘 상식 qsort( )와 bsearch( )	214

제9장 부록 고급 프로그래밍 묘수 꼼수!

부록1 프로그램을 짜다가 막히면	216
부록2 프로그래밍할 때의 마음가짐 8가지	220
부록3 Visual Studio 설치	222
부록4 Visual Studio를 이용한 개발	230
부록5 일반적인 디버그 기법	238
부록6 Visual Studio의 디버거	240

권말부록 용어 해설 모음	243
찾아보기	248

알고리즘 공부를 시작하기 전에

알고리즘이 별건가?

먼저 이 책의 제목인 알고리즘이란 무엇일까요? **알고리즘**(algorithm)이란 컴퓨터 용어로 '프로그램으로 뭔가 처리를 한 결과를 얻기 위한 절차나 방법'을 말합니다.

알고리즘을 자세히 알기 위해서 프로그램 이야기부터 시작하겠습니다. 대부분 **프로그램**을 컴퓨터 전문 용어라고 생각하지만, 일반적으로 프로그램이란 연주회의 상연 순서나 TV 편성표와 같은 것을 말합니다. 즉, 프로그램은 순서대로 진행하는 모든 것을 나타내는 말입니다. 하지만 컴퓨터에 있어서 '프로그램'이란 컴퓨터에 내리는 명령의 집합을 말합니다. 따라서 컴퓨터란 '프로그램'이라는 순서도를 바탕으로 처리를 수행하는 기계라 할 수 있습니다. 컴퓨터의 내부에서 프로그램은 일반적으로 **메모리**(기억 장치)라는 곳에 저장되고, **프로세서**(처리 장치)라는 기계가 그 내용을 판별해서 실행해 갑니다. 메모리에 기록되는 명령은 프로세서의 언어(기계어)로 쓰여 있으며, 단순히 숫자의 나열로밖에 보이지 않습니다. 그래서 이것을 사람이 판독하기 쉬운 문장으로 바꾼 것이 프로그래밍 언어입니다. 그리고 이런 명령을 나타내는 숫자나 문장을 **코드**(code)라고 합니다.

메모리

프로세서

용어 설명

순서도(flowchart)
프로그램의 흐름(flow)을 기호를 사용하여 나타낸 도표(chart)로, 순서도가 제대로 되어 있으면 어떤 언어로든 프로그램을 작성하기가 쉬워진다.

프로세서(processor)
일반적으로 CPU(Central Processing Unit, 중앙처리장치)를 말하며, 주기억장치인 메모리에 있는 명령과 데이터를 처리하는 일을 한다.

그런데 컴퓨터가 순서도에 쓰여진 명령을 처음부터 순서대로 실행해 가기만 한다면 그다지 유용하지 않을 것입니다. 컴퓨터는 메모리에 저장된 정보 등에 따라 프로그램의 **흐름**(flow)을 바꿀 수가 있습니다. 즉, 프로그램에 조건 분기 코드를 작성해 두고 조건을 만족하면 A 처리를, 만족하지 않으면 B 처리를 실행하도록 할 수 있습니다.

분기는 단순한 처리의 변화이지만 이것을 조합하여 사용하면 다양한 작업을 할 수 있습니다. 이렇게 목적한 결과를 얻을 수 있도록 코드를 조합하는 것을 **프로그래밍** 또는 **코딩**이라고 합니다.

프로그램의 흐름은 자주 물의 흐름에 비유합니다. 프로그래밍이란 '물이 기대한 대로 흐르도록 길을 만드는 것' 입니다. 그리고 알고리즘은 이 물길의 설계 방법이라고 할 수 있습니다. 일반적으로 결과를 얻기 위한 방법은 하나가 아니고, 결과가 맞기만 한다면 모두 맞는 알고리즘입니다. 하지만 10초 안에 결과를 내는 알고리즘과 1분 안에 결과를 내는 알고리즘이 있다면 전자가 보다 좋은 알고리즘이라고 할 수 있겠지요. 예전부터 프로그래머나 수학자들은 간단한 절차로 빠르고, 메모리를 많이 사용하지 않는 다양한 알고리즘을 고안해 왔습니다. 이 책의 뒷부분에서 그 중 일부를 소개할 것입니다.

메모리(memory)
컴퓨터의 주기억장치로 모든 명령과 데이터는 이 메모리로 읽어들여 프로세서가 처리한다. 메모리가 부족할 때는 실제 메모리 외에 하드디스크 등의 보조기억장치를 이용한 가상 메모리를 사용하기도 한다.

기계어(machine language)
CPU가 직접 해석 및 실행할 수 있는 수치로 된 프로그램을 말한다. 기계어가 아닌 C 언어, Java, Visual Basic 등의 프로그래밍 언어로 작성된 프로그램은 모두 기계어로 변환해야 실행된다.

조건 분기(conditional branch)
조건을 조사하여 예인지 아니오인지에 따라 처리할 내용이 달라지는 프로그램 흐름이다.

프로그램이 만들어지기까지

프로그램을 완성하기까지 프로그래머들은 어떤 일을 하고, 어떤 것을 생각할까요? 취미삼아 하는 소규모 개발과 업무로 하는 다소 큰 개발 현장을 잠깐 살펴보도록 합시다.

■ 취미삼아 소규모 프로그램을 만들 때

기획
이런 프로그램이 있으면 좋겠다는 생각이 들면 기능을 구체적으로 생각해 봅니다.

설계
어떻게 만들면 좋을지 설계를 생각합니다. 기술적으로 미흡한 부분도 조사해 둡니다.

코딩
어떤 알고리즘으로 만들면 좋을지 생각하면서 코딩을 시작합니다.

테스트 및 디버그
프로그램이 어느 정도 완성되면 실행해 봅니다. 제대로 작동할 때까지 디버그를 합니다.

문서 작성
필요하다면 도움말이나 설명서를 작성합니다.

완성
완성되었습니다. 인터넷에 공개해 모두가 사용할 수 있도록 하면 좋겠지요.

■ 업무로 대규모 프로그램을 만들 때

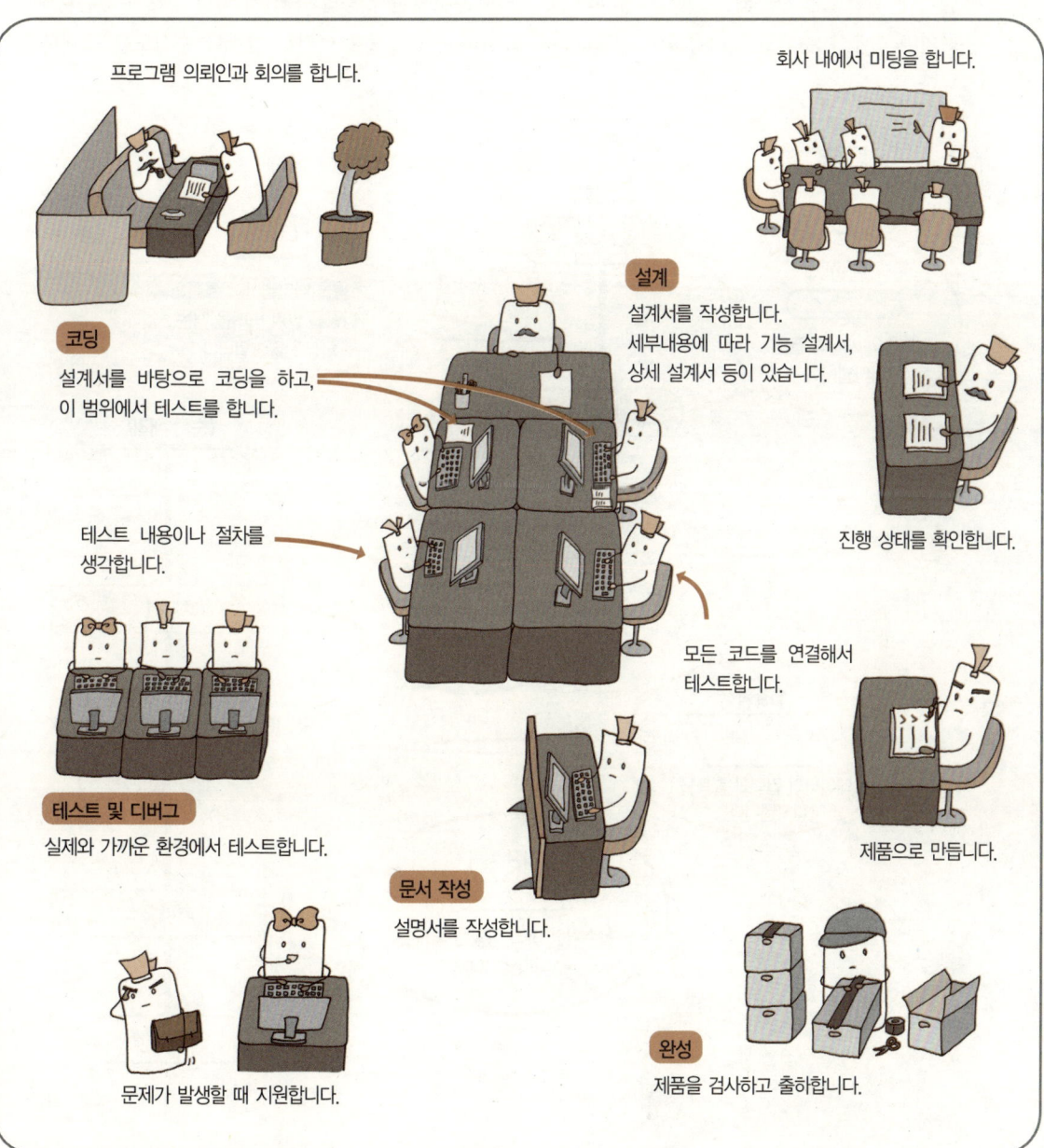

프로그램 흐름이 한눈에 쏘~옥 들어오는 순서도

순서도는 프로그램의 흐름을 도식화한 것입니다. 순서도를 그리면 알고리즘을 보다 쉽게 이해할 수 있습니다. 순서도에 사용되는 기호의 종류와 표기 방법은 KS(한국 공업 규격)에 의해 정해져 있습니다. 이 책의 후반부에 순서도를 사용하여 알고리즘을 표현하고 있으므로 여기서 간단히 순서도를 소개하겠습니다.

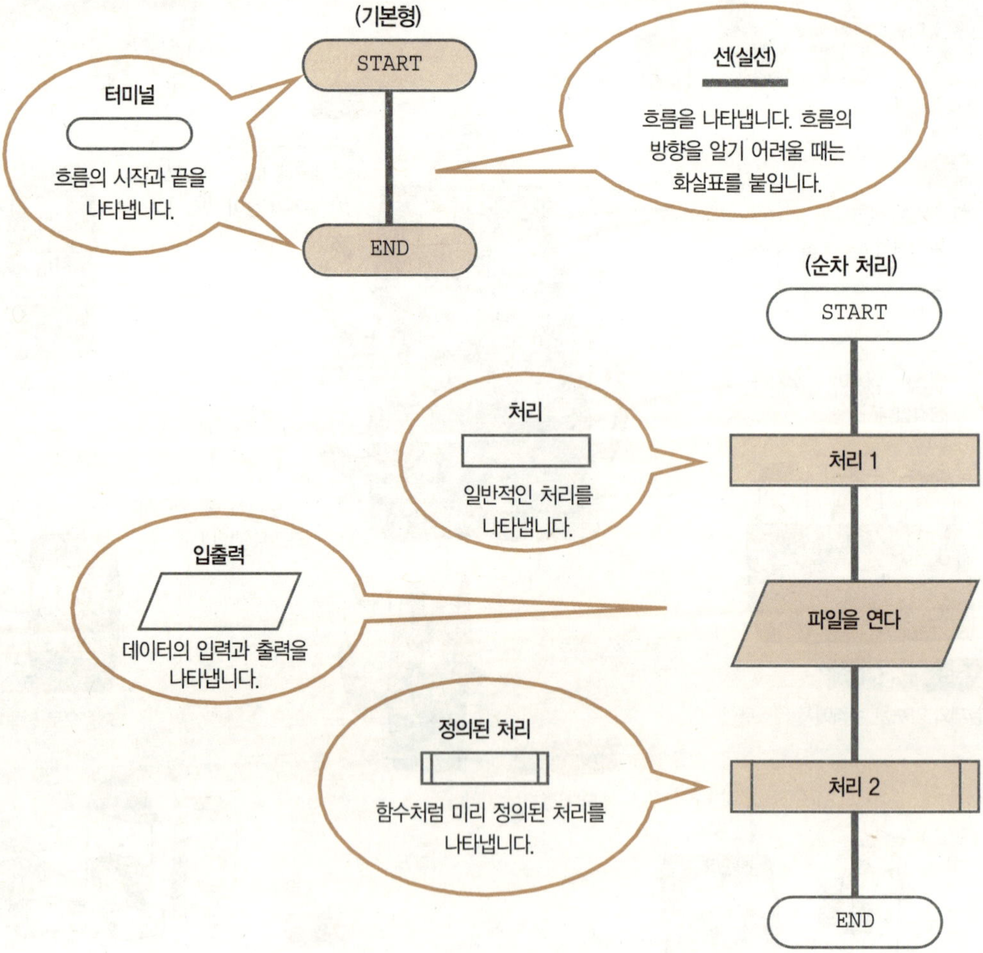

(기본형)

터미널
흐름의 시작과 끝을 나타냅니다.

START → END

선(실선)
흐름을 나타냅니다. 흐름의 방향을 알기 어려울 때는 화살표를 붙입니다.

(순차 처리)

START
↓
처리 1
↓
파일을 연다
↓
처리 2
↓
END

처리
일반적인 처리를 나타냅니다.

입출력
데이터의 입력과 출력을 나타냅니다.

정의된 처리
함수처럼 미리 정의된 처리를 나타냅니다.

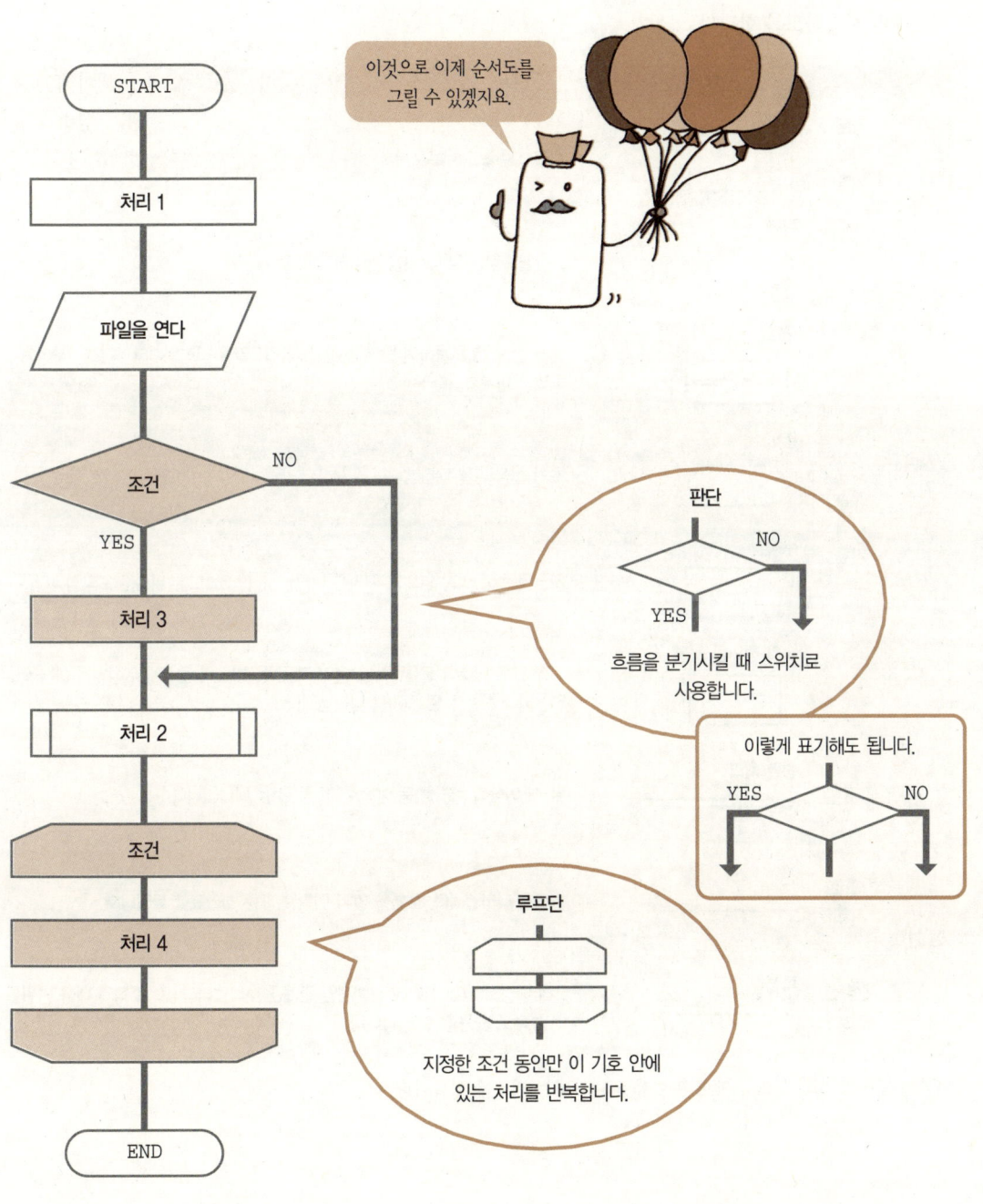

순서도의 기호는 다음 표와 같습니다. 이 책에서는 설명을 간단히 하기 위해 **처리**와 **판단**, **루프단**, **선**, **파선**, 이 5개만 사용하도록 합니다.

		명칭 · 기호	설명
처리 기호	기본 처리 기호	처리	일반 처리를 나타냅니다.
	개별 처리 기호	판단	흐름을 분기시킬 때 사용합니다.
		루프단	상하 한 조를 사용하여 반복 처리의 시작과 끝을 나타냅니다. 루프단 사이에 있는 처리를 반복합니다.
		준비	초기 설정 등을 나타냅니다.
		수작업	사람의 손에 의한 임의의 처리를 나타냅니다. 키보드를 뒤집은 모양입니다.
		미리 정의된 처리	직접 만든 함수나 모듈(프로그램의 부품) 등 별도의 장소에서 정의된 하나 이상의 연산이나 함수로 된 처리를 나타냅니다.
		병렬 처리	두 개 이상의 처리를 동시에 수행하는 것을 나타냅니다.
선 기호 주1)	기본 선 기호	선	흐름을 나타냅니다. 흐름을 알기 어려울 때는 화살표를 붙입니다.
	개별 선 기호	파선	2개 이상의 기호 사이에 선택적인 관계를 나타냅니다. 또, 주석의 대상 범위를 둘러쌀 때도 사용할 수 있습니다.

주1) 이외에도 네트워크나 제어의 이동을 나타내는 기호가 있습니다.

		명칭·기호	설명
데이터 기호	기본 데이터 기호	입출력	일반적으로 데이터의 입력 및 출력을 나타냅니다.
		기억 데이터	처리에 적합한 형태로 기억되는 데이터를 나타냅니다.
	개별 데이터 기호	내부 기억	내부 기억(메모리 등)을 매체로 하는 데이터를 나타냅니다.
		직접 액세스 기억	직접 액세스 가능한 데이터를 나타냅니다. 자기 디스크, 자기 드럼 등이 있습니다.
		순차 액세스 기억	순차 액세스만 가능한 데이터를 나타냅니다. 자기 테이프 등과 같이 앞으로 돌아가려면 되감아야 하는 장치를 말합니다.
		수동 입력	키보드 입력이나 바코드 입력 등 손으로 조작해서 입력하는 데이터를 나타냅니다.
		서류	인쇄물 등 사람이 읽을 수 있는 데이터를 말합니다.
		표시	디스플레이 등에 표시되는 데이터를 말합니다. 디스플레이를 옆에서 본 모양입니다.
		카드	딱딱한 종이로 된 예전의 기억 매체입니다. 구멍의 위치가 데이터를 나타냅니다. 앞뒤를 구별하기 위해 왼쪽 상단 모서리가 잘라져 있습니다.
		천공 테이프	데이터를 구멍의 위치로 나타내는 테이프입니다. 예전의 컴퓨터는 이 테이프로 계산 결과를 입출력했습니다.
특수 기호 주2)		터미널	기호 안에 START와 END를 넣어서 프로그램 흐름의 시작과 끝을 나타냅니다.
		연결	단자 같은 순서도에서 다른 부분으로의 출구 또는 입구를 나타냅니다. 같은 이름의 연결 단자와 대응합니다.

주2) 이외에도 주석이나 생략을 나타내는 기호가 있습니다.

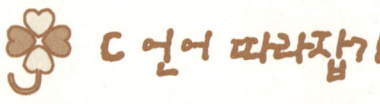 C 언어 따라잡기

이 책에서는 실제로 프로그램을 작성하면서 프로그래밍과 알고리즘의 기초를 배워 나갑니다. C 언어를 사용해 프로그래밍을 하므로 여기서 C 언어에 대해 간략히 소개하겠습니다.

C 언어는 프로그래밍 언어 중에서도 가장 대표적인 것 중 하나입니다. 다른 프로그래밍 언어에 비해 프로그램의 흐름을 자세히 지정할 수 있으므로 알고리즘을 배우는 데에 적합합니다. C 언어를 기초로 작성된 프로그래밍 언어도 많이 있으며, C 언어로 프로그래밍이 가능하게 되면 다른 언어도 어렵지 않게 응용할 수 있을 것입니다.

C 언어 프로그램은 기본적으로 Windows PowerShell이나 UNIX 등 CUI(Character User Interface) 환경에서 작동합니다. Windows 등의 GUI(Graphical User Interface) 환경에서는 명령 프롬프트(DOS 프롬프트)를 시작하고 거기서 실행합니다.

화면 상에 창, 아이콘, 버튼 등의 표시가 있고 마우스 등으로 조작한다.

문자만으로 된 화면(콘솔 화면)에 키보드로부터 명령을 입력하여 조작한다.

GUI 프로그램은 개발킷을 구해서 그 작성 방법을 배우면 짤 수 있습니다. 하지만 이 책은 '프로그램을 만든다', '알고리즘을 세운다'는 것에 중점을 두고 있기 때문에, CUI 환경에서 작동하는 간단한 프로그램을 사용하여 설명을 진행하겠습니다. 처음 보기에는 달라 보여도 프로그램을 작성할 때의 개념은 GUI든 CUI든 똑같습니다.

프로그래밍에서 실행까지의 흐름

　　C언어로 프로그래밍하려면 C언어를 기술하기 위한 **텍스트 에디터**(예를 들어 윈도우의 메모장 등)와 작성된 파일을 컴퓨터가 알 수 있는 언어(기계어)로 변환해 주는 **컴파일러**가 필요합니다. 에디터와 컴파일러가 세트로 된 소프트웨어(Microsoft Visual Studio 등)도 있습니다. 이 책 부록에서 Microsoft Visual Studio 2017의 다운로드부터 설치, 간단한 사용법을 소개합니다.

① 확장자가 '.c'인 텍스트 파일에 C언어 프로그램을 작성합니다.

텍스트 에디터에 기술한 프로그램을 **소스 프로그램**, 그 파일을 **소스 파일**이라고 합니다.

 ② 소스 파일을 컴파일합니다.

컴파일해서 만들어진 파일을 **오브젝트 파일**이라고 합니다.

 ③ 오브젝트 파일을 링크합니다.

링크란 프로그램 실행에 필요한 파일을 결합하는 작업입니다. 링크가 성공하면 실행 가능한 파일이 만들어집니다.

프로그램 실행!

프로그램 작성의 오(五)계명

정상적으로 동작하는 프로그램을 만들려면 다음 약속을 지켜서 작성해야 합니다.

① 원칙적으로 로마자로 기술합니다.

② 한국어 지원 컴파일러를 사용하는 경우 주석 및 " "(큰따옴표) 안에 한글을 쓸 수 있습니다.

③ 소문자와 대문자를 구별해서 사용합니다.
예를 들면 if와 IF는 전혀 다른 것입니다.

④ 주석은 /*와 */로 둘러쌉니다.
프로그램에 반영하고 싶지 않은 설명들은 /* */ 안에 쓸 수 있습니다.

⑤ 예약어에 주의합니다.
예약어는 컴파일러가 사용하는 키워드입니다.
각 예약어가 갖고 있는 기능 이외의 목적으로는 사용할 수 없습니다.

예약어 일람

auto	break	case	char	const	continue
default	do	double	else	enum	extern
float	for	goto	if	int	long
register	return	short	signed	sizeof	static
struct	switch	typedef	union	unsigned	void
volatile	while				

제1장에서 꼭 알아야 할
키포인트

C 언어를 알자!

이 책에서는 C 언어를 사용하여 알고리즘에 대해 배울 것입니다. 그래서 1장에서는 C 언어의 기본적인 지식을 이 책에서 사용하는 내용을 중심으로 학습하겠습니다. 이 장은 어디까지나 요점만 모아서 구성한 것이므로 앞으로 본격적으로 C 언어를 배우고 싶은 분은 〈C가 보이는 그림책(성안당)〉 등의 입문서로 학습하기 바랍니다.

1장에서는 먼저 'Hello World!' 라는 문자를 표시하는 프로그램을 작성할 것입니다. 그리고 이 프로그램을 살펴보면서 C 언어 프로그램의 대략적인 구조를 소개할 것입니다. C 언어에서는 '일련의 처리를 모아 놓은 것'을 함수라고 하는데, 여기서는 문자를 표시하는 기능을 갖고 있는 **printf( )** 라는 **함수**를 사용할 것입니다. 끝에 ( )가 붙는 것은 그것이 함수라는 것을 나타내고 있다는 것을 기억해 두세요.

또 이런 함수 등의 처리를 main( )이라는 함수 안에 쓸 것입니다. main( ) 함수는 프로그램의 시작 지점(엔트리 포인트)으로, 명령 프롬프트 등에서 프로그램을 실행시키면 main( ) 함수의 처리가 맨 처음 실행됩니다.

C 언어는 함수의 집합으로 이뤄져 있습니다. 함수에 대해서는 그 활용 방법과 함께 4장에서 자세히 설명할 것입니다.

C 언어
프로그래밍 언어 중에서 대표적인 언어로 하드웨어에 대한 세밀하고 직접적인 제어가 가능한 반면 생산성은 낮다. C++는 C 언어에 객체 지향 프로그래밍 개념을 도입한 것이며, C#은 .NET 플랫폼에서 실행되는 프로그램을 작성할 수 있도록 개선된 것으로, C와 C++의 장점인 성능과 세밀한 제어를 갖고 있는 동시에 신속한 개발이 가능하다.

함수(function)
관련 있는 일련의 처리를 한데 모아 놓은 것이다. C 언어 프로그램은 수많은 함수들로 구성된다. 함수는 값을 전달받을 수도 있고 처리한 결과를 반환할 수도 있다.

C 언어의 기초 지식

전체적인 틀을 이해하고 나면 그 다음은 C 언어에 대한 상세한 내용을 익히도록 할 것입니다.

C 언어에서는 값(문자나 숫자)을 **변수**라는 상자에 넣어서 사용합니다. 변수를 사용할 때는 미리 그 변수에 넣을 값의 종류(형식)나 크기(형)를 정해 둘 필요가 있는데, 이것을 '**변수를 선언한다**'라고 합니다. 그 외에도 같은 종류의 여러 개의 변수를 조합한 **배열**이 있고, 이와 좀 다른 것으로는 변수가 있는 장소(주소)를 값으로 저장할 수 있는 **포인터**라는 것도 있습니다.

또 값을 계산할 때는 연산자라고 하는 특수한 기호를 사용합니다. 연산자로는 '+(덧셈)', '-(뺄셈)' 등 산수에서 나오는 것과 같은 간단한 것부터 '%(나머지)', '+=(더해서 대입)' 등과 같이 별로 익숙하지 않은 것까지 많이 있습니다. 이처럼 계산을 수행하는 연산자를 **산술 연산자**라고 합니다. 이 외에도 두 개 이상의 값을 비교할 때 사용하는 **비교 연산자**와 두 개 이상의 조건을 조합해서 새로운 조건을 만드는 **논리 연산자** 등도 있습니다.

프로그래밍을 배우는 데는 먼저 그 언어를 아는 것이 중요합니다. 이 장에서 기초 지식을 몸에 익혀서, 앞으로 시작될 프로그래밍으로의 여행에 준비하기 바랍니다.

명령 프롬프트
MS-DOS 명령을 입력할 수 있는 프롬프트(C:\ 등)로, 윈도우 98에서는 [시작]-[실행]을 선택하고 command를 입력하고, 2000이나 XP에서는 cmd를 입력하면 실행된다. 이 책에 나오는 모든 예제 프로그램은 명령 프롬프트에서 실행된다.

변수(variable)
프로그램에서 사용할 값을 넣어 두는 장소로, 메모리에서 빈 기억 장소에 이름을 붙여 두고 사용한다. 따라서 변수를 사용하기 전에 어떤 형의 값을 얼마만큼 저장할지를 미리 선언해야 한다.

배열(array)
같은 형과 크기로 된 변수를 똑같은 이름으로 여러 개 묶은 것이 배열이다. 배열의 각 요소는 첨자를 사용하여 구분한다. 예를 들어 a[ ]라는 배열의 첫 번째 요소는 a[0]이 된다.

Hello World!

먼저 프로그램의 기본 작성 방법과 화면에 문자열을 표시하는 방법에 대해 알아보겠습니다.

프로그램 작성

가장 간단한 C 언어 프로그램은 다음과 같습니다. 이 프로그램을 실행하면 'Hello' 와 'World!' 라는 문자열이 화면에 표시됩니다.

예 〉〉

```c
#include <stdio.h>          ← printf()를 사용하기 위해 필요합니다.

int main(int argc, char *argv[])
{
        printf("Hello\nWorld!\n");
        return 0;
}                                   └─ 문자열을 표시합니다.
```

실행결과 〉〉

```
Hello
World!
■
```

프로그램의 기본 구조

C 언어 프로그램의 기본 구조는 다음과 같습니다.

{ 와 } 사이에 있는 부분은 프로그램의 한 덩어리(블록)를 나타냅니다.

main( )이 없으면 컴파일이나 실행을 할 수 없습니다.

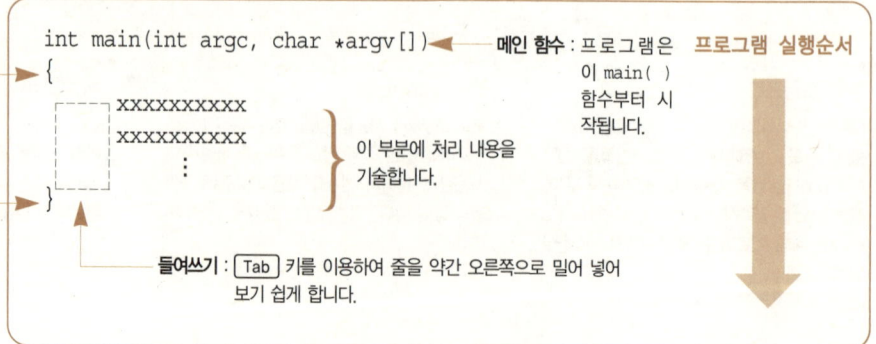

문자열 표시

C 언어 프로그램에서 문자열을 표시하려면 printf() 함수를 사용합니다.

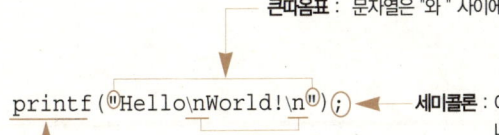

이스케이프 시퀀스	기능
\0	NULL 문자
\b	백스페이스(BS)
\t	탭(TAB)
\n	줄 바꿈(LF)
\r	복귀(CR)
\"	'"'을 표시
\'	'''을 표시
\\	'\'을 표시

\ 자체를 표시하고 싶을 때는 \\이라고 씁니다.

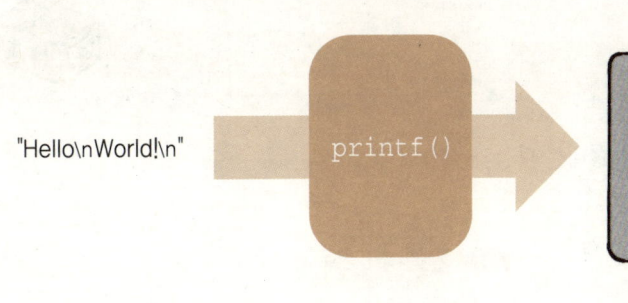

"Hello\nWorld!\n" → printf() → Hello world!

다음에 문자열을 표시할 때는 여기부터 시작합니다.

변수와 상수

변수는 숫자나 문자열을 담아 두는 상자 같은 것입니다. 변수의 구조에 대해 알아보겠습니다.

 변수의 선언과 대입

다음과 같이 변수를 만들고 그 안에 값을 집어 넣을 수 있습니다.

`int a;` — 정수(integer)의 값이 들어가는 a라는 이름의 변수를 준비합니다. 이것을 'int형 변수 a를 선언한다'라고 합니다.

> 변수를 사용하기 전에 반드시 변수를 선언해야 합니다.

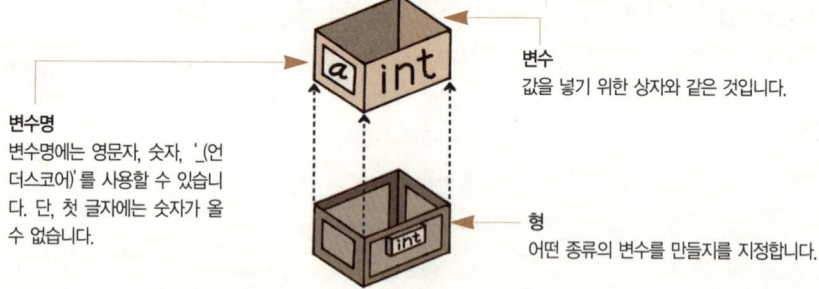

변수명
변수명에는 영문자, 숫자, '_'(언더스코어)를 사용할 수 있습니다. 단, 첫 글자에는 숫자가 올 수 없습니다.

변수
값을 넣기 위한 상자와 같은 것입니다.

형
어떤 종류의 변수를 만들지를 지정합니다.

`a = 2;` — int형으로 만들어진 변수 a에 2라는 값을 넣습니다. 이것을 '변수 a에 2를 대입한다'라고 합니다.

선언의 방법

C언어 프로그램의 기본 형태는 다음과 같습니다.

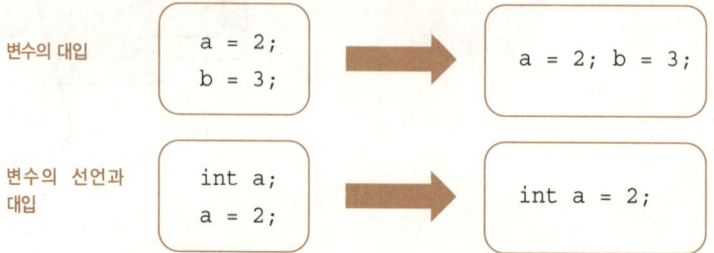

변수의 대입	`a = 2;` `b = 3;` →	`a = 2; b = 3;`
변수의 선언과 대입	`int a;` `a = 2;` →	`int a = 2;`

선언과 대입을 동시에 수행하는 것을 '변수를 초기화한다'라고 합니다. 초기화를 하면 값을 대입하는 것을 잊어 버릴 염려도 없고 프로그램도 보기 쉬워집니다.

상수와 변수의 표시

printf( )에는 문자열을 표시하는 것뿐만 아니라 서식을 지정해서 상수나 변수를 표시하는 기능이 있습니다.

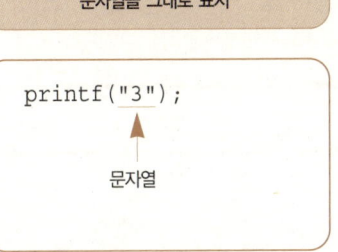
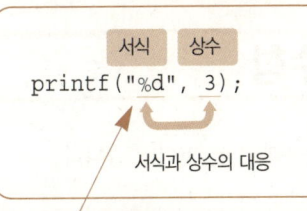
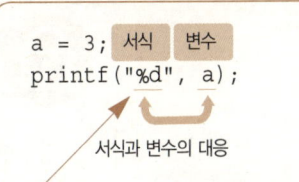

여러 개의 데이터를 표시할 때 대응 관계는 다음과 같습니다.

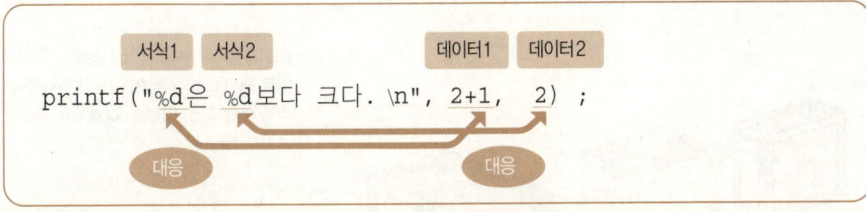

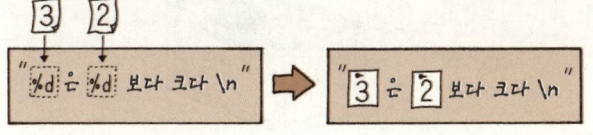

여러 가지 서식

서식 지정은 표시할 데이터의 종류에 따라 달라지며 다음과 같은 것들이 있습니다.

서식 의미	데이터	예
%d	정수(소수점이 붙지 않는 수)를 10진수로 표시한다.	1, 2, 3, -45
%f	실수(소수점이 붙어 있는 수)를 표시한다.	0.1, 1.0, 2.2
%c	문자('로 둘러싼 반각 문자 하나)를 표시한다.	'a', 'A'
%s	문자열("로 둘러싼 문자)을 표시한다.	"A", "ABC", "가"

수치형

수치가 들어가는 변수의 종류로는 정수용인 정수형과 실수용인 실수형이 있습니다.

정수형

정수형에는 다음과 같은 것이 있습니다.

형 이름	들어가는 값의 범위	크기(비트 수)
int	시스템에 따라 다름	—
long	−2147483648~2147483647	32
short	−32768~32767	16
char	−128~127	8

형 앞에 'unsigned'를 붙이면 0~(최대값×2)의 값을 넣을 수 있습니다.

형에 따라 메모리를 사용하는 양이 달라집니다.

unsigned는 '부호가 없다'는 뜻입니다.

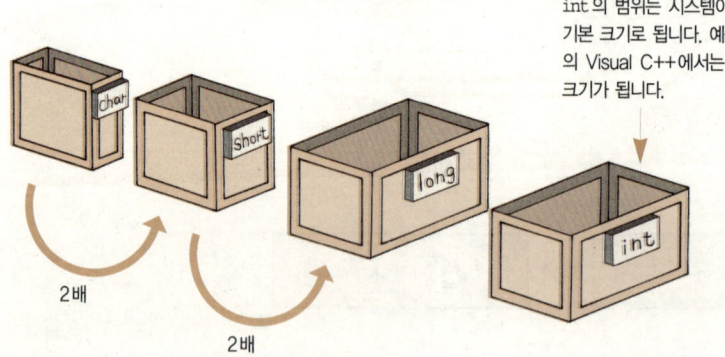

int의 범위는 시스템이 사용하는 처리의 기본 크기로 됩니다. 예를 들어 Windows의 Visual C++에서는 long형과 똑같은 크기가 됩니다.

실수형

실수형에는 다음과 같은 것이 있습니다.

형 이름	들어가는 값의 범위	크기(비트 수)
float	-3.4×10^{38}~3.4×10^{38}	32
double	-1.7×10^{308}~1.7×10^{308}	64

계산 중 형 변환

C 언어에서는 정수끼리 계산을 하면 그 결과는 정수가 된다는 규칙이 있습니다. 따라서 다음과 같이 좀 이상한 결과가 나오게 됩니다.

3÷2의 결과를 구한다(틀림)   3 / 2 → 1   정수가 되도록 자동으로 소수점 이하가 버려집니다.
                         정수 정수   정수

정확한 값인 1.5를 산출하려면 실수 표기를 사용하여 계산할 필요가 있습니다.

3÷2의 결과를 구한다(맞음)   3.0 / 2.0 → 1.5
                        실수   실수   실수

캐스트 연산자

'(int)'와 같이 형 이름을 괄호 ( )로 둘러싼 것을 값이나 변수 앞에 쓰면 그 변수를 특정 형으로 변환할 수 있습니다. 이런 조작을 형 캐스트라고 하며, 괄호 ( )를 캐스트 연산자라고 합니다.

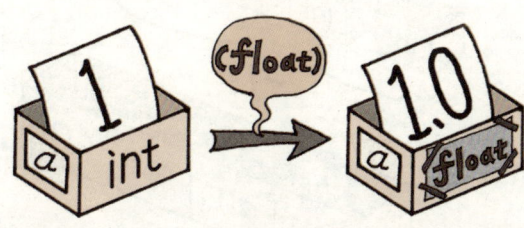

예

```
#include <stdio.h>

int main(int argc, char *argv[])
{
        printf("3÷2 = %d\n", 3/2);
        printf("3÷2 = %f\n", 3/2.0);
        printf("3÷2 = %f\n", 3/(float)2);
        return 0;
}
```

실수가 포함된 계산의 경우, 정수는 자동으로 실수로 변환됩니다.

float 형으로 캐스트

실행 결과
```
3÷2 = 1
3÷2 = 1.500000
3÷2 = 1.500000
```

배열

동일한 형으로 된 변수들을 하나로 묶은 것을 배열이라고 합니다. 배열의 구조에 대해 알아보겠습니다.

🔓 배열의 개념

배열은 여러 개의 동일한 형으로 된 변수를 하나로 묶은 것입니다. 대량의 데이터를 취급할 때나 여러 개의 데이터를 차례로 자동으로 읽고 싶을 때는 배열을 사용하면 편리합니다.

배열의 선언 방법은 다음과 같습니다.

```
int a[4];
```

형 / 배열명 / 배열의 크기(요소의 수)

첨자는 0부터 시작하기 때문에 요소 개수보다 하나 작은 값이 됩니다.

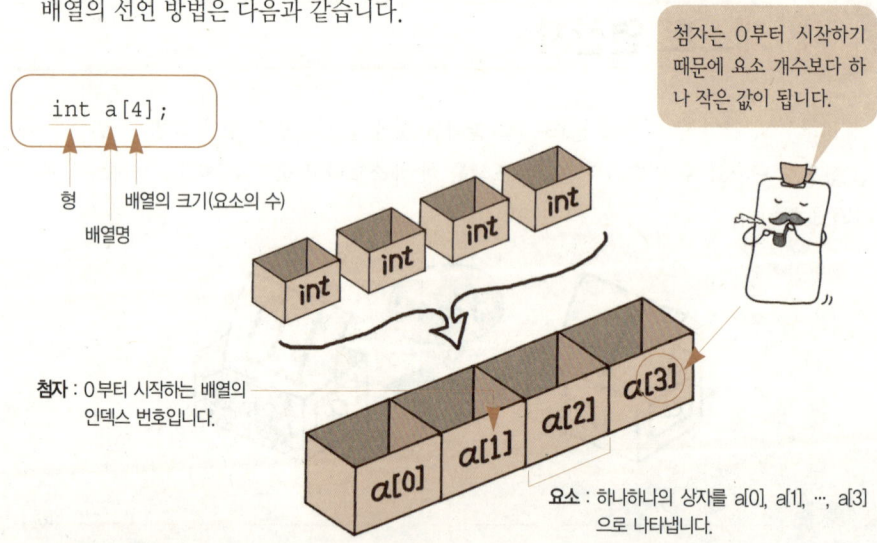

첨자 : 0부터 시작하는 배열의 인덱스 번호입니다.

요소 : 하나하나의 상자를 a[0], a[1], …, a[3]으로 나타냅니다.

선언과 동시에 초기화를 하려면 중괄호 { }를 사용하여 값을 열거합니다.

```
int a[4] = {1, 2, 3, 4};
```

[ ] 안의 요소 개수는 생략할 수 있습니다.

중괄호 안에 데이터가 몇 개 있는지에 따라 자동으로 요소 개수가 결정됩니다.

```
int a[] = {1, 2, 3, 4};
```

순서대로 값이 들어갑니다.

배열 요소의 참조와 대입

배열의 요소 하나하나는 일반 변수처럼 참조하고 대입할 수 있습니다.

```
int a[4];
int n = a;

a[0] = 1;
a[1] = 2;      ◀── a[0]~a[3]에 값을 대입
a[2] = 3;
a[3] = 4;
printf("%d\n, a[n]");  ◀── a[1]의 값을 표시
```

첨자에 '0' ~ '요소 개수 - 1' 이외의 값을 지정하면 실행시 오류가 발생하므로 주의하기 바랍니다.

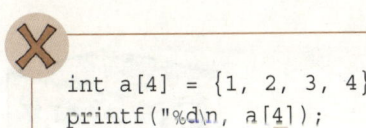

```
int a[4] = {1, 2, 3, 4};
printf("%d\n, a[4]);
```

a[4]는 배열의 범위를 벗어나므로 프로그램이 도중에 멈추거나 예상치 못한 동작을 하고 맙니다.

 ## 다차원 배열

요소 개수에 따라 가로로 늘어 가는 1차원 배열을 만들 수도 있지만, 2차원 배열이나 3차원 배열도 만들 수 있습니다.

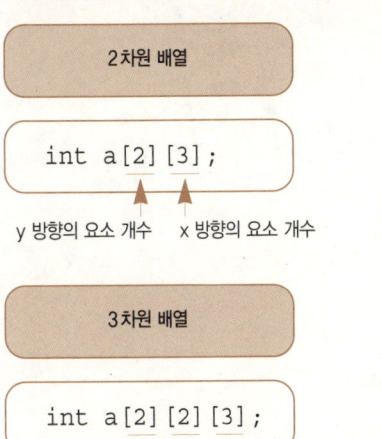

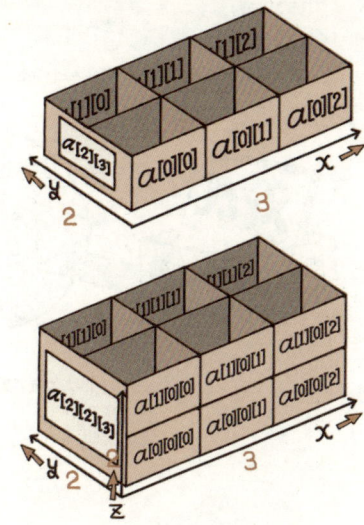

포인터 변수

데이터가 있는 장소를 기억하는 포인터 변수를 소개합니다.

포인터 변수란?

변수 등이 저장되어 있는 위치(주소)를 값으로 가지는 변수를 포인터 변수라고 합니다. 포인터 변수에도 형이 구별되어 있는데, 예를 들어 char형의 포인터 변수 p를 선언하려면 다음과 같이 합니다.

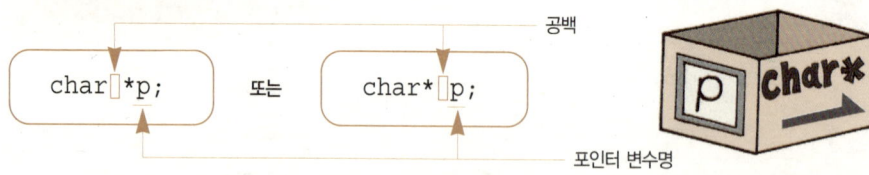

모두 같은 뜻입니다.

포인터 변수에 주소를 대입하려면 다음과 같이 합니다.

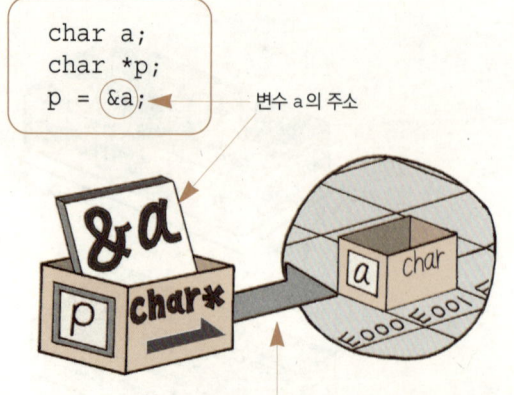

&a는 주소 0xE001을 나타냅니다 (앞에 '0x'가 붙는 것은 16진수 표기라는 것을 나타냅니다).

이 때 'p는 a를 가리킨다'라고 합니다.

포인터 변수가 가리키는 값의 참조

포인터 변수명 앞에 *를 붙이면 그 포인터 변수가 가리키는 곳의 데이터를 참조할 수 있습니다.

포인터 변수 p가 가리키는 변수 a의 값을 참조

```
char a = 3;
char *p;
p = &a;
```

char b = *p;

포인터 변수 p가 가리키는 변수 a의 값

포인터 변수 p에 변수 a의 주소를 대입

포인터 변수 p를 사용하여 변수 a의 값을 변수 b에 대입

포인터와 배열

배열의 이름 자체는 배열의 첫 번째 요소를 가리키는 포인터 역할을 합니다.

`int a[4];` ...... a는 a[0]에 대한 포인터로 사용할 수 있습니다.

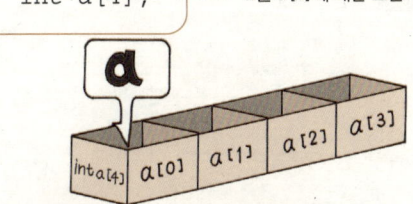

'&'(주소를 구하는 기호)를 사용할 필요가 없습니다.

포인터를 사용한 배열의 참조

배열 a[ ]가 있을 때 a 자체는 'a[0]에 대한 포인터'이므로 *a는 'a가 저장되어 있는 장소의 값(a[0])'이 됩니다. 이와 마찬가지로 a[1]을 *(a+1), a[2]는 *(a+2), …라고 쓸 수도 있습니다.

예

```
#include <stdio.h>

int main(int argc, char *argv[])
{
    int a[4] = {10, 20, 30, 40};
    printf("배열 a[3]의 값은 %d\n", *(a+3));
    printf("배열 a[0]의 값에 3을 더하면 %d\n", *a+3);
    return 0;
}
```

실행 결과

```
배열 a[3]의 값은 40
배열 a[0]의 값에 3을 더하면 13
```

문자와 문자열

ASCII 코드와 문자의 관계, 문자열(문자의 집합)의 구조에 대해 알아보겠습니다.

ASCII 코드

컴퓨터는 문자를 문자 그대로 다룰 수 없기 때문에, 문자를 각각 0~127까지의 번호에 대응시켜 관리하고 있습니다. 그 대응 관계를 나타낸 국제 표준 코드 표를 ASCII 코드 표라고 합니다.

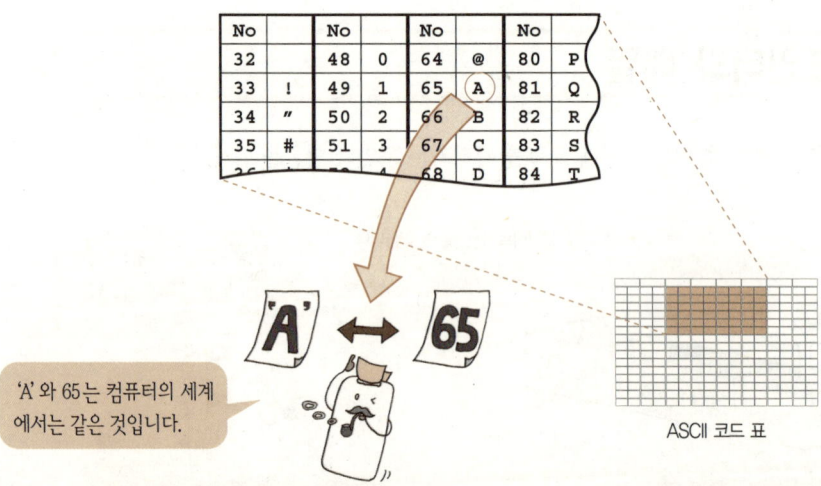

'A'와 65는 컴퓨터의 세계에서는 같은 것입니다.

ASCII 코드 표

문자형

C 언어에서 '문자'란 반각 문자 하나를 말합니다. 이 '문자'를 저장하기 위한 변수의 형이 문자형 char입니다. char는 -128~127까지의 정수가 들어가는 데이터형이지만, C 언어에서는 문자와 문자 코드를 똑같이 취급하므로 문자를 저장하는 데이터형으로도 사용할 수 있습니다.

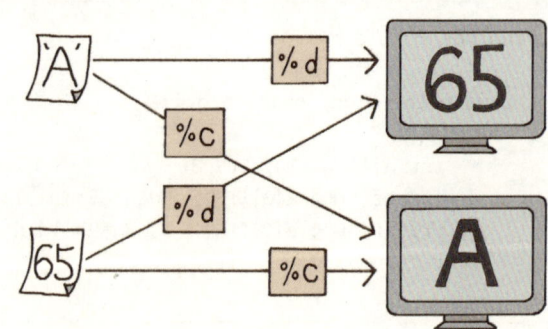

문자열의 구조

C 언어에서 문자열은 문자의 집합으로 나타냅니다. 문자열을 기술할 때는 "와 "로 둘러쌉니다. 고정 문자열은 다음과 같은 구조로 되어 있습니다.

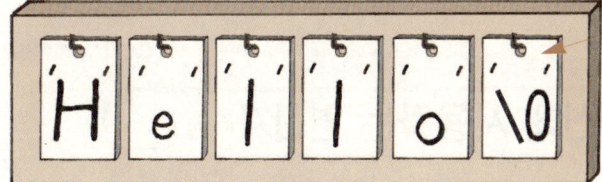

NULL 문자
문자열이 여기서 끝난다는 것을 나타냅니다. 화면에는 표시되지 않습니다 ('\0'을 한 문자로 취급).

문자열을 저장하는 변수를 준비하려면 다음과 같이 선언합니다.

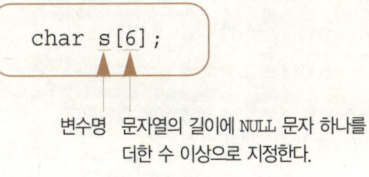

변수명 문자열의 길이에 NULL 문자 하나를 더한 수 이상으로 지정한다.

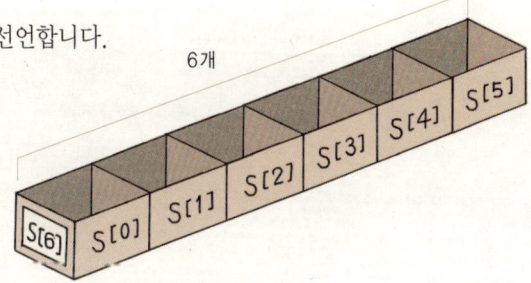

문자열을 초기화하려면 다음과 같이 합니다.

```
char s[6] = "Hello";
```

[ ] 안을 생략하면 문자수 + 1(6개)만큼의 상자가 자동으로 만들어집니다.

```
char s[] = "Hello";
```

"" 안의 문자수 + 1

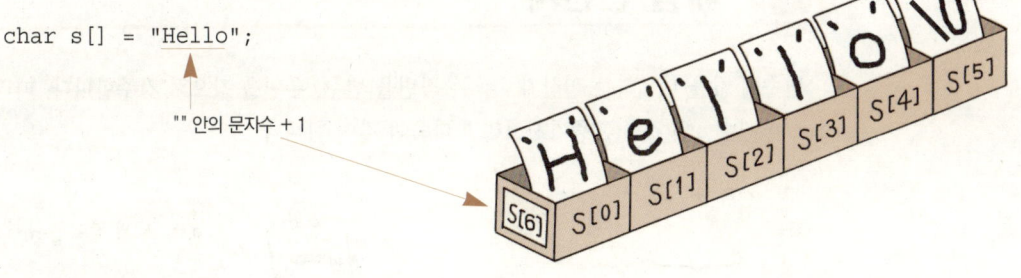

문자열 변수에 값을 넣을 때 '='를 사용할 수 있는 경우는 초기화할 때뿐입니다. 그 외의 경우에 대입할 때는 strcpy( ) 함수를 사용합니다.

```
char s[10];
strcpy(s, "Hello");
```

위에서 선언한 s[10]의 첫 번째 주소를 가리킵니다.

계산 연산자

계산에 사용되는 + 나 - 등과 같은 것을 계산 연산자라고 합니다. 계산 연산자의 종류와 사용 방법을 알아보겠습니다.

 수치의 계산에 사용하는 연산자

C 언어에서 수치의 계산에 사용하는 연산자는 다음과 같습니다.

연산자	기능	사용법	의미
+	+ (덧셈)	a = b + c	b와 c를 더한 값을 a에 대입한다
-	- (뺄셈)	a = b - c	b에서 c를 뺀 값을 a에 대입한다
*	× (곱셈)	a = b * c	b와 c를 곱한 값을 a에 대입한다
/	÷ (나눗셈)	a = b / c	b를 c로 나눈 값을 a에 대입한다 (c가 0이면 오류)
%	… (나머지)	a = b % c	b를 c로 나눈 나머지를 a에 대입한다 (정수형에서만 유효)
=	= (대입)	a = b	b 값을 a에 대입한다

 대입 연산자

변수에 값을 대입하는 연산자 '='는 좌변을 변수, 우변을 값으로 간주합니다. 따라서 int형 변수 a의 값을 2 증가시키려면 다음과 같이 합니다.

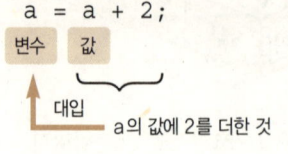

a의 값에 2를 더한 것

'a가 a+2와 같다'는 뜻이 아닙니다.

a의 값을 2 증가시킬 때는 다음과 같이 쓸 수도 있습니다.

```
a += 2;
```

'='나 '+='를 대입 연산자라고 합니다. **대입 연산자**에는 다음과 같은 것들이 있습니다.

연산자	기능	사용법	의미
+=	더한 값을 대입	a += b	a+b의 결과를 a에 대입(a = a + b와 동일)
-=	뺀 값을 대입	a -= b	a-b의 결과를 a에 대입(a = a - b와 동일)
*=	곱한 값을 대입	a *= b	a*b의 결과를 a에 대입(a = a * b와 동일)
/=	나눈 값을 대입	a /= b	a/b의 결과를 a에 대입(a = a / b와 동일)
%=	나머지를 대입	a %= b	a%b의 결과를 a에 대입(a = a % b와 동일)

증가 연산자와 감소 연산자

증가 연산자와 감소 연산자는 정수형 변수의 값을 1 증가시키거나 감소시킬 때 사용합니다.

연산자	명칭	기능	사용법	의미
++	증가 연산자	변수의 값을 1 증가	a++ 또는 ++a	a의 값을 1 증가시킨다.
--	감소 연산자	변수의 값을 1 감소	a-- 또는 --a	a의 값을 1 감소시킨다.

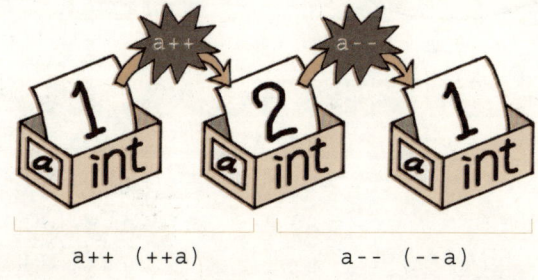

a++ (++a)   a-- (--a)

a++와 ++a의 차이

증가 연산자와 감소 연산자에는 각각 두 가지 표기법이 있는데, ++a(--a)를 전치, a++(a--)를 후치라고 합니다. 전치와 후치는 연산을 수행하는 시점이 다르며, 전치의 경우는 변수의 참조보다 먼저 연산을 수행하고, 후치의 경우는 변수의 참조 후에 나중에 연산을 수행합니다. 그래서 다음과 같은 일이 일어납니다.

```
int x, a = 1;
x = ++a;
```

```
int x, a = 1;
x = a++;
```

a에 1을 더한 후, x에 값을 대입한다
▶ x의 값은 2가 된다.

x에 값을 대입한 후, a에 1을 더한다
▶ x의 값은 1이다.

기타 연산자

조건식을 만드는 비교 연산자와 논리 연산자를 소개합니다.

🔓 비교 연산자란?

C 언어에서는 변수의 값이나 수치를 비교하여 조건식을 만들고, 그 결과에 따라 처리를 바꿀 수 있습니다. 이 때 사용하는 연산자를 **비교 연산자**라고 합니다.

조건이 성립하는 경우를 '**참**(true)', 성립하지 않는 경우를 '**거짓**(false)'이라고 합니다.

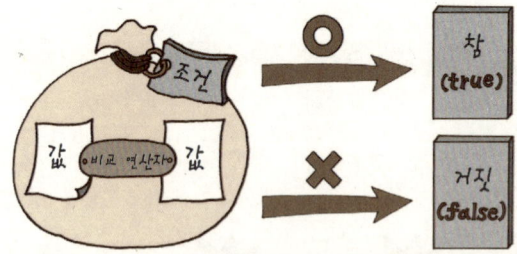

> 두 개의 기호가 하나의 기능을 하는 것은 스페이스로 사이를 띄우지 말아 주세요.

연산자	기능	사용법	의미
==	= (같다)	a == b	a와 b는 같다
<	< (작다)	a < b	a는 b보다 작다
>	> (크다)	a > b	a는 b보다 크다
<=	≤ (작거나 같다)	a <= b	a는 b보다 작거나 같다
>=	≥ (크거나 같다)	a >= b	a는 b보다 크거나 같다
!=	≠ (같지 않다)	a != b	a와 b는 같지 않다

🔓 식이 갖고 있는 값

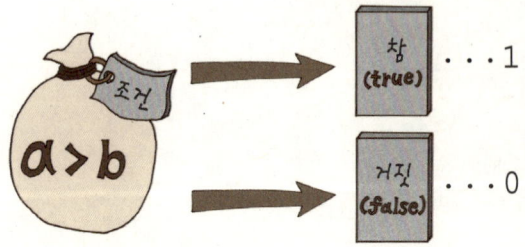

조건식이나 대입식은 그 자체가 값을 갖고 있습니다. 예를 들어 조건식이 참이면 조건식 그 자체는 '1'이라는 값을 갖고 있습니다. 조건식이 거짓이면 조건식의 값은 '0'이 됩니다.

논리 연산자란?

여러 개의 조건을 조합하여 보다 복잡한 조건을 나타낼 때 사용하는 것이 논리 연산자입니다.

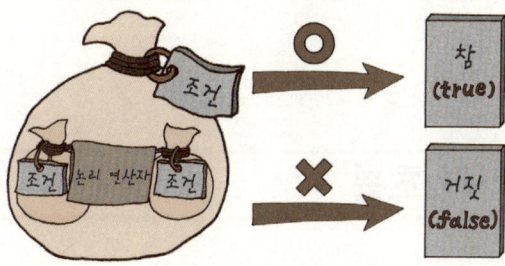

논리 연산자에는 다음의 세 종류가 있습니다.

연산자	기능	사용법	의미
&&	그리고	(a >= 10) && (a < 50)	a는 10보다 크거나 같고 50보다 작다
||	또는	(a == 1) || (a == 100)	a는 1 또는 100이다
!	~가 아니다!	!(a == 100)	a는 100이 아니다

 ## 조건부 대입

?와 : 이 두 개의 기호를 사용하여 조건에 따라 x에 대입하는 값을 바꿀 수 있습니다. 다음과 같이 사용합니다.

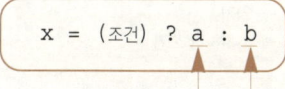

조건이 참일 때의 값 　조건이 거짓일 때의 값

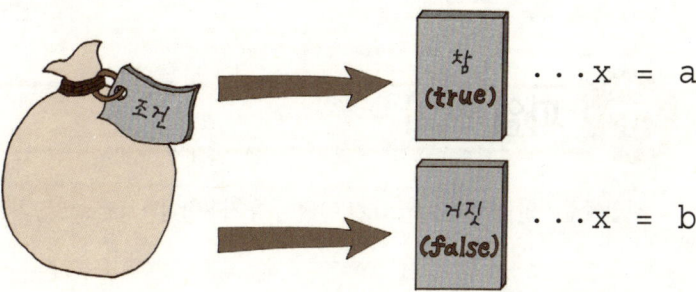

파일 읽고 쓰기

데이터나 프로그램 등을 디스크 상에 기록한 것을 파일이라고 합니다.
파일의 기본 처리 방법에 대해 알아보겠습니다.

파일 처리의 흐름

파일의 읽고 쓰기는 기본적으로 다음과 같은 순서로 수행합니다.

파일의 사용

파일을 열려면 fopen( ) 함수를 사용합니다. fopen( ) 함수는 파일을 열 수 없을 때 NULL을 반환합니다. 파일을 닫을 때는 fclose( ) 함수를 사용합니다.

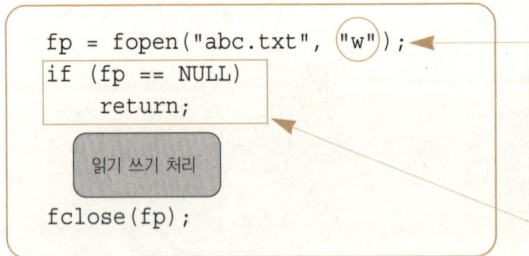

```
fp = fopen("abc.txt", "w");
if (fp == NULL)
    return;
    읽기 쓰기 처리
fclose(fp);
```

오픈 모드라고 합니다.
"w" …… 쓰기
"r" …… 읽기
"a" …… 추가하여 쓰기

파일을 열 수 없는 경우에는 프로그램을 종료합니다.

파일 쓰기

파일에 문자열을 쓰려면 fprintf( ) 함수를 사용합니다. printf( )처럼 사용할 수 있습니다.

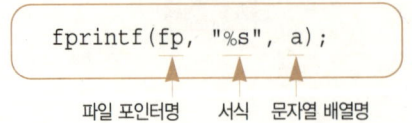 

```
fprintf(fp, "%s", a);
```
파일 포인터명   서식   문자열 배열명

파일 읽기

파일에서 문자열을 한 줄씩 읽어 들이려면 fgets( ) 함수를 사용합니다.

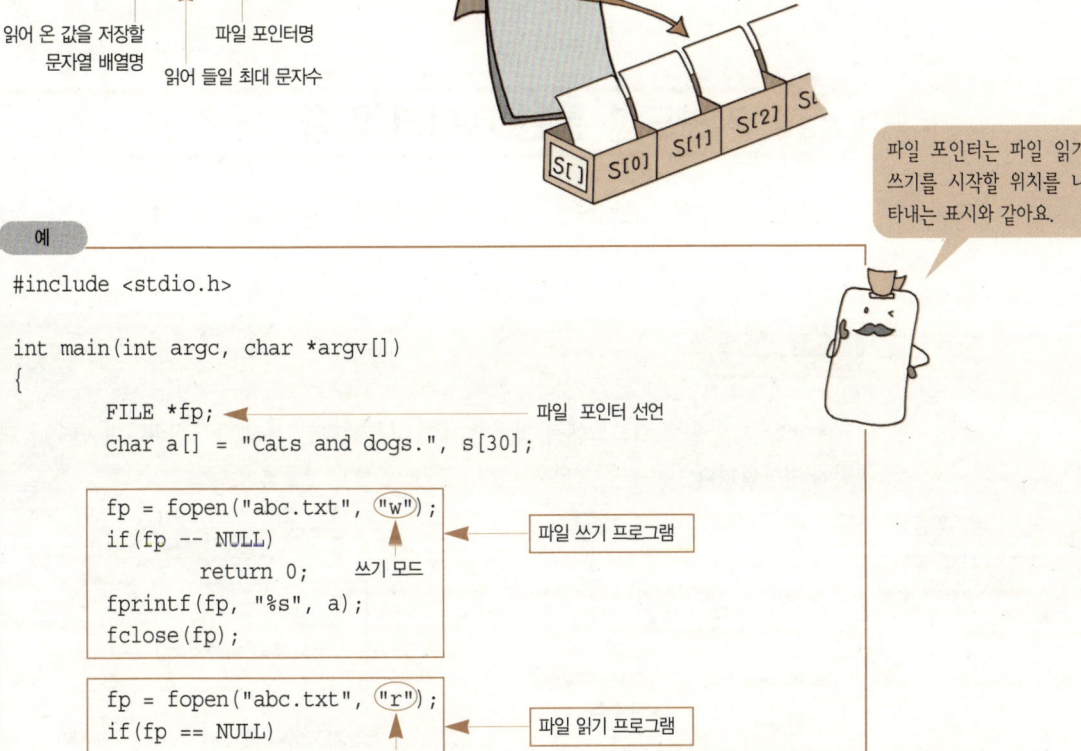

```
fgets(s, 29, fp);
```
- 읽어 온 값을 저장할 문자열 배열명
- 읽어 들일 최대 문자수
- 파일 포인터명

파일 포인터는 파일 읽기 쓰기를 시작할 위치를 나타내는 표시와 같아요.

예

```
#include <stdio.h>

int main(int argc, char *argv[])
{
        FILE *fp;              ◀── 파일 포인터 선언
        char a[] = "Cats and dogs.", s[30];

        fp = fopen("abc.txt", "w");     ◀── 파일 쓰기 프로그램
        if(fp == NULL)
                return 0;       쓰기 모드
        fprintf(fp, "%s", a);
        fclose(fp);

        fp = fopen("abc.txt", "r");     ◀── 파일 읽기 프로그램
        if(fp == NULL)
                return 0;       읽기 모드
        fgets(s, 29, fp);
        printf("%s\n",s);
        fclose(fp);
        return 0;
}
```

실행 결과
```
Cats and dogs.
```

키보드 입력

키보드로 입력한 데이터를 변수나 문자열 배열에 저장하는 방법을 알아보겠습니다.

키보드를 통한 데이터 입력

키보드에서 입력한 데이터를 프로그램에서 받아들이려면 주로 다음과 같은 함수를 사용합니다.

> scanf( ) 함수

scanf( ) 함수는 키보드에서 입력한 데이터를 지정한 서식으로 변환하여 변수나 배열에 저장합니다.

변수명에 &를 붙여 주소를 나타내는 것에 주의하세요!

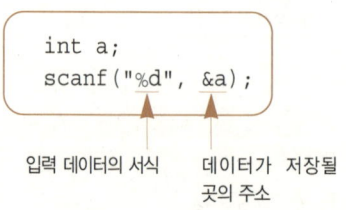

```
int a;
scanf("%d", &a);
```

입력 데이터의 서식 / 데이터가 저장될 곳의 주소

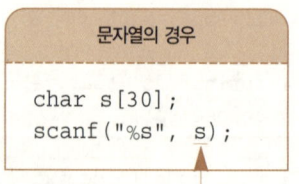

문자열의 경우

```
char s[30];
scanf("%s", s);
```

배열명은 배열의 첫 번째 요소의 주소가 되기 때문에 &를 붙일 필요가 없습니다.

여러 데이터를 한 번에 입력할 수도 있습니다(입력 문자는 스페이스로 구분합니다).

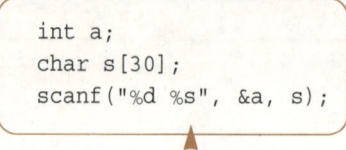

```
int a;
char s[30];
scanf("%d %s", &a, s);
```

입력 문자를 스페이스로 구분하기 때문에 스페이스를 포함하는 문자열은 제대로 읽을 수 없습니다. 또 입력 문자와 지정한 서식이 맞다는 보장이 없습니다.

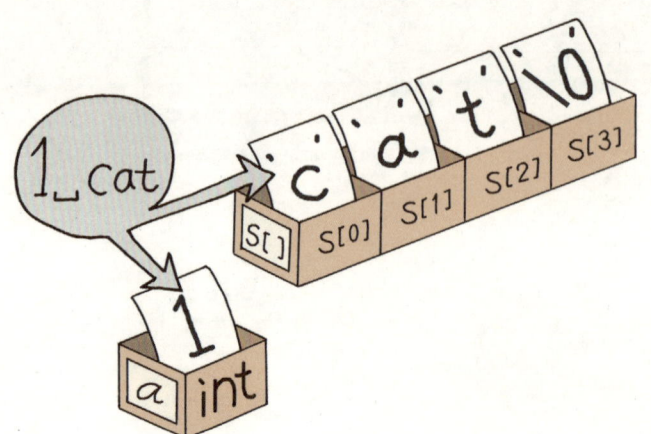

gets( ) 함수

gets( ) 함수는 키보드에서 입력한 한 줄의 문자열을 문자 배열로 저장합니다. 스페이스도 읽을 수 있습니다.

```
char s[30];
gets(s);
```
저장용 문자 배열

스페이스도 입력받습니다.

getchar( ) 함수

getchar( ) 함수는 키보드에서 입력한 문자 중 한 문자만 변수에 저장합니다.

```
int c;
c = getchar();
```
저장용 변수(int 형으로 합니다)

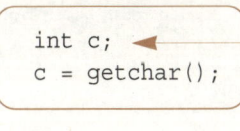

gets( ) 함수 등을 실행하면 프로그램은 키보드로부터의 입력을 대기하는 상태가 됩니다. 입력한 다음 Enter 키를 누르면 데이터를 받아들입니다.

메모리 확보

많은 메모리를 사용할 때는 처음부터 갑자기 큰 배열을 준비하지 않고 프로그램 속에서 처리하여 준비하는 것이 좋습니다.

동적 메모리 확보

변수나 배열을 선언하면 메모리 상에 '자동으로' 영역이 확보됩니다. 하지만 이 방법으로는 동영상을 취급하는 프로그램 등 많은 양의 메모리를 준비해야 할 필요가 있는 경우, 최악의 상황에선 프로그램이 정지해 버릴 위험이 있습니다.

이것을 정적(static) 메모리 확보라고 합니다.

이런 경우 다음과 같이 '프로그램상의 처리로써' 메모리를 확보합니다.

이것을 동적(dynamic) 메모리 확보라고 합니다.

❶ 포인터를 준비합니다.

❷ 메모리를 확보하고, 그 시작 주소를 준비해 둔 포인터에 저장합니다.

포인터는 NULL로 해두면 좋겠지요.

❸ 필요 없어지면 메모리를 해제합니다.

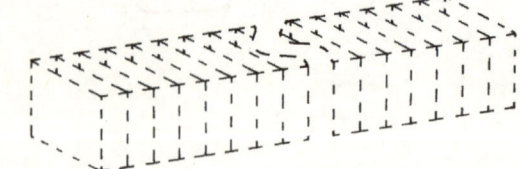

메모리 사용 절차

동적으로 메모리를 확보할 때 사용하는 함수를 소개하겠습니다. 또 이런 함수를 사용할 때는 프로그램의 시작 부분에 #include <stdlib.h>를 추가해야 합니다.

메모리 확보

메모리를 확보하고 준비해 둔 포인터에 시작 주소를 저장합니다.

```
short *buf;       ← 확보한 메모리의 시작 주소를 넣을 포인터를 선언합니다.
buf = (short *)malloc(sizeof(short)*2000);
```

malloc( ) 함수의 반환값에는 형이 없기 때문에(void *형) buf와 같은 형으로 캐스트합니다.

malloc( ) 함수
인수로 지정한 바이트 수만큼 메모리를 확보하고, 그 시작 주소를 반환합니다(확보할 수 없을 경우에는 NULL을 반환합니다).

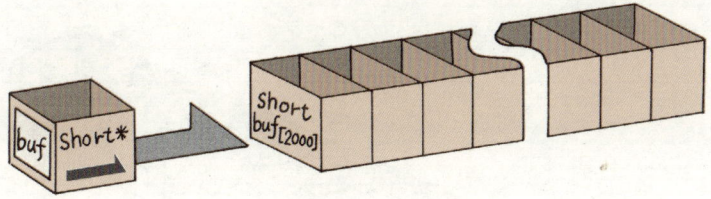

용도에 맞게 포인터를 준비합니다.

메모리 사용

메모리를 확보한 후에는 일반 배열과 똑같이 사용할 수 있습니다.

```
buf[2] = 40;
```

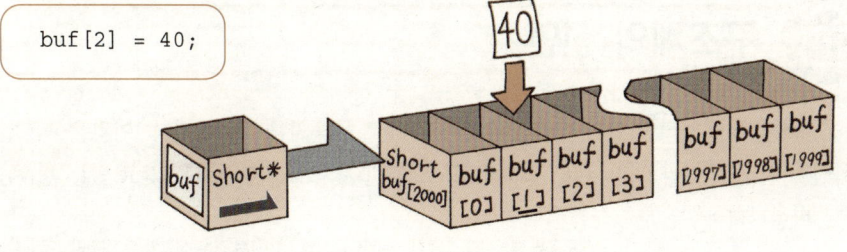

메모리 해제

사용이 끝나면 메모리를 해제합니다.

```
free(buf);
```

free( ) 함수
확보했던 메모리를 해제합니다.

구조체

구조체란 무엇이며 어떻게 선언하는지에 대해 알아보겠습니다.

🔓 구조체란?

구조체란 여러 가지 형을 하나로 묶은 것을 말합니다. 배열에 가까운 이미지이지만, 구조체는 서로 다른 형이든 배열이든 하나로 묶을 수 있습니다. 또 구조체로 묶은 요소 하나하나를 **멤버**라고 합니다.

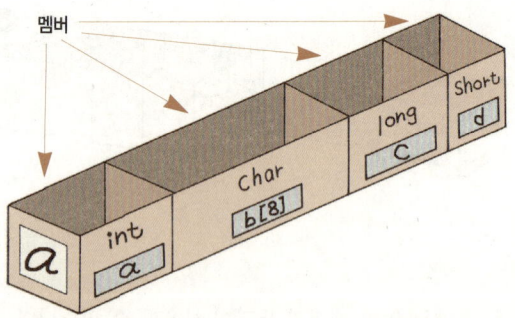

🔓 구조체의 선언

구조체를 선언하려면 먼저 어떤 변수를 구조체로 묶을지를 정의합니다. 이것을 '구조체 템플릿 선언'이라고 합니다. 그 다음 구조체 변수(구조체 템플릿을 갖고 있는 변수)를 준비합니다.

구조체 템플릿명: 구조체 변수를 동시에 선언하는 경우 생략할 수 있지만, 지정해 두면 나중에 재사용할 수 있습니다.

```
struct data {
    int no;
    char name[10];
    int age;
};

struct data list1;
```

- 구조체 템플릿 선언
- 멤버
- 구조체 변수 선언
- 구조체 템플릿명
- 구조체 변수명

구조체의 초기화

구조체 변수의 초기화는 선언 시 다음과 같이 수행합니다.

```
struct data {
    int no;
    char name[10];
    int age;
};                              구조체 템플릿 data를 선언
struct data list1 = {1, "홍길동", 39};  초기화
```

초기화 목록
선언에 맞게 데이터를 기술합니다.

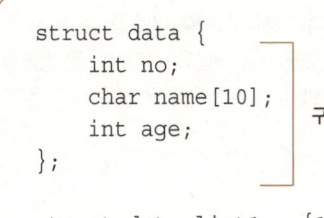

 ## 구조체 멤버에 액세스하기

구조체 변수의 멤버를 참조하려면 '.(마침표)'를 사용하여 어떤 멤버를 참조할지를 지정합니다.

마침표
```
printf("%d %s %d\n", list1.no, list1.name, list1.age);
```
구조체 변수명   멤버명

변수명과 멤버명을 마침표로 연결합니다.

구조체 변수에 데이터를 대입할 때도 마찬가지입니다.

```
list1.no = 3;                      구조체변수 list 1외
strcpy(list1.name, "홍길동");       멤버 no에 3을 대입
list1.age = 39;                    멤버 name에 홍길동을 복사
                                   멤버 age에 39를 대입
```

포인터를 사용하여 구조체 멤버를 참조하려면 ->(화살표 연산자)라는 기호를 사용합니다. 다음과 같이 기술합니다.

화살표 연산자
```
struct data *sp;
printf("%d %s %d\n", sp->no, sp->name, sp->age);
```
포인터명 멤버명

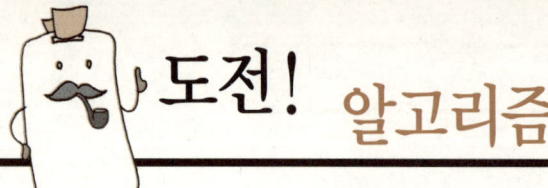

도전! 알고리즘

프로그래밍의 제1수칙은 '백문이 불여일행'입니다. 백 번 듣고 보는 것보다 한 번 프로그래밍을 해보는 것이 훨씬 좋다는 말입니다. 스스로 문제를 분석하고 알고리즘을 연구해서 프로그래밍에 도전해 보지 않으면 프로그래머의 길에 오를 수 없습니다. 여기서는 앞 장에서 배운 내용을 토대로 문제를 풀어 보겠습니다. 여러분의 프로그래밍 실력을 쌓을 수 있는 기초가 될 것입니다.

문제

01_ 다음 프로그램에서 잘못된 부분을 모두 찾아서 수정하세요.

```
01: #include <stdio.h>
02:
03: void main()
04: {
05:     int _abc?, 1abc, abc1;
06:     int a, b, tmp;
07:     int num[2]:
08:
09:     printf("비교할 두 수를 입력하세요.\n");
10:     scanf("%d %d", a, b);
11:
12:     if (a < b)
13:         printf("%d는 %d보다 크다.\n",
                a, b);
14:         tmp = a;
15:         a = b;
16:         b = tmp;
17:     else
18:         printf("%d는 %d보다 크지 않다.\n",
                a, b);
19:
20:     num[1] = a;
21:     num[2] = b;
22:
23:     printf("%d < %d = True\n",
                num[0], num[1]);
24: }
```

02_ 다음 프로그램을 실행하면 화면에 어떤 결과가 나올까요?

```
#include <stdio.h>

void main()
{
    int a, b = 1;

    a = b++;
    a = ++b;
    a = a++ + ++b;
    a = ++a + b++;
    printf("a = %d, b = %d\n", a, b);
}
```

03_ 학생 50명의 이름, 국어, 영어, 수학 점수를 저장하는 구조체를 정의한 후, 그 구조체를 요소로 하는 배열을 정의하고 첫 번째 요소에 대한 데이터를 입력하세요. 그리고 그 학생의 평균 점수를 구해서 출력하세요.

04_ 47쪽에 나온 파일 예제에서 만든 abc.txt 파일에 "They are our friends."라는 내용을 두 번째 줄에 추가하는 프로그램을 작성하세요.

정답 및 해설

01

05행 : int _abc?, 1abc, abc1;
→ int _abc, abc, abc1;
변수명에는 영문자, 숫자, 언더스코어(_)만 사용할 수 있습니다. 또한 특수 기호는 사용할 수 없으며, 첫 글자는 반드시 영문자와 언더스코어만 올 수 있습니다. 변수명은 가능한 한 의미 있는 이름을 붙이는 것이 좋습니다.

07행 : int num[2] : → int num[2];
C 언어에서 문장의 끝은 항상 세미콜론(;)으로 끝납니다. 또한 이 세미콜론을 빠뜨리면 다음 문장에 원인불명의 영향을 주게 되므로 오류 확인 시 가장 먼저 세미콜론이 빠진 부분이 없는지 확인하도록 합시다.

10행 : scanf("%d %d", a, b);
→ scanf("%d %d", &a, &b);
scanf( ) 함수를 사용하여 키보드로 값을 입력받을 때는 변수명에 &를 붙여서 데이터가 저장될 곳의 주소를 지정해야 합니다. 단, 배열의 경우 배열명이 배열의 첫 번째 요소에 대한 포인터가 되므로 &를 붙일 필요가 없습니다.

12행~18행 : 다음과 같이 바꿔야 합니다.
```
12:    if (a > b) {
13:       printf("%d는 %d보다 크다.\n",
                  a, b);
14:       tmp = a;
15:       a = b;
16:       b = tmp;
           }
17:    else
18:       printf("%d는 %d보다 크지 않다.\n",
                  a, b);
```

if 문에서 printf 문을 보면 a가 b보다 큰 경우에 해당하므로 조건을 (a > b)로 바꿔야 합니다. 또 a > b인 경우 a와 b의 값을 바꾸고 있으므로 여러 개의 처리를 수행해야 하는데 이 부분을 { }로 묶어야 합니다. if 문에 대해서는 2장에서 자세히 배울 것이므로 여기서는 이 정도로 이해하고 넘어갑시다.

20행 : num[1] = a; → num[0] = a;
21행 : num[2] = b; → num[1] = b;
이 문장은 num[ ] 배열의 첫 번째 요소부터 순서대로 a와 b의 값을 대입하는 것입니다. 배열의 첫 번째 요소의 첨자는 0이므로 이 문장은 위와 같이 바꿔야 합니다. 그렇지 않으면 배열 요소에 원하지 않는 값이 들어가 예상한 대로 작동하지 않을 수도 있습니다.

02

a = 13, b = 5

증가 연산자의 위치에 따른 값의 변화를 파악하는 문제입니다. 각 식 다음에 printf( ) 함수를 사용하여 값의 변화를 살펴보면 전치와 후치 연산이 어떻게 일어나는지 알 수 있습니다.

초기값   : b = 1

첫 번째 식 : a = b++이므로 a에 b가 할당된 후 b 증가
∴ a = 1, b = 2

두 번째 식 : a = ++b이므로 b가 증가한 후 a에 할당
∴ a = 3, b = 3

세 번째 식 : a = a++ + ++b이므로 b를 증가한 값과 a를 더한 값을 a에 할당한 후 a를 증가
∴ a = 8, b = 4

네 번째 식 : a = ++a + b++이므로 a를 증가한 값과 b를 더한 값을 a에 할당한 후 b를 증가
∴ a = 13, b = 5

03

```c
#include <stdio.h>
#include <string.h> /* strcpy() 사용에 필요 */

/* STUDENT 구조체를 정의한다. */
typedef struct _STUDENT {
  char name[20];
  int kor;
  int eng;
  int math;
} STUDENT;

void main()
{
  /* list1이라는 이름으로 STUDENT 구조체를 요소로
     갖는 50개의 배열을 정의한다. */
  STUDENT list1[50];
  int avg;

  /* 첫 번째 요소에 대해 입력한다. */
  strcpy(list1[0].name, "박찬호");
  list1[0].kor = 90;
  list1[0].eng = 80;
  list1[0].math =50;

  /* 평균을 구한다. */
  avg = (int)(list1[0].kor +
              list1[0].eng +
              list1[0].math) / 3;
    printf("%s의 평균 : %d\n",
              list1[0].name, avg);
}
```

여기서는 typedef를 사용해서 구조체를 정의했습니다. typedef를 사용하면 구조체의 템플릿에 임의의 이름을 정의할 수 있습니다.

```c
typedef struct data {
    ...
} DATA;
DATA list1;
```

DATA는 형 이름이기 때문에 struct가 필요없습니다.

04

```c
#include <stdio.h>

void main()
{
  FILE *fp;    /* 파일 포인터 */
  /* 두 번째 줄에 넣기 위해 \n 추가 */
  char a[] = "\nThey are our friends.";
  char s[30];

  /* 파일을 추가하여 쓰기 모드로 연다. */
  fp = fopen("abc.txt", "a");
  if(fp == NULL)
    return;
  /* 파일에 문자열을 쓴다. */
  fprintf(fp, "%s", a);
  /* 파일을 닫아야 다음에 다시 사용할 수 있다. */
  fclose(fp);

  /* 파일의 내용을 읽고 화면에 표시한다. */
  fp = fopen("abc.txt", "r");
  if(fp == NULL)
    return;
  /* 첫 번째 줄의 내용 */
  fgets(s, 29, fp);
  printf("%s", s);
  /* 두 번째 줄의 내용 */
  fgets(s, 29, fp);
  printf("%s\n", s);
  /* 파일을 닫는다. */
  fclose(fp);
}
```

정답 및 해설

fopen( ) 함수에서 a를 지정하면 파일을 추가하여 쓰기 모드로 열 수 있습니다. 또 파일의 두 번째 줄에 원하는 내용을 쓰기 위해 배열 a[ ]에서 맨 앞에 '\n'을 붙였습니다. 파일을 추가하여 쓰는 방법은 파일을 그냥 쓰는 방법과 똑같이 fprintf( ) 함수를 사용합니다.

또 파일의 내용을 읽어 들일 때 fgets( ) 함수는 한 줄의 내용만 읽어 들일 수 있기 때문에 fgets( ) 함수를 두 번 호출하여 두 줄의 내용을 표시하고 있습니다. fgets( ) 함수로 읽어 들인 문자열에는 줄 바꿈 문자가 붙어 있으므로 첫 번째 fgets( ) 함수 호출에서는 \n가 필요없습니다.

실제로 파일에 여러 줄의 내용을 쓰고 읽어 들이려면 2차원 배열을 이용합니다. 이에 관해서는 6장에서 자세히 설명하고 있습니다.

알아두면 도움이 되는 알고리즘 상식

변수명 잘 붙이는 법

C 언어의 변수명에는 영문자, 숫자, _(언더스코어)를 사용할 수 있습니다. 단, 첫 글자에는 숫자를 사용할 수 없고, 대소문자를 구분합니다. 허용 길이는 컴파일러에 따라 달라지지만, 요즘은 256자 정도까지 괜찮습니다. 이 규칙을 지키기만 하면 그 외의 것은 마음대로 이름을 지어도 상관없습니다. 그런데 어떤 이름을 붙이는 것이 좋은지 여기서 한번 알아봅시다.

● 대문자를 쓸까, 소문자를 쓸까?

일반적으로 소문자로 시작하는 경우가 많습니다. 두 단어 이상이 될 때는 wordnum과 같이 연결해서 쓰거나 그것만으로 알기 어려운 경우에는 word_num과 같이 언더스코어로 구분합니다. WordNum, wordNum과 같이 대문자를 섞어 쓰는 경우도 있습니다. 또 C 언어에서는 #define으로 정의된 매크로(정수처럼 동작)를 모두 대문자로 나타내는 경우가 많기 때문에 WORD_NUM과 같이 사용하는 것은 좋지 않습니다.

● 길이

길이에 대한 특별한 규칙은 없지만 일시적으로 사용하는 변수는 짧게(1~5문자), 중요한 변수나 여러 장소에서 사용하는 변수는 약간 길게 하는 것이 좋습니다. 나중에 다시 읽어 봐서 바로 의미를 알 수 있도록 하는 것이 가장 좋습니다.

● 관례상 많이 사용하는 변수명

수학에서 좌표를 x, y로 나타내는 것처럼 1문자 변수에는 특별히 '정해진 의미'가 있습니다. 이 규칙에 따라 프로그램을 작성하면 다른 사람이 그 의미를 이해하기 쉬워집니다. 대표적인 예를 들어 보겠습니다.

i, j, k	카운터(integer(정수))	a	배열(array)
s	문자열(string)	x, y	좌표
c	문자(char)	l	길이(length)
p	포인터(pointer)	n	개수(number)

변수명을 어떻게 붙이느냐에 따라 프로그램의 가독성이 많이 달라집니다. 잘 생각해서 변수명을 붙이도록 합시다.

제2장에서 꼭 알아야 할 키포인트

 **프로그램의 흐름을 만들자!**

일반적으로 프로그램은 물이 흐르듯이 위에서부터 순서대로 처리됩니다. 하지만 이런 단순한 흐름만으로는 대단한 것을 할 수 없습니다. 프로그램은 프로그래머가 흐름을 바꿈으로써 비로소 많은 기능을 가질 수 있게 되는 것입니다.

프로그램의 흐름을 만들 때는 **제어문**을 사용합니다. 제어문을 사용하면 프로그램이 위에서 아래로 흐르던 것을 조건에 따라 분기시키거나 지정된 횟수만큼 반복하거나 할 수 있습니다. 하지만 제어문을 사용할 수 있다고 해도 완전히 말도 안 되게 흐르게 하면 프로그램에 혼란이 옵니다. C 언어의 제어문에는 흐름 변경에 따른 영향을 제한하고 보기 좋게 기술하기 위한 **구조화**라는 개념이 마련되어 있습니다. 구조화는 지금은 아주 일반적인 개념이지만 아주 중요한 것이므로 맨 먼저 설명하겠습니다.

제어문 중에서 가장 먼저 소개할 것은 **if 문**입니다. 이것은 영어의 'if'라는 단어가 의미하는 것처럼 '만일 ~라면 ~한다' 라는 조건 분기를 만드는 제어문입니다. 즉, 조건을 '만족하는 경우' 와 '만족하지 않는 경우' 의 두 가지 흐름을 준비할 수 있습니다. 물론 if 문을 여러 개 사용함으로써 두 개 이상의 흐름을 만들 수도 있습니다.

그 다음 소개할 것은 **for 문**과 **while 문**으로, 둘 다 어떤 처리를 '반복' 할 때 사용하는 제어문입니다. 이 프로그램의 흐름을 그림으로 나타내면 원을 빙글빙글 그리는 것처럼 보이므로 '반복 처리'를 루프(loop)라고 합니다.

제어문(control statement)
프로그램의 실행 순서를 제어하는 문장으로, 조건을 조사하여 참이냐 거짓이냐에 따라 분기하는 if 문, 실행 횟수를 알고 있는 경우 반복하는 for 문, 조건에 따라 루프를 반복하는 while 문 등이 있다. goto 문과 같은 무조건 제어문도 있지만 거의 사용하지 않는다.

구조화(structurized)
goto 문을 사용하는 비구조적인 제어가 아니라 if 문이나 for 문, while 문을 사용하여 프로그램의 흐름을 구조적으로 표현하는 것을 말한다.

또 그 외의 제어문으로 루프 내의 처리를 도중에 빠져 나오는 break 문이나 여러 개의 분기를 한 번에 만들어 낼 수 있는 switch 문 등도 소개할 것입니다.

제어문을 사용하면 컴퓨터에게 복잡한 처리를 시킬 수가 있습니다. 하지만 프로그램의 흐름을 바꾸면 무한 루프(영원히 계속하여 반복) 등 여러 가지 잘못된 프로그램을 작성할 가능성도 늘어나게 되므로, 먼저 제어문을 바르게 이해하는 것이 중요합니다. 프로그램의 동작을 정하는 제어문을 이해하는 것은 알고리즘을 배우기 위한 제1보입니다. 이것을 염두에 두고 이 장을 학습해 주세요.

조건 분기(conditional branch)
조건을 조사하여 예인지 아니오인지에 따라 처리할 내용이 달라지는 프로그램 흐름이다.

반복
조건이 참이냐 거짓이냐에 따라 루프(loop) 안의 처리 내용을 반복 실행하는 것을 말한다. for 문이나 while 문을 사용한다.

무한 루프
조건을 만족하는 값이 존재하지 않으므로 루프가 영원히 반복되어 프로그램을 종료할 수 없는 루프를 말한다. 프로그램을 작성할 때는 무한 루프에 빠지지 않도록 항상 루프를 종료할 수 있는 조건을 두어야 한다.

제2장에서 꼭 알아야 할 키포인트 | **61**

제어의 종류와 구조화

일반적으로 프로그램은 위에서 아래로 순서대로 처리됩니다. 하지만 때에 따라서는 처리의 흐름에 변화를 줄 필요가 있습니다.

 프로그램의 제어

복잡한 프로그램에서는 필요에 따라 처리의 흐름을 바꿔야 하는 경우가 있습니다. 처리의 흐름을 바꾸는 것을 '프로그램을 제어한다'라고 합니다.

 기본 제어의 종류

제어의 종류로는 다음과 같은 것이 있습니다. C 언어에서는 처리의 분기에는 if라는 제어문, 반복에는 for나 while이라는 제어문을 주로 사용합니다.

이 세 종류를 조합하면 어떤 프로그램이든 만들 수 있습니다.

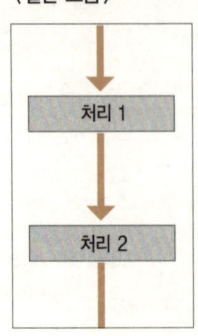
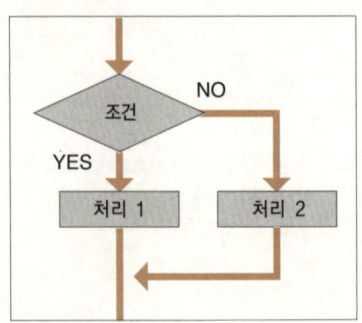
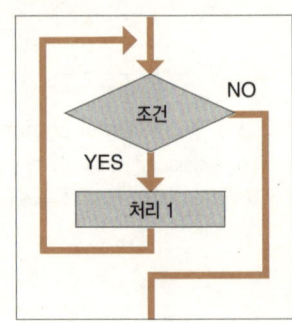

구조화

goto라는 제어문을 사용하면 처리의 흐름을 다음과 같이 자유롭게 바꿀 수 있습니다. 하지만 이런 무질서한 흐름을 만들면 프로그램을 읽기 어려워집니다.

〈goto를 사용한 제어〉

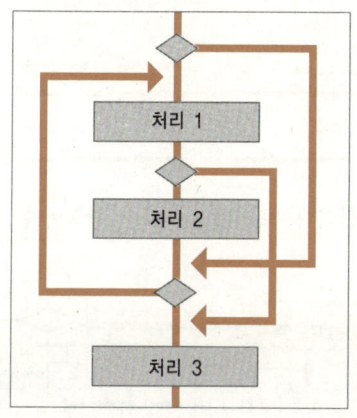

어떤 순서로 처리되고 있는지 조사하기도 힘듭니다.

62쪽의 제어 패턴을 조합하여 흐름을 만들면 프로그램 전체의 규칙성을 벗어나지 않고 부분적으로 처리의 흐름을 바꿀 수 있습니다. 이런 프로그래밍 방법을 '프로그램의 구조화'라고 합니다.

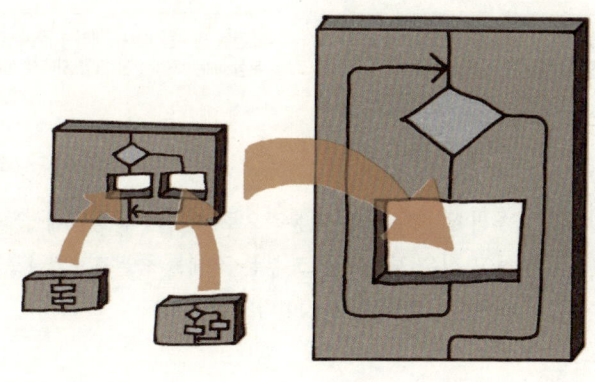

큰 프로그램 속에서 작은 부품을 조립해 가는 이미지입니다.

if 문

if 문은 영어로 '만일 ~라면' 이라는 뜻입니다. C 언어의 제어문 중에서 가장 기본적인 것입니다.

🔓 if 문

if 문은 조건에 따라 다른 처리를 수행할 때 사용합니다. 조건에는 비교 연산자나 논리 연산자를 사용한 조건식을 지정합니다.

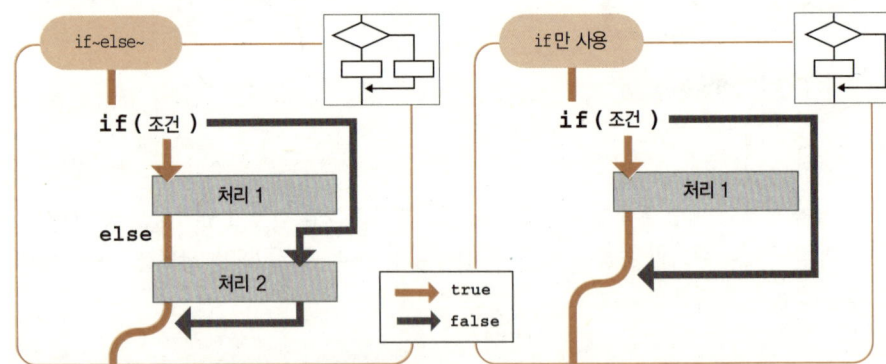

조건을 만족할 때(true)는 '처리 1'을, 만족하지 못할 때 (false)는 '처리 2'를 수행합니다.

조건을 만족할 때는 '처리 1'을 수행합니다. 만족하지 못할 때는 '처리 1'을 그냥 지나칩니다.

블록

위에서 '처리 1'과 '처리 2' 부분에는 기본적으로 하나의 문장밖에 쓸 수 없습니다. 여러 개의 처리를 수행하고 싶은 경우에는 그 부분 전체를 중괄호 {와 }로 둘러싸서 하나로 간주하도록 합니다. 이것을 **블록**(block)이라고 합니다.

```
if (조건식)
{
    xxxxxxxxxx
    xxxxxxxxxx
}
else
{
    xxxxxxxxxx
    xxxxxxxxxx
}
```

공간 절약을 위해 이렇게 쓰는 경우도 많습니다.

```
if (조건식) {
    xxxxxxxxxx
    xxxxxxxxxx
} else {
    xxxxxxxxxx
    xxxxxxxxxx
}
```

블록 안은 탭으로 들여쓰기를 하는 편이 코드를 읽기 쉽습니다.

연속 if 문

여러 조건 중 어느 것에 맞는지에 따라 각기 다른 처리를 수행하고 싶은 경우는 if 문을 조합하여 사용합니다.

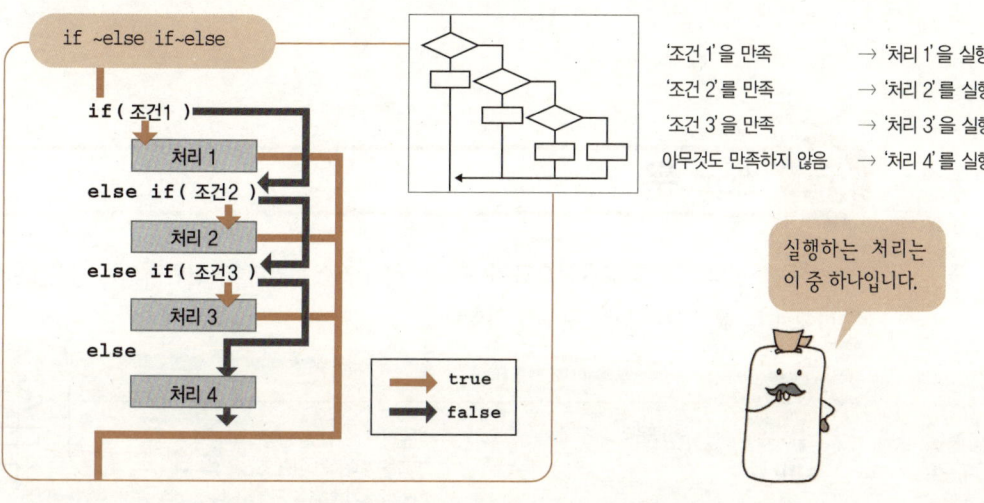

'조건 1'을 만족 → '처리 1'을 실행
'조건 2'를 만족 → '처리 2'를 실행
'조건 3'을 만족 → '처리 3'을 실행
아무것도 만족하지 않음 → '처리 4'를 실행

실행하는 처리는 이 중 하나입니다.

중첩 if 문

if 문을 비롯하여 제어문은 처리 중간에 다른 제어문을 포함할 수 있습니다. 이렇게 다른 제어문 속에 들어가 있는 것을 **중첩**(nest)이라고 합니다.

바르게 들여쓰기를 해 두면 읽기가 쉬워집니다.

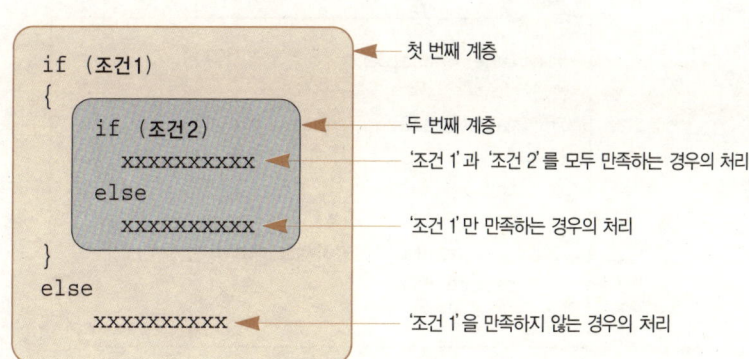

- 첫 번째 계층
- 두 번째 계층
- '조건 1'과 '조건 2'를 모두 만족하는 경우의 처리
- '조건 1'만 만족하는 경우의 처리
- '조건 1'을 만족하지 않는 경우의 처리

for 문과 while 문

프로그래밍을 하다 보면 동일한 처리를 반복해야 하는 일이 자주 있습니다. 그럴 때에는 for 문이나 while 문을 사용합니다.

🔓 for 문

for문은 반복 처리를 효율적으로 수행하기 위한 제어문입니다. 일반적으로 카운터를 준비해서 그 값에 따라 반복 횟수를 정합니다.

```
for
    int i;    ← 카운터
    for(i = 0; i <= 3; i++)    ← 카운터의 초기값을 설정합니다.
                                 반복을 계속하기 위한 조건을 씁니다.
                                 카운터 증가 방법을 지정합니다.
        처리
```

i의 초기값을 0으로 하고, 1씩 증가시키며, 3 이하인 동안 처리를 반복하여 실행합니다.

반복 처리를 루프라고 합니다.

예

```c
#include <stdio.h>

int main(int argc, char *argv[])
{
    int i;
    for(i = 1; i < 4; i++)
        printf("안녕하세요. %d\n", i);
    return 0;
}
```

프로그램 실행순서

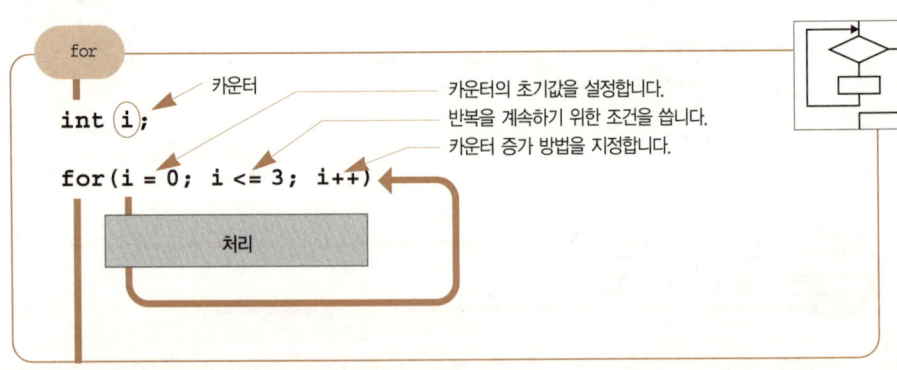

| 변수 i에 1을 대입 |
| "안녕하세요. 1"을 표시 |
| i++를 실행 (i = 2) |
| i < 4이므로 반복 |
| "안녕하세요. 2"를 표시 |
| i++를 실행 (i = 3) |
| i < 4이므로 반복 |
| "안녕하세요. 3"을 표시 |
| i++를 실행 (i = 4) |
| i < 4가 아니므로 루프를 종료 |

실행 결과

```
안녕하세요. 1
안녕하세요. 2
안녕하세요. 3
```

while 문

while 문은 어떤 조건을 만족하는 동안만 반복을 수행하는 제어문입니다. for 문과 다른 점은 카운터에 해당하는 것이 없다는 것입니다. 주로 키보드로부터 입력을 받는 등 반복 횟수를 모를 때 사용합니다.

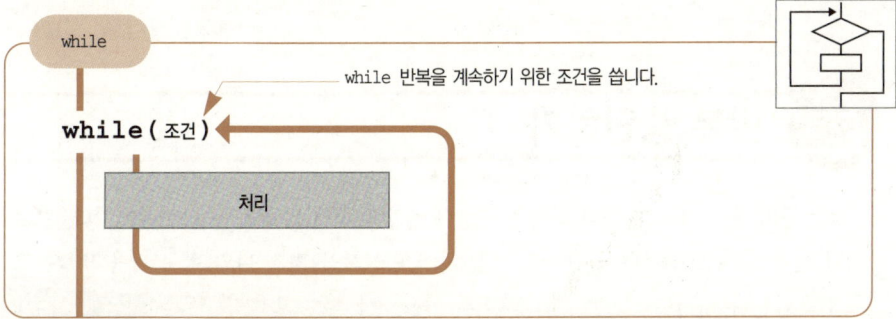

조건을 만족하는 한 처리를 반복합니다.

 ## do~while 문

do~while 문도 while 문과 마찬가지로 반복을 수행하는 제어문입니다. while 문에서는 처리보다 먼저 조건을 검사하기 때문에 처음에 조건을 만족하지 않으면 반복을 한 번도 수행하지 않는 경우가 있습니다. 이에 비해 do~while 문에서는 조건을 나중에 검사하기 때문에 적어도 한 번은 처리를 수행하게 됩니다.

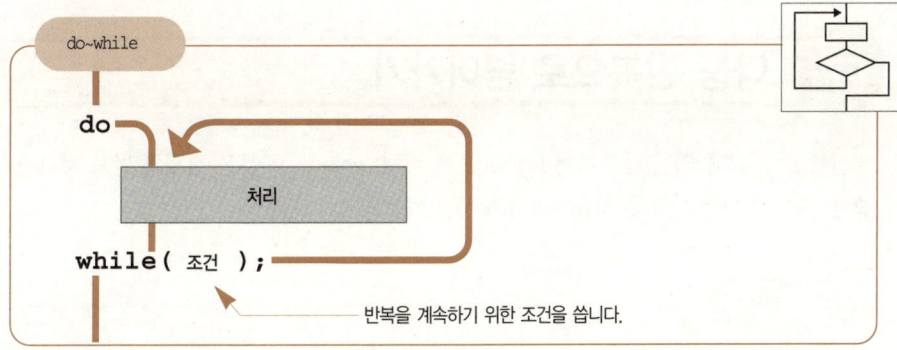

조건을 만족하는 한 처리를 반복합니다(적어도 한 번은 실행됩니다).

기타 제어문

반복 처리 등에서 흐름을 바꿀 때 사용하는 break 문과 continue 문, 여러 개의 선택 항목을 가지고 분기 처리를 수행하는 switch 문을 소개합니다.

🔓 반복 중단하기

for 문이나 while 문 등의 반복을 도중에 중단하려면 **break** 문을 사용합니다. 프로그램 실행 중에 break 문을 만나면 가장 가까운 블록을 빠져 나와 바로 다음 명령문으로 점프합니다.

break 문은 여러 개의 블록을 통과할 수는 없습니다.

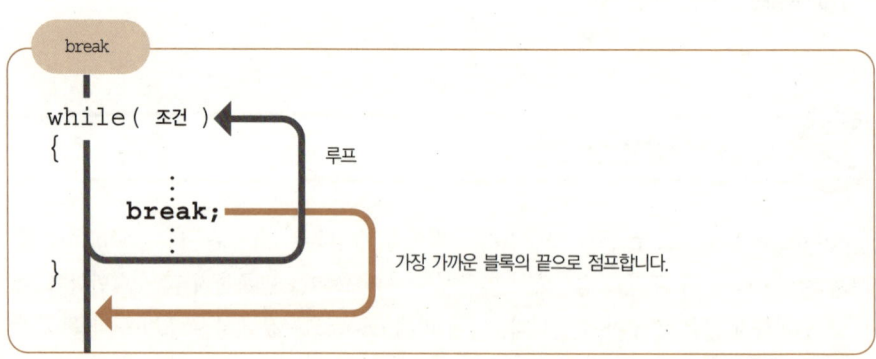

🔓 다음 반복으로 넘어가기

실행 중 루프 처리를 중단하는 break 문에 비해, **continue** 문은 현재의 반복 처리를 중단하고, 그 다음 반복을 처음부터 실행하는 기능을 갖고 있습니다.

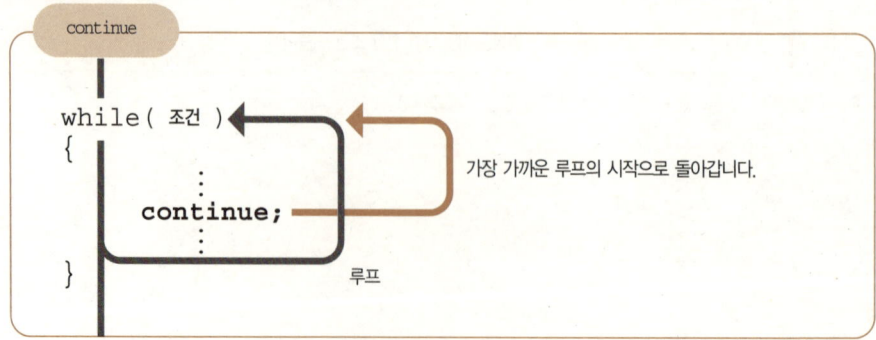

switch 문

switch 문은 여러 개의 case라는 선택지 중에서 식의 값과 일치하는 것을 골라, 그 처리를 수행합니다. 식의 값이 어떤 case 값과도 일치하지 않는 경우에는 default로 넘어갑니다. 각 선택지의 끝에는 break 문을 써서, 선택한 처리만 수행하도록 합니다.

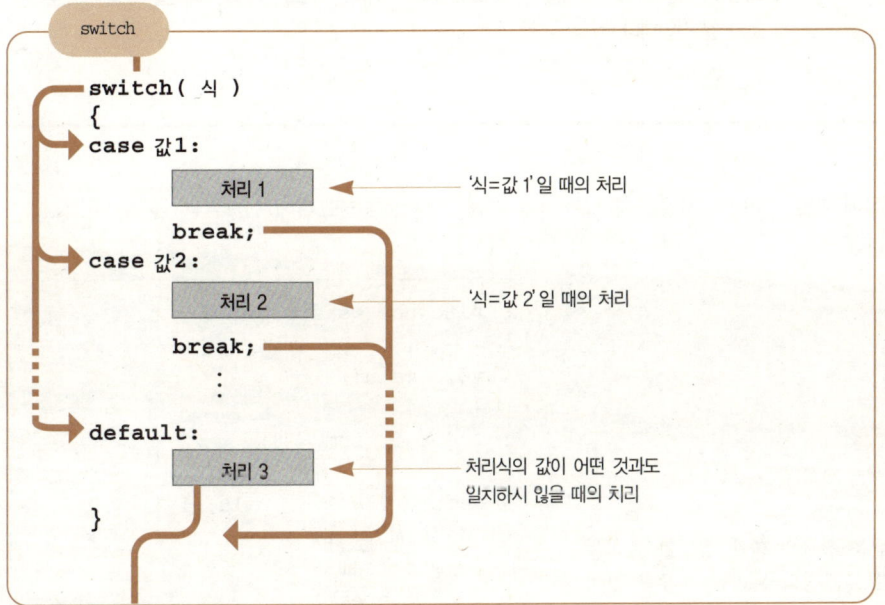

식의 값에 따라 달라지는 처리를 선택하여 실행합니다.

단, 위에서 '식'에 해당하는 부분에는 값이 수치인 것만 사용할 수 있습니다. 그 이외의 경우는 switch 문 대신 'if~else if~else'를 사용해 주세요.

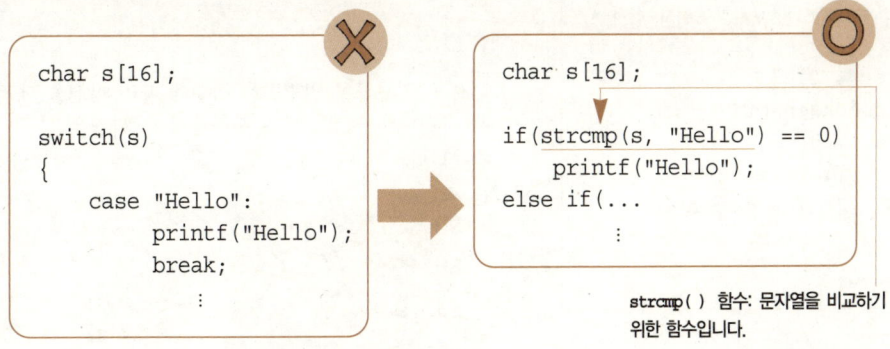

strcmp( ) 함수: 문자열을 비교하기 위한 함수입니다.

도전! 알고리즘

프로그래밍의 제1수칙은 '백문이 불여일행' 입니다. 백 번 듣고 보는 것보다 한 번 프로그래밍을 해보는 것이 훨씬 좋다는 말입니다. 스스로 문제를 분석하고 알고리즘을 연구해서 프로그래밍에 도전해 보지 않으면 프로그래머의 길에 오를 수 없습니다. 여기서는 앞 장에서 배운 내용을 토대로 문제를 풀어 보겠습니다. 여러분의 프로그래밍 실력을 쌓을 수 있는 기초가 될 것입니다.

문제

01_ 다음 중 구조화된 프로그래밍에 사용하지 않는 제어문은 무엇인가요?

a. while
b. for
c. goto
d. if

02_ 다음 프로그램은 건물의 화재 경보를 울리는 프로그램입니다. 이 프로그램의 논리적 오류를 찾아서 수정하세요.

```
void main()
{
  int fire;

  fire = checksensor(); /* 화재 감지 센서 */

  while(fire == 0) {
    fire = checksensor()  ;
    if (fire != 0)
        printf("화재가 발생했습니다.\n
               긴급히 대피해 주세요!\n");
  }
}
```

03_ 다음 프로그램에서 루프는 총 몇 번 실행될까요?

```
#include <stdio.h>

void main()
{
  int i, sum = 0;

  for (i = 1; i < 10; i++) {
    sum += i;
    if (sum > 30)
        break;
  }
  printf("1부터 %d까지의 합은 %d입니다.\n",
          i, sum);
}
```

04_ 키보드로 입력받은 점수에 따라 학점을 매겨서 출력하는 프로그램을 작성하세요. 학점은 다음과 같습니다.

90~100점	A
80~89점	B
70~79점	C
60~69점	D
60점 미만	F

01

c. goto

goto 문을 사용하면 프로그램의 흐름을 바꿀 수는 있지만 코드가 스파게티처럼 복잡하게 얽혀서 읽기 어려워지므로 구조화된 프로그래밍에서는 사용하지 않습니다.

02

이 프로그램에서 처음에 checksensor( )를 호출할 때 화재가 발생했다면 어떤 일이 일어날까요? fire에는 0이 아닌 값이 들어가기 때문에 루프 안의 대피 명령이 절대로 실행되지 않습니다. 따라서 이 프로그램은 다음과 같이 바꿔야 합니다.

```
void main()
{
    int fire;

    fire = checksensor( );  /* 화재 감지 센서 */

    do {
        if (fire != 0)
            printf("화재가 발생했습니다.\n
                    긴급히 대피해 주세요!\n");
        fire = checksensor();
    } while (fire == 0);
}
```

여기서는 do~while 루프를 사용하여 fire에 처음부터 0이 아닌 값이 들어와도 루프가 적어도 한 번은 실행되기 때문에 대피 명령을 내릴 수가 있는 것입니다. do~while 루프는 루프를 적어도 한 번은 실행시켜야 하는 경우에 사용하면 좋습니다.

03

8번, 1부터 8까지의 합은 36입니다.

for 루프 속에서 i와 sum의 변화는 다음과 같습니다.

i	1	2	3	4	5	6	7	8
sum	1	3	6	10	15	21	28	36

i가 8일 때 sum은 36이 되어 if 문에서 36 > 30이므로 break 문을 만나 루프를 빠져 나오게 됩니다.

04

```
#include <stdio.h>

void main()
{
    int score;
    char grade;

    printf("점수를 입력하세요.\n:");
    scanf("%d", &score);

/* if문으로 점수를 비교해서 학점을 배당합니다. */
    if (score < 60)
        grade = 'F';
    else if (score < 70)
        grade = 'D';
    else if (score < 80)
        grade = 'C';
    else if (score < 90)
        grade = 'B';
    else
        grade = 'A';

    printf("\n학점은 %d입니다.\n",
            grade);
}
```

알아두면 도움이 되는
알고리즘 상식

구조화 이전의 프로그램

구조화의 개념은 네덜란드의 E. W. 다익스트라가 1970년경 고안해 낸 방법입니다. 이 개념은 발표 당시부터 지지를 받아 현재에는 프로그래밍의 기본이 되어 있습니다. 2장에서도 언급했지만 구조화의 고마움은 구조화되지 않은 프로그래밍을 경험해 보지 않으면 좀처럼 이해하지 못할지도 모릅니다. 그래서 구조화의 개념이 프로그래밍에 도입되기 전의 이야기를 좀 해볼까 합니다.

우리나라에서 1980년대 PC 붐이 일 당시는 BASIC이 주된 언어였습니다. BASIC은 원래 구조화된 프로그래밍을 채택한 언어가 아니었기 때문에 제어의 흐름을 바꾸려면 goto 문을 사용할 수밖에 없었습니다. 그 결과 흐름이 복잡해져서 정말 알아보기 힘든 프로그램, 속칭 스파게티 프로그램이라는 복잡한 것이 만들어지게 되었습니다. 그 당시는 구조화라는 개념이 그다지 일반적이지 않았던 것입니다.

그 후 Visual Basic으로 발전하면서 BASIC에도 구조화된 개념이 도입되었습니다. 지금은 대부분의 언어에서 구조화된 프로그래밍이 가능합니다. 하지만 규모가 크지 않은 일부 스크립트 언어에는 아직도 구조화가 되지 않은 것도 있습니다.

3

제어의 활용

제3장에서 꼭 알아야 할
키포인트

 **프로그래밍을 시작해 보자!**

이 장에서는 예제를 풀면서 프로그램을 작성하기 위한 핵심을 배워 보겠습니다. 바르게 작동하는 프로그램을 작성하기 위한 비결은 바로 2장에서 소개한 제어문입니다. 또 익숙해지면 바르게 작동하는 것뿐만 아니라 보다 효율적인 프로그램을 만들도록 연구해 봅시다. '이럴 때는 이 제어문을 사용하면 이것만으로 해결된다', '이 제어문과 이 제어문을 같이 사용하면 실제로 이렇게 작동한다' 등 프로그래밍 초보자에게는 의외의 발견이 있을지도 모릅니다.

이 장에서 사용하는 제어문은 모두 2장에서 소개한 것입니다. 제어문에 대해 걱정스러운 사람은 2장을 다시 확인하면서 읽어 주세요. 참고로 2장에서 소개한 제어문의 요점을 다시 한 번 소개하겠습니다.

용어설명

- **카운터**
  for 문에서 조건을 반복할 횟수를 제어하는 변수를 말한다. 관례적으로 i, j, k와 같은 이름을 사용한다.

- **블록**
  프로그램에서 관련된 일련의 처리를 묶어 놓은 것으로 C 언어에서는 {와 }로 둘러싸인 부분을 프로그램 블록이라고 한다.

이름	특징
if 문	조건을 만족하는 경우와 만족하지 않는 경우로 처리를 분기합니다.
for 문	조건을 만족하는 동안 처리를 반복합니다. 카운터를 사용합니다.
while 문	조건을 만족하는 동안 처리를 반복합니다. 키보드로부터 입력을 받는 등 반복 횟수를 모를 때 사용합니다.
switch 문	여러 개의 선택지에서 조건과 일치하는 것을 골라 그 처리를 실행합니다.
break 문	반복을 중단하고 가장 가까운 블록을 빠져 나옵니다.
continue 문	반복을 중단하고 가장 가까운 루프의 시작으로 점프합니다.

'이런 프로그램을 만들어 주세요' 라고 요청받았을 때 오랫동안 프로그래밍을 해 온 프로그래머들은 바로 '이 제어문과 저 제어문을 같이 쓰면 좋을 것 같아' 라는 생각이 떠오를 것입니다. 이런 감각은 이 책을 다 읽었다고 해도 바로 몸에 붙는 것은 아니지만, 이 장을 읽고 조금이나마 도움이 될만한 것을 찾아보세요.

1부터 5까지의 합

1+2+3+4+5를 계산하는 프로그램을 만들어 봅시다. 1+2+⋯+10,000에도 간단히 응용할 수 있는 프로그램을 만들 것입니다.

🔓 단순 프로그램의 예

가장 간단한 프로그램은 다음과 같습니다.

예
```c
#include <stdio.h>

int main(int argc, char *argv[])
{
        printf("%d\n", 1 + 2 + 3 + 4 + 5);
        return 0;
}
```

실행 결과
```
15
```

이 프로그램도 틀린 것은 아니지만 10,000까지의 합을 구하는 경우 입력하기 매우 힘들 것입니다.

1+2+3+4+5+6+⋯

🔓 응용 가능한 프로그램의 예

1부터 10,000까지의 합에도 응용할 수 있는 프로그램은 다음과 같이 작성합니다.

값 만들기

for 문을 사용하면 1부터 5까지의 수를 자동으로 만들 수 있다는 것에 주목하세요.

```
for(i = 1; i <= 5; i++)
    처리
```

이렇게 하면 1부터 10,000까지도 간단히 만들 수 있어요.

i의 초기값을 1로 하고, 값을 1씩 증가해서, i가 5 이하인 동안 처리를 반복 실행합니다.

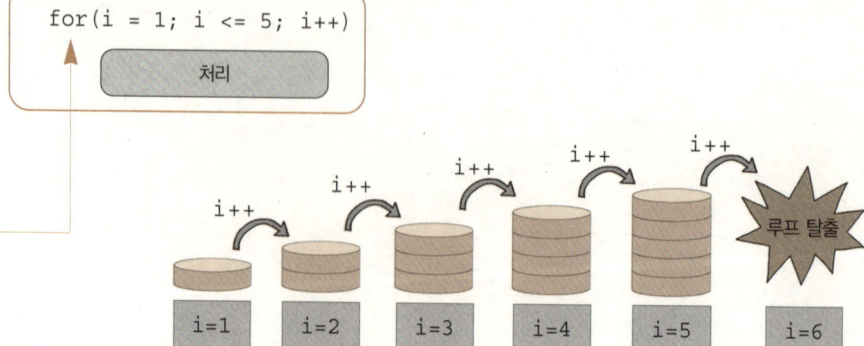

값 더하기

변수 n(초기값은 0)을 준비하고 for 루프에서 만든 1부터 5까지를 순서대로 더해 갑니다.

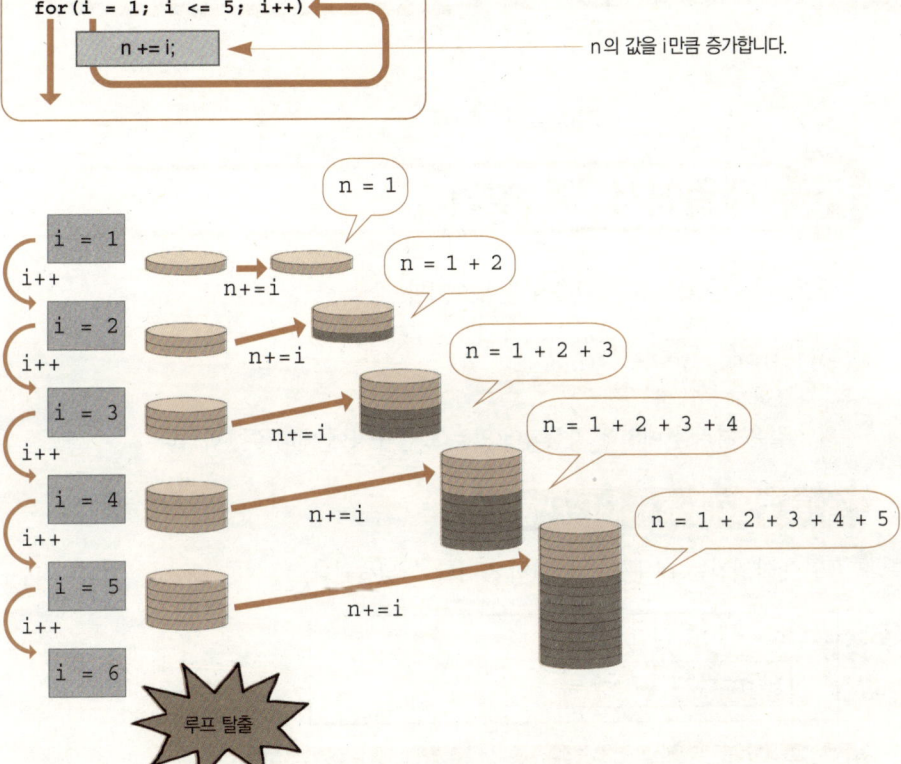

```
예
#include <stdio.h>

int main(int argc, char *argv[])
{
        int i, n = 0;

        for(i = 1; i <= 5; i++)
                n += i;
        printf("%d\n", n);
        return 0;
}
```

실행 결과
```
15
```

배열에서 값 찾기 (1)

배열에서 특정 숫자를 찾는 프로그램을 만들어 봅시다.

배열에서 '7' 찾기

배열에서 7을 찾으려면, 다음과 같이 합니다.

> 숫자가 7인지 아닌지를 조사하고 7이면 표시한다

위와 같은 처리를 배열에 저장되어 있는 모든 숫자에 대해 수행합니다.

> 7인지 아닌지를 조사해서 표시한다

7인지 아닌지는 if 문으로 간단히 조사할 수 있습니다.

```
if(n == 7)
    printf("7 발견!");
```

> 배열을 순서대로 보고 7인지 아닌지를 조사해서 표시한다

배열의 모든 것을 조사할 때는 for 문이 편리합니다.

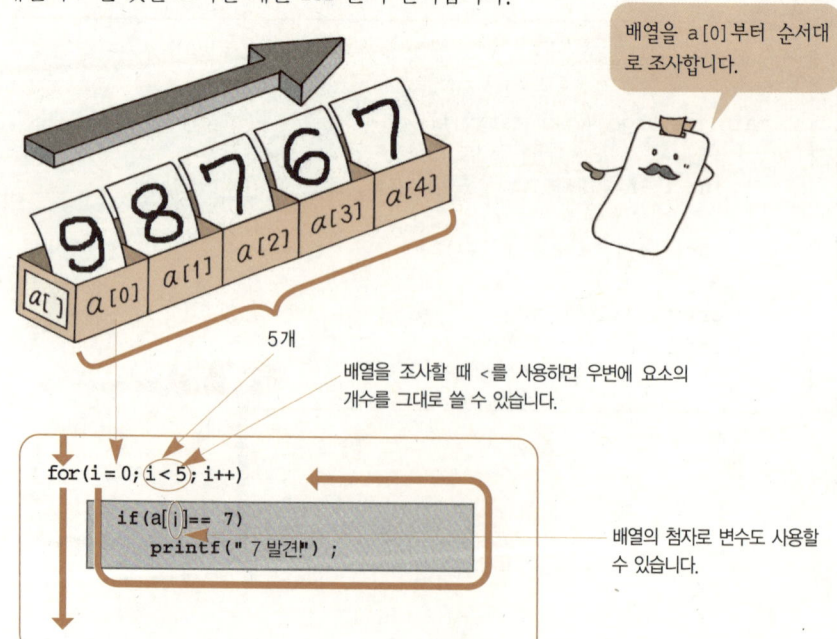

이 프로그램은 다음과 같이 작동합니다.

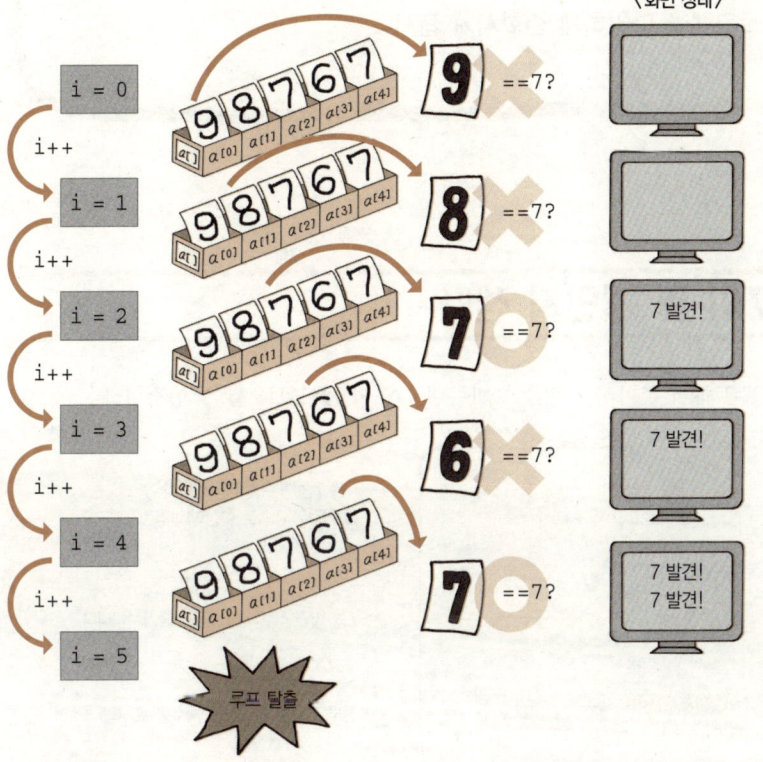

```
예
#include <stdio.h>

int main(int argc, char *argv[])
{
        int a[] = {9, 8, 7, 6, 7};
        int i;

        for(i = 0; i < 5; i++){
                if(a[i] == 7)
                        printf("7 발견!\n");
        }
        return 0;
}
```

실행 결과

7 발견!
7 발견!

배열에서 값 찾기(2)

79쪽의 프로그램을 다양하게 변화시켜 봅시다.

7이 몇 개인지 센다

7을 발견했을 때만 증가하는 변수를 만들면 7이 몇 개인지를 셀 수 있습니다.

```
int n = 0;           ← n은 7의 개수를 나타냅니다
for(i = 0; i < 5; i++){   (초기값은 0으로 설정합니다).
    if(a[i] == 7){
        printf("7 발견!\n");
        n++;         ← 7을 발견했을 때만 n을 1 증가시킵니다.
    }
}
printf("7을 %d개 발견!\n", n);   ← 전부 조사를 끝냈으면 개수를 표시합니다.
```

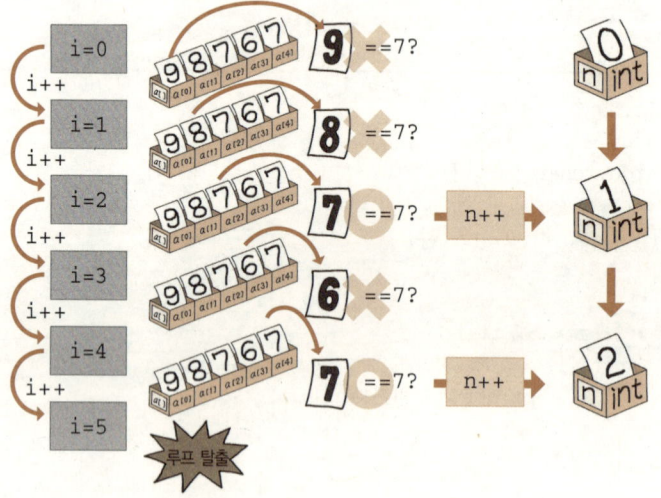

7이 없는 배열로 확인해 봅시다.

그런데 이 프로그램을 사용하면 7을 발견하지 못한 경우 '**7을 0개 발견!**' 이라고 표시되어 버립니다. 그래서 마지막 한 줄을 다음과 같이 바꾸겠습니다.

```
if(n == 0)
    printf("7을 발견 못함!\n");
else
    printf("7을 %d개 발견!\n", n);
```

7을 하나 발견하면 종료한다

7을 발견하면 break 문을 사용하여 루프를 종료합니다.

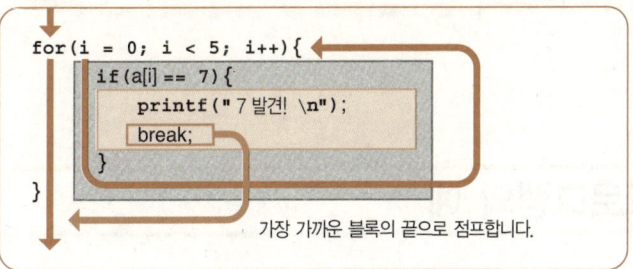

가장 가까운 블록의 끝으로 점프합니다.

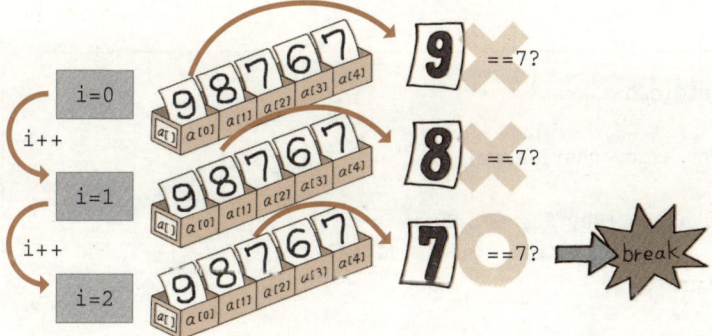

예

```c
#include <stdio.h>

int main(int argc, char *argv[])
{
        int a[] = {9, 8, 7, 6, 7};
        int n=0, i;

        for(i = 0; i < 5; i++){
                if(a[i] == 7) {
                        printf("7 발견!\n");
                        n = 1;            ← 7을 발견 못했을 때를
                        break;               대비한 처리
                }
        }
        if(n == 0)
                printf("7을 발견 못함!\n");
        return 0;
}
```

실행 결과

7 발견!

평균 구하기

배열에 저장되어 있는 숫자의 평균을 구하는 프로그램을 만들어 봅시다.
요소의 개수가 증가해도 사용할 수 있는 프로그램을 만들 것입니다.

🔓 단순 프로그램의 예

가장 간단한 프로그램은 다음과 같습니다.

```c
#include <stdio.h>

int main(int argc, char *argv[])
{
    int a[] = {70, 80, 60, 90};
    printf("%d", (a[0]+a[1]+a[2]+a[3]) / 4);
    return 0;
}
```

요소 개수가 증가하면 힘들겠어요.

실행 결과
```
75
```

🔓 응용 가능한 프로그램의 예

배열에 저장되어 있는 숫자의 합을 자동으로 구할 수 있다면 요소 개수가 증가해도 응용할 수 있을 것입니다.

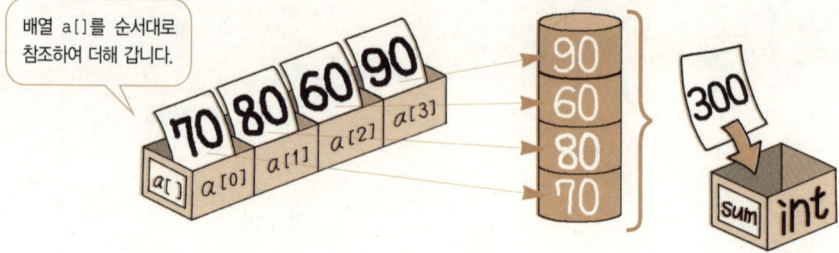

이것을 프로그램으로 만들면 다음과 같이 됩니다.

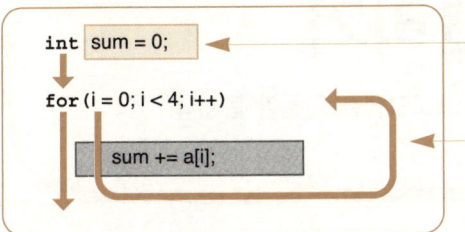

요소의 합계를 저장하기 위한 변수입니다.
(초깃값은 0으로 설정합니다).

배열 a[0]부터 a[3]까지의 값을 더해 갑니다.

프로그램은 다음과 같이 작동합니다.

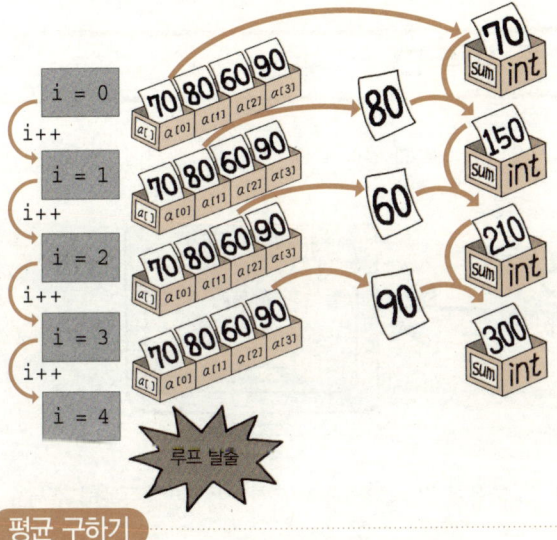

루프 탈출

평균 구하기

합을 요소 개수로 나누면 평균을 구할 수 있습니다.

```
printf("%d\n", sum / 4);
```

예

```c
#include <stdio.h>

int main(int argc, char *argv[])
{
    int a[] = {70, 80, 60, 90};
    int i, sum = 0;

    for(i = 0; i < 4; i++)
        sum += a[i];
    printf("평균은 %d입니다.\n", sum / 4);
    return 0;
}
```

실행 결과

평균은 75 입니다.

막대 그래프 그리기

배열의 수치를 막대 그래프로 그리는 프로그램을 만들어 봅시다.

 막대 그래프를 만든다

여기서는 *(아스터리스크)를 사용하여 다음과 같은 막대 그래프를 만들어 보기로 합시다.

a[] = {4, 5, 2, 3};

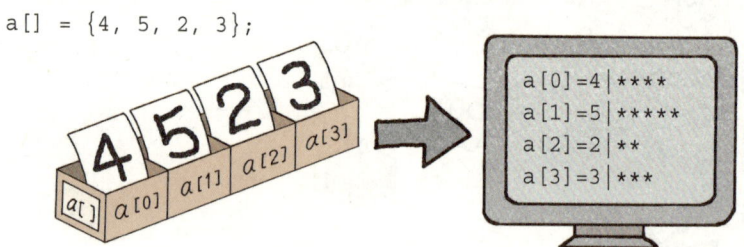

한 줄의 그래프가 만들어지면 그 다음은 같은 작업을 반복한다는 것에 주목해 주세요.

한 줄의 그래프를 표시한다

a[0]에 대한 표시를 해 봅시다. *를 숫자만큼 표시하면 그 길이의 막대 그래프를 만들 수 있습니다. 여기서도 for 문을 사용할 수 있습니다.

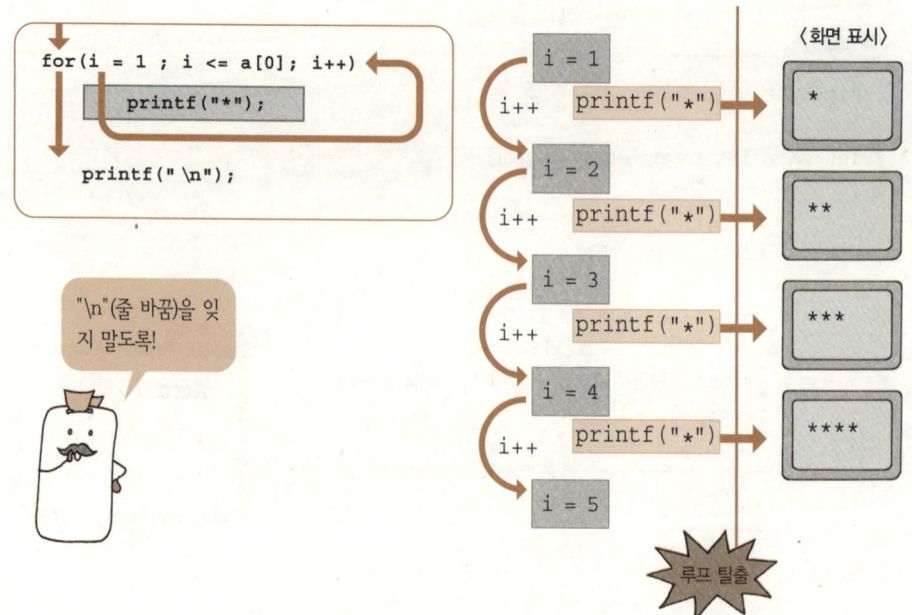

for 루프로 배열의 끝까지 반복한다

for 문을 하나 더 사용해서 이번에는 배열의 끝까지 읽어 봅시다. 안쪽 루프로 막대 그래프를 그리고, 바깥쪽 루프로 배열의 요소 수만큼 반복합니다.

```
for(j = 0; j < 4, j++){
    for(i = 1; i <= a[j]; i++)
        printf("*");

    printf("\n");
}
```

카운터 i와 j의 사용법이 틀리지 않도록 주의하세요!

예

```c
#include <stdio.h>

int main(int argc, char *argv[])
{
    int a[] = {4, 5, 2, 3};
    int i, j;

    for(j = 0; j < 4; j++) {
        printf("a[%d]=%d |", j, a[j]);
        for(i = 1; i <= a[j]; i++)
            printf("*");
        printf("\n");
    }
    return 0;
}
```

실행 결과

```
a[0]=4|****
a[1]=5|*****
a[2]=2|**
a[3]=3|***
```

두 문자열 연결하기

두 개의 문자열을 연결하여 하나의 문자열로 만들어 봅시다.

🔓 두 문자열을 연결한다

문자열 a[ ]에 b[ ]를 연결하는 그림은 다음과 같습니다.

문자열 a[ ]의 끝을 조사하고, 거기에서부터 문자열 b[ ]의 문자를 하나씩 대입해 가는 프로그램을 만들 것입니다.

문자열 a[ ]의 끝을 조사한다

문자 배열의 끝은 반드시 '\0'(NULL 문자)입니다. 이 '\0'을 찾기 위해 while 루프를 사용합니다.

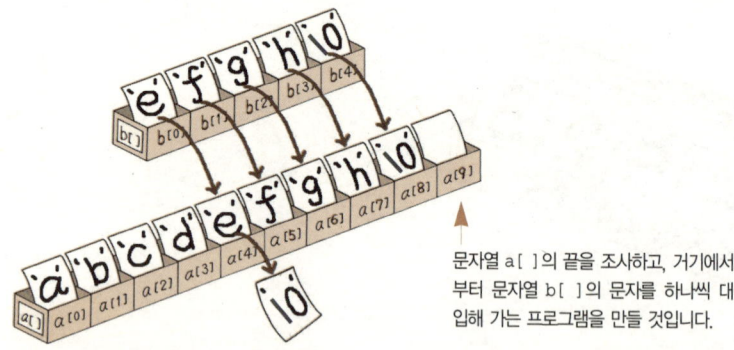

a[i]가 '\0'이 되면 루프를 종료합니다.

```
int i = 0;
char a[] = "book";

while(a[i] != '\0')
    i++;
```

a[4]에 '\0'가 있습니다.

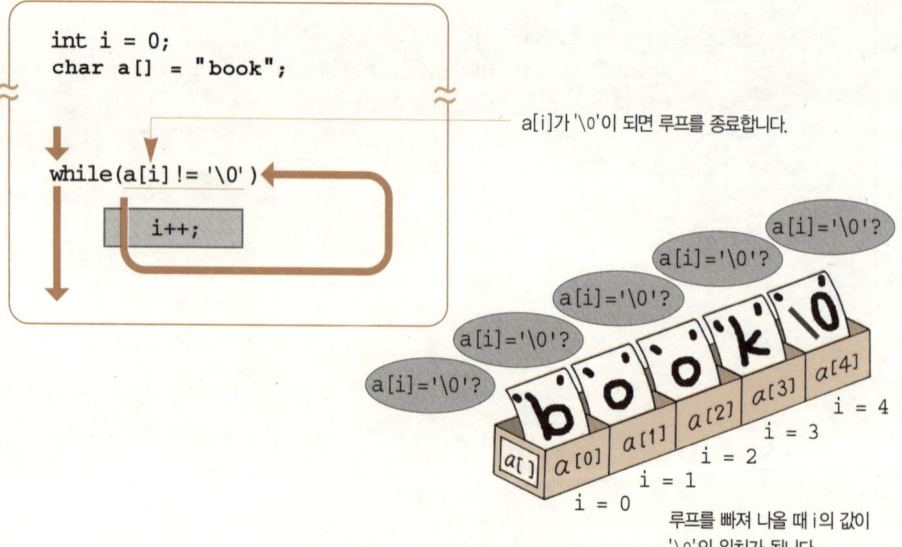

루프를 빠져 나올 때 i의 값이 '\0'의 위치가 됩니다.

86 제3장 제어의 활용

한 문자씩 대입한다

계속해서 a[ ]에 문자를 대입하겠습니다. 여기서도 while 루프를 사용합니다.

```
int j = 0;
while(b[j] != '\0')
{
    a[i] = b[j];
    i++;
    j++;
}
```

— b[j]가 '\0'이 아닌 동안 반복합니다.
— b[j]에 들어 있는 문자를 a[i]에 저장합니다.

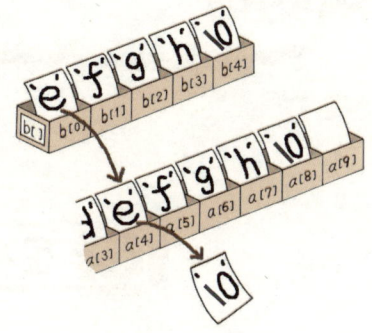

NULL 문자를 확인한다

문자열은 끝에 NULL 문자('\0')가 없으면 바르게 표시되지 않습니다. 이 프로그램에서는 문자열 b[ ]의 '\0'은 대입하지 않으므로 직접 넣어 봅시다.

```
a[i] = '\0';
```

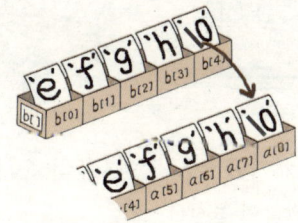

'\0'는 아주 중요해요!

예

```c
#include <stdio.h>

int main(int argc, char *argv[])
{
    int i = 0, j = 0;
    char a[12] = "book", b[] = "marks";
    
    printf("%s + %s =", a, b);
    while(a[i] != '\0')
        i++;
    while(b[j] != '\0') {
        a[i] = b[j];
        i++;
        j++;
    }
    a[i] = '\0';
    printf("%s\n", a);
    return 0;
}
```

실행 결과

```
book + marks = bookmarks
```

역순으로 읽기

문자열을 역순으로 표시해 봅시다. 배열의 첨자 변화에 주목해 주세요.

🔓 문자열을 역순으로 표시한다

문자열 a[ ]를 역순으로 표시하는 데는 여러 가지 방법이 있습니다.

① 표시할 때만 거꾸로 한다. ② 역순으로 된 문자열을 만든 후 표시한다.

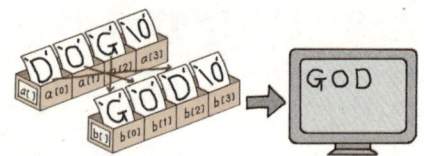

② 의 방법이 응용하기 좋을 것 같아요.

② 의 방법에서, **문자열 a[ ]를 마지막 문자부터 순서대로 문자열 b[ ]에 저장합니다.** 이것을 프로그램으로 만들어 봅시다.

🔓 역순 문자열을 만든다

문자열의 마지막 문자부터 읽어 간다

다음과 같이 for 루프를 만듭니다. 실제 문자열의 끝은 strlen( ) 함수를 사용하면 간단히 구할 수 있습니다.

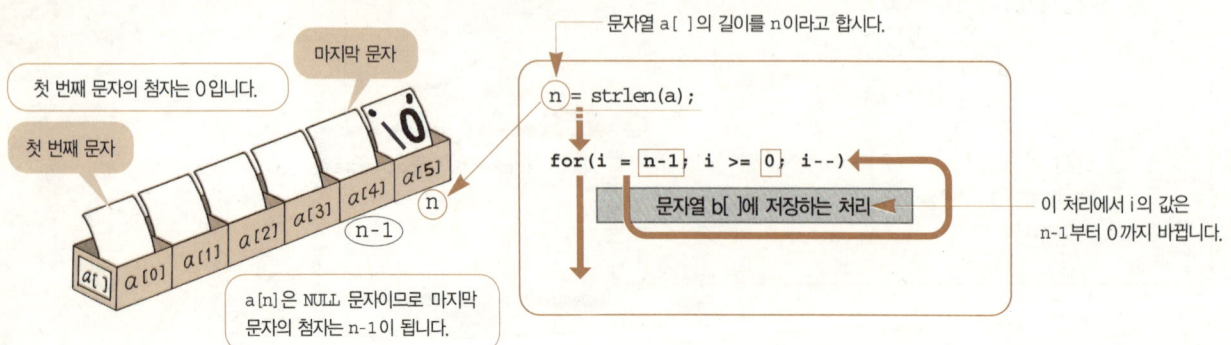

제3장 제어의 활용

문자열 b[ ]에 저장한다

문자열 b[ ]에 역순으로 저장하기 위해 문자열 a[ ]와 b[ ]의 대응 관계를 확인합시다.

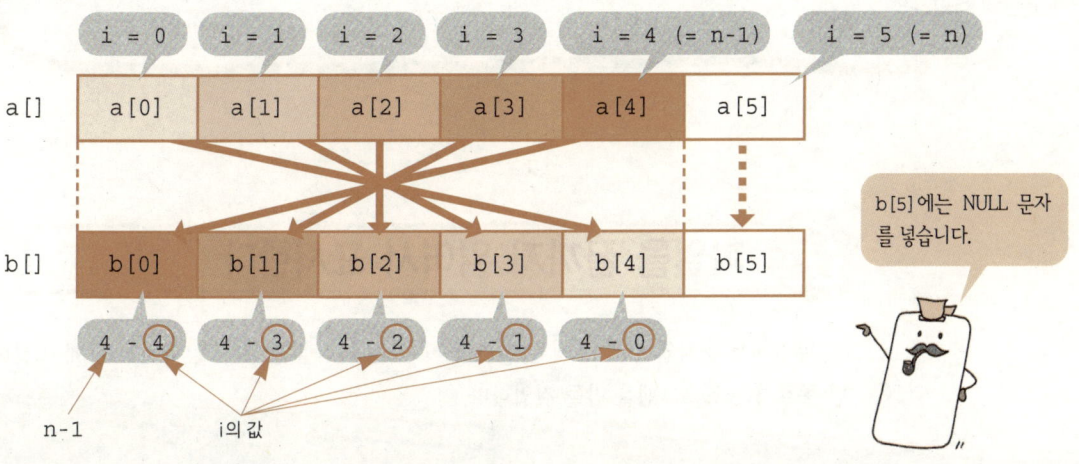

a[i]에 대응하는 b의 요소는 다음과 같습니다.

```
b[n-1-i]
```

예

```c
#include <stdio.h>
#include <string.h>

int main(int argc, char *argv[])
{
    int i, n;
    char a[] = "DOG";
    char b[10];

    n = strlen(a);
    for(i = n - 1; i >= 0; i--)
        b[n - 1 - i] = a[i];
    b[n] = '\0';
    printf("%s는 \n거꾸로 읽으면 \n%s\n", a, b);
    return 0;
}
```

문자열 b[ ]의 끝에 '\0'을 넣습니다.

실행 결과

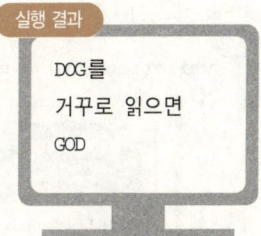

DOG를
거꾸로 읽으면
GOD

파일의 내용을 표시하기

파일을 끝까지 읽고, 행 번호를 매겨서 표시하는 프로그램을 만들어 봅시다.

🔓 파일을 끝까지 읽어서 표시한다

'파일에서 문자열을 한 행씩 읽어서 표시' 하는 처리를 반복하고, 파일의 끝에 도달하면 종료하는 프로그램을 만들 것입니다.

파일을 읽어서 표시한다

파일에서 문자열을 한 행씩 읽으려면 fgets( ) 함수를 사용하는 것이 편리합니다.

```
fgets(s, 255, fp);
printf("%s", s);
```

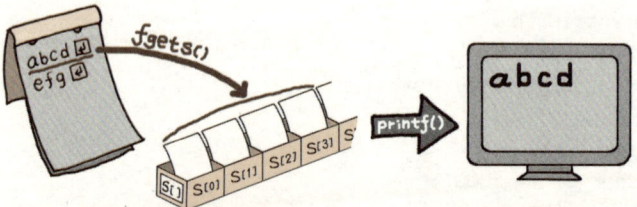

행을 세면서 파일의 끝까지 읽기를 반복한다

while 루프로 파일의 끝에 도달할 때까지 처리를 반복합니다. 파일의 끝을 알리면 feof( ) 함수를 사용합니다.

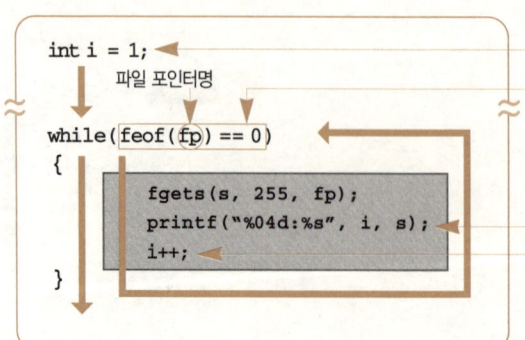

int i = 1; ← 행 번호를 저장하기 위한 변수(초깃값은 1)입니다.
파일 포인터명

while(feof(fp) == 0) ← 파일의 끝에 도달하면 feof(fp)가 1이 되고 루프를 종료합니다.
{
　　fgets(s, 255, fp);
　　printf("%04d:%s", i, s); ← 행 번호를 표시합니다.
　　i++; ← 한 행을 읽었으면 1 증가합니다.
}

이 루프는 다음과 같이 작동합니다.

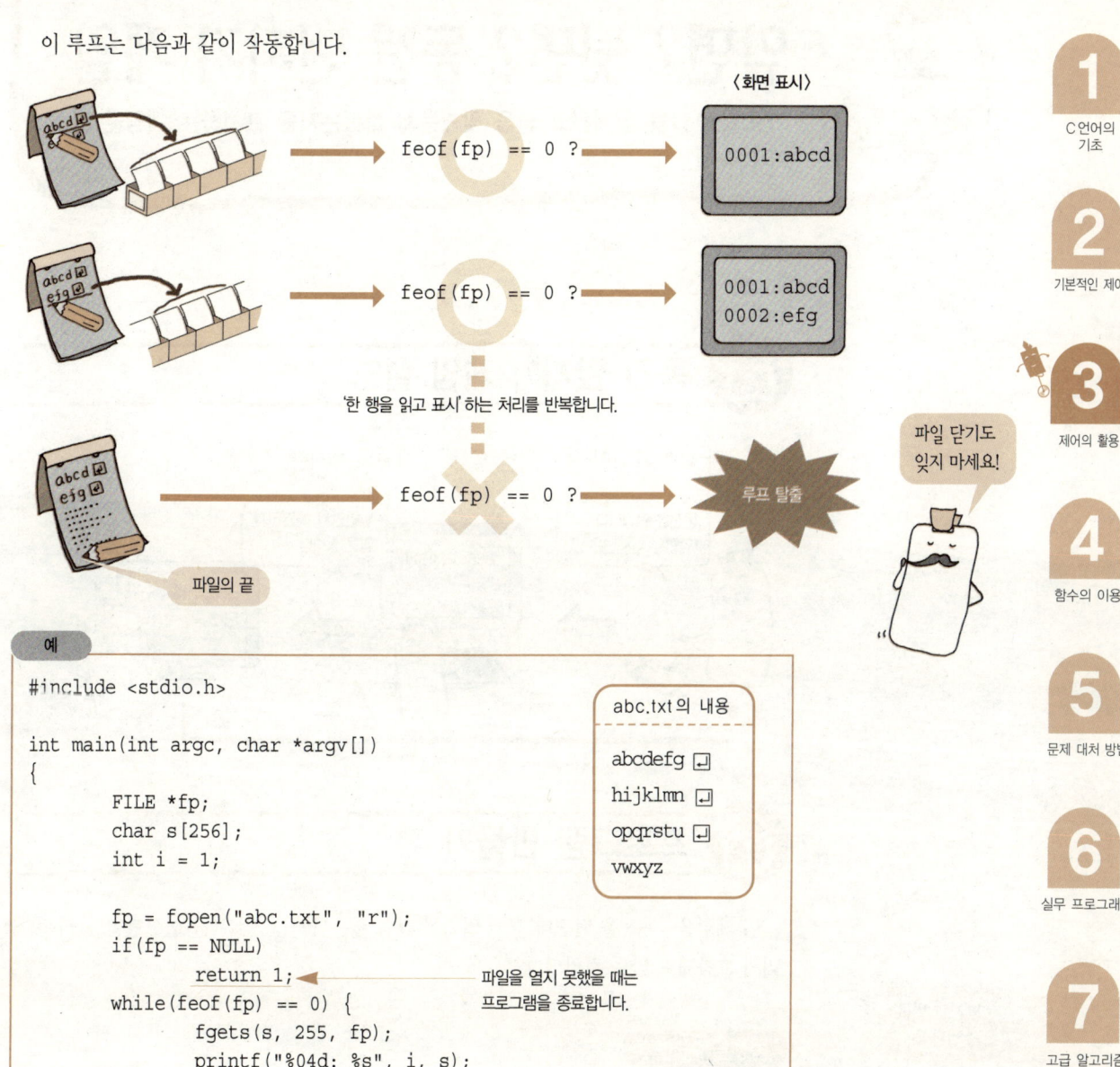

```
#include <stdio.h>

int main(int argc, char *argv[])
{
        FILE *fp;
        char s[256];
        int i = 1;

        fp = fopen("abc.txt", "r");
        if(fp == NULL)
                return 1;
        while(feof(fp) == 0) {
                fgets(s, 255, fp);
                printf("%04d: %s", i, s);
                i++;
        }
        printf("\n");
        fclose(fp);
        return 0;
}
```

abc.txt 의 내용

abcdefg ↵
hijklmn ↵
opqrstu ↵
vwxyz

파일을 열지 못했을 때는 프로그램을 종료합니다.

※ abc.txt의 첫 세 행의 끝에는 줄 바꿈 문자를 입력합니다.

실행 결과

```
0001: abcdefg
0002: hijklmn
0003: opqrstu
0004: vwxyz
```

앞면? 뒷면? 동전 던지기 게임

키보드로 답을 입력하고 답을 맞췄는지 틀렸는지를 표시하는 게임을 만들어 봅시다.

🔓 동전 던지기 게임 설명

다음과 같은 게임이 가능한 프로그램을 만들어 봅시다.

🔓 프로그램 만들기

이 게임을 '동전을 던진다' → '입력한 답을 읽는다' → '읽은 값을 판단한다' 라는 처리의 흐름대로 만들 것입니다.

n으로 나눈 나머지는 0~n-1 입니다.

동전을 던진다

프로그램 내에서 무작위로 산출된 수치가 1이냐 2냐에 따라 앞면인지 뒷면인지를 결정하도록 합니다. 산출된 결과가 불규칙하게 되도록 rand( ) 함수를 사용할 것입니다.

```
srand(time(NULL));
coin = rand() % 2 + 1;
```

← 이렇게 쓰면 매번 다른 난수가 만들어집니다.
← rand( ) 함수로는 상당히 큰 정수 값이 구해지지만 그 값을 2로 나눈 나머지는 0이나 1이 됩니다. 따라서 거기에 1을 더하면 1과 2가 만들어집니다.

동전을 던진 결과를 저장하는 변수

입력한 답을 읽는다

키보드로 입력한 문자를 읽으려면 scanf( ) 함수를 사용합니다.

```
scanf("%d", &you);
```

읽은 값을 판단한다

입력한 값을 다음과 같은 경우로 나눠서 처리합니다.

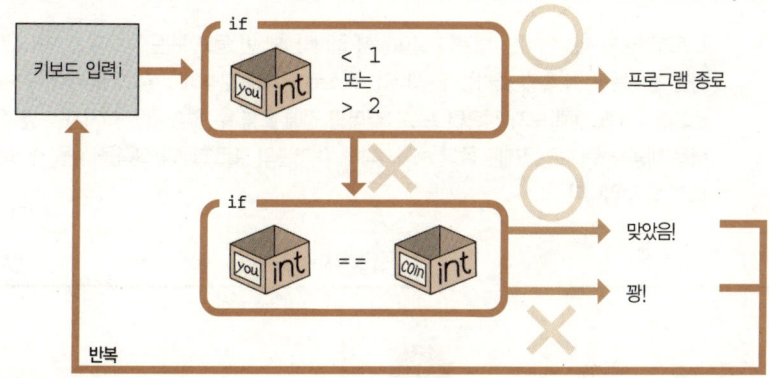

예

```c
#include <stdio.h>
#include <string.h>
#include <time.h>      ◀── time() 함수에 필요
#include <stdlib.h>    ◀── rand() 함수에 필요

int main(int argc, char *argv[])
{
    int you;   /* 사용자 */
    int coin;  /* 동전 던지기 결과 */
    char aspect[] = {"", "앞면", "뒷면"};  /* 결과 데이터 */
                     ▲
                     └─ 앞면이 '[1]', 뒷면이 '[2]'가 되도록 조정합니다.
    srand(time(NULL));
    printf("앞면은 1, 뒷면은 2, 종료는 다른 값을 입력하세요.\n");
    while(1){
        coin = rand() % 2 + 1;
        printf("동전을 던졌습니다. 앞면? 뒷면? : ");
        scanf("%d", &you);
        if(you < 1 || you > 2)    ── 1도 2도 아닌 경우에는 프로그램을 종료합니다.
            break;
        else {
            printf("사용자: %s 동전: %s\n", aspect[you], aspect[coin]);
            printf("%s\n", (you == coin) ? "맞았음!" : "꽝!");
        }
        printf("\n");      ── you와 coin의 값이 같으면 '맞았음!', 그렇지
    }                          않으면 '꽝!'이라고 표시합니다.
    return 0;
}
```

실행 결과

```
앞면은 1, 뒷면은 2, 종료는 다른
값을 입력하세요.
동전을 던졌습니다. 앞면? 뒷면? : 1
사용자 : 앞면  동전 : 앞면
맞았음!
```

※ 굵은 글씨는 키보드에서 입력한 문자

도전! 알고리즘

프로그래밍의 제1수칙은 '백문이 불여일행'입니다. 백 번 듣고 보는 것보다 한 번 프로그래밍을 해보는 것이 훨씬 좋다는 말입니다. 스스로 문제를 분석하고 알고리즘을 연구해서 프로그래밍에 도전해 보지 않으면 프로그래머의 길에 오를 수 없습니다. 여기서는 앞 장에서 배운 내용을 토대로 문제를 풀어 보겠습니다. 여러분의 프로그래밍 실력을 쌓을 수 있는 기초가 될 것입니다.

문제

01_ 1부터 n까지의 정수 중에서 홀수의 합을 구하는 프로그램을 작성하세요(단, n은 키보드로부터 입력받습니다).

02_ 가위바위보 게임을 만들어 봅시다. 이 프로그램은 컴퓨터와 사용자가 5번 가위바위보를 해서 이긴 횟수를 보여 줄 것입니다. 프로그램의 흐름은 다음과 같으므로 참고하여 작성하세요.

① 먼저 컴퓨터가 낼 손의 번호를 임의로 결정합니다. (여기서 난수를 사용할 것입니다.)
② 사용자가 낼 손의 번호를 입력합니다.
③ 누가 이겼는지를 판정해서 보여 줍니다.
④ 가위바위보를 5번 해서 많이 이긴 사람이 승자가 됩니다. 승자를 표시합니다.

※ 보=0, 가위=1, 바위=2

정답 및 해설

01

```c
#include <stdio.h>

void main()
{
    int i, n = 0, sum = 0;

    printf("홀수의 합을 구할 정수 n을 입력하세요.\n");
    scanf("%d", &n);
    for(i = 1; i <= n; i++) {
        if (i % 2 == 1)   /* 나머지 연산자를
                             사용하여 i가 홀수
                             인지를 비교한다. */
            sum += i;
    }
    printf("1부터 %d까지 홀수의 합은 %d입니다.\n",
           n, sum);
}
```

이 for 문에서는 i를 1씩 증가시켜 if 문에서 i가 홀수인지 아닌지를 비교해서 더하고 있습니다. 이 for 문을 간단히 다음과 같이 바꿀 수도 있습니다. 여기서는 i를 2씩 증가시켜 if 문 없이 홀수의 합을 간단히 처리하므로 속도가 더 빠르겠지요.

```c
for(i = 1; i <= n; i += 2)   /* i를 2씩 증가시킨다. */
    sum += i;
```

>> exercise

| 정답 및 해설 |

```
#include <stdio.h>
#include <stdlib.h> /* rand( ) 함수에 필요 */

void main()
{
  int userson, userwin = 0;
  int comson, comwin = 0;
  int i = 1, result;

  while(1) {

    /* rand( ) 함수를 사용하여 컴퓨터가 낼 손을
       결정한다. */
    comson = rand() % 3;

    /* 사용자가 낼 손을 입력받는다. */
    printf("낼 손의 번호를 입력하세요. (보=0,
            가위=1, 바위=2)\n");
    scanf("%d", &userson);

    /* 0~2 이외의 수를 입력한 경우 */
    if (userson < 0 || userson > 2)
      continue;
    else
      i++;

    /* 판정 결과를 표시한다. */
    printf("사용자 : %d 컴퓨터 : %d",
            userson, comson);

    if (userson == comson)
      printf("--- 무승부입니다!\n");
    else if (comson == (userson + 1) %
3) {
      printf("--- 사용자가 이겼습니다.\n");
      userwin += 1; /* 사용자가 이긴 횟수
                       를 더한다. */
    }
    else {
      printf("--- 컴퓨터가 이겼습니다.\n");
```

MORE

```
      comwin += 1; /* 컴퓨터가 이긴 횟수
                      를 더한다. */
    }

    /* 5번 승부했는지 확인한다. */
    if (i > 5)
      break;
  }

  /* 최종 결과를 표시한다. */
  printf("사용자 VS 컴퓨터 : %d VS %d",
          userwin, comwin);

  result = userwin - comwin;

  if (result > 0)
    printf("--- 야호! 이겼다!\n");
  else if (result < 0)
    printf("--- 졌다! 흑흑\n");
  else
    printf("--- 비겼군!\n");
}
```

여기서 승부를 판정할 때 사용한 다음 식에 주목해 봅시다.

  comson == (userson + 1) % 3

가위바위보의 값을 일일이 조합하여 비교해도 되지만 컴퓨터는 모든 정보를 수치로 나타낸다는 사실에 주목해서, 다음과 같이 승부 판정의 규칙성을 찾아볼 수 있습니다.

* A와 B가 같으면 '무승부' 다.
* A + 1을 3으로 나눈 나머지가 B와 같으면 'B가 이긴 것' 이다.
* 그 이외는 'A가 이긴 것' 이다.

자신만의 가위바위보 게임을 만들어 보기 바랍니다. 사용자와 컴퓨터가 낸 손을 숫자가 아닌 '가위', '바위', '보' 로 표시하는 방법을 연구해 봅시다. 배열을 이용하면 좋을 것입니다.

알아두면 도움이 되는 알고리즘 상식

스택과 큐

스택과 큐는 둘 다 버퍼(데이터 처리를 위해 일시적으로 이용하는 메모리 영역)에 데이터를 저장하거나 꺼내는 방식을 나타낼 때 사용하는 용어입니다.

스택(stack)이란 데이터를 저장한 것과 반대 순서로 꺼내는 방식입니다. 예를 들어, 다음 그림과 같이 구멍이 하나밖에 없는 통에 원반을 넣으면 넣은 순서와 반대로 꺼낼 수밖에 없습니다.

이 방식으로 저장되는 것으로는 C 언어의 함수 안에서 선언하는 지역 변수가 있습니다. 함수로 처리가 넘어오면 그 함수의 지역 변수 전용 메모리 영역이 확보됩니다. 그리고 함수를 벗어나면 확보된 메모리는 해제됩니다. 재귀 처리(4장 참조)로 인해 함수의 참조 횟수가 너무 많아지면 계속해서 지역 변수 메모리 영역이 스택으로부터 해제되지 않아서, 스택 영역이 부족해지는 경우가 있습니다. 이런 경우 컴파일러의 설정으로 스택 영역의 크기를 늘릴 필요가 있습니다. 덧붙여 `malloc( )`함수(51쪽) 등의 동적 메모리 확보에는 스택이 아니라 힙(heap)이라는 영역을 사용합니다.

큐(queue)는 데이터를 저장한 순서대로 꺼내는 방식입니다. 입구와 출구가 정해져 있으므로 원반을 입력한 순서대로 꺼낼 수 있습니다. 이 방식은 가까운 예로 키보드의 입력 버퍼에 사용되고 있습니다. 키보드 입력 속도가 빨라서 컴퓨터의 처리 속도가 따라가지 못하는 경우, 입력된 문자 정보는 일반적으로 입력 버퍼에 남아 있습니다. 그리고 컴퓨터의 처리 준비가 갖춰지면 입력된 순서대로 문자 정보를 꺼내서 처리합니다.

스택과 큐는 언뜻 보기에는 낯선 개념같아 보이지만 실제로 다양한 곳에서 많이 사용되고 있습니다.

제4장에서 꼭 알아야 할 키포인트

 마법의 블랙박스 함수

이 장에서는 함수에 관해 배워 보겠습니다. 1장의 첫머리에서 조금 다뤘듯이 함수란 '일련의 처리 집합'입니다. 그리고 C 언어 프로그램은 함수의 집합으로 이뤄져 있습니다.

C 언어에는 편리한 함수가 다양하게 준비되어 있습니다. 예를 들어 strcat( ) 함수를 사용하면 연결하고 싶은 문자열 두 개를 ( ) 안에 지정하기만 하면 3장의 '두 문자열 연결하기'에서 만든 프로그램과 똑같은 일을 할 수가 있습니다. strcat( )이나 printf( ), strcpy( ) 등 C 언어가 미리 준비해 둔 함수를 **표준 라이브러리 함수**라고 합니다. 표준 라이브러리 함수는 복잡한 처리를 직접 기술하지 않고도 다양한 기능을 구현할 수 있으므로 이것을 이용하지 않고는 프로그램을 작성하기가 힘듭니다. 말하자면 함수는 편리한 마법의 블랙박스인 것입니다.

문자열(string)
여러 개의 문자로 이루어진 것을 말하며 '스트링(string)'이라고 한다. C 언어에는 String 형이 없으므로 문자열은 문자(char) 배열로 처리한다.

표준 라이브러리
C 언어가 미리 준비해 둔 함수 모음이다. 대부분의 함수는 표준 라이브러리에 들어 있으므로 프로그래머가 힘들게 기술하지 않아도 된다. 단, 사용할 때는 #include 문을 사용하여 해당 함수가 들어 있는 헤더 파일을 프로그램에 포함시켜야 한다.

 ## 프로그래밍과 함수

프로그래머가 독자적인 함수를 만들 수도 있습니다. 조금 힘은 들지만 한번 만들어 두면 프로그램의 다른 곳에서도 사용할 수 있으므로 아주 편리합니다.

예를 들어, 몇 줄에 걸친 처리를 작성한 것이 있는데, 이와 똑같은 것을 여러 장소에서 사용할 때는 그 처리를 함수로 묶어 둡니다. 그러면 필요한 장소에서 그 함수를 호출하기만 하면 동일한 처리를 할 수 있으므로 코드 작성 면에서도 편리해집니다. 사용할 장소마다 처리하고 싶은 내용이 약간씩 달라질 때는 인수라는 장치를 사용하여 각각의 장소에 맞는 값을 전달하고, 함수 내에서 처리를 바꿀 수도 있습니다.

만일 함수가 없었더라면 main( ) 함수 안에 몇 십, 몇 백 줄이 넘는 소스 코드를 적어야 할 것입니다. 이 책의 후반부에는 실용적인 프로그램이 나오는데, 그런 경우 함수를 사용하지 않으면 자신이 무엇을 작성하고 있는지 모르게 되어 버립니다. main( ) 함수에는 큰 흐름이 되는 처리만 기술하고, 상세한 것은 함수 안에 기술하는 것이 프로그램의 흐름을 알기 쉽게 해 줍니다.

이 장에서는 함수란 무엇인지를 이해하고 앞으로 나올 실용적인 프로그램에 대비합시다.

main( ) 함수
C 언어 프로그램을 실행할 때 시작되는 부분으로 main( ) 함수를 보면 프로그램의 전체적인 흐름을 알 수 있다. 전체적인 흐름은 main( ) 함수에 작성하고, 세부적인 부분은 별도의 함수로 작성한다.

인수
함수에 전달되어 함수 내 처리에 사용되는 변수와 같은 것을 말한다. 인수를 전달하는 방법으로는 값으로 전달하는 방법과 참조로 전달하는 방법이 있다.

함수란?

함수의 개념과 사용법을 이해합시다.

🔓 함수의 개념

함수란 프로그래머가 전달하는 값을 지시대로 처리하고, 결과를 토해 내는 상자와 같은 것입니다. 함수를 사용하는 것을 '함수를 호출한다'라고 합니다. 함수는 여러 번 호출할 수가 있으며, 다른 값을 전달할 수도 있습니다.

🔓 인수와 반환값

함수에 전달하는 값을 **인수(파라미터)**라고 하고, 결과값을 **반환값(리턴값)**이라고 합니다. 함수의 인수는 여러 개 지정할 수 있지만, 반환값은 하나밖에 반환할 수 없습니다. 또한 인수나 반환값이 없는 함수도 있습니다.

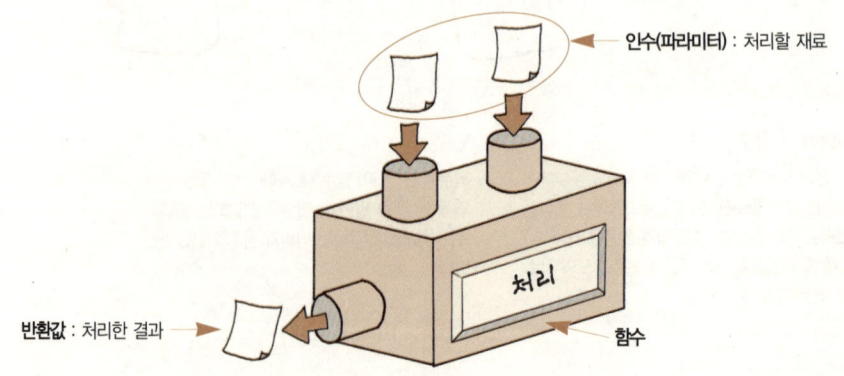

함수의 사용

여러 번 반복하는 처리를 함수로 만들어 두면 프로그램이 간결해지고 이해하기 쉬워집니다.

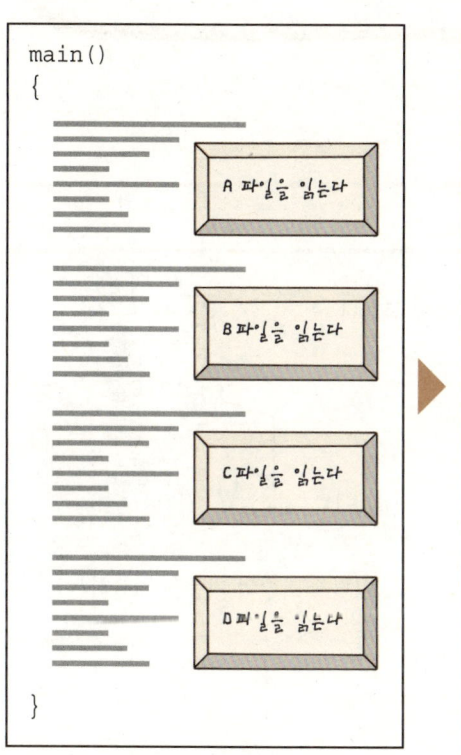

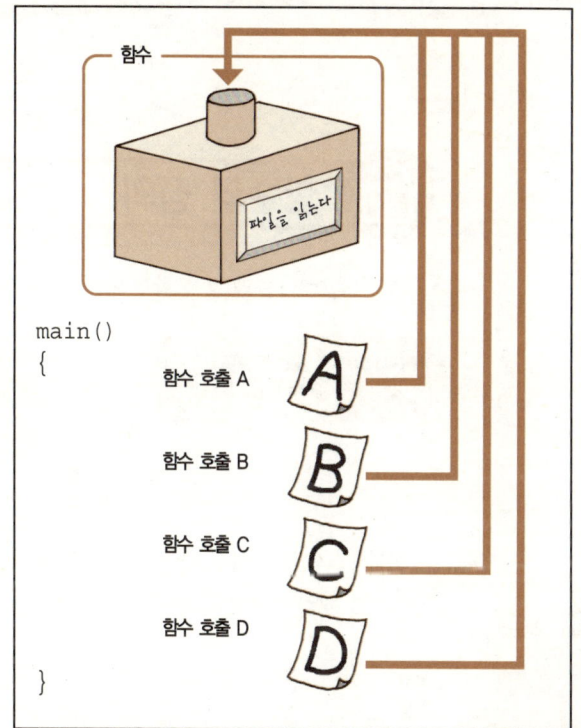

표준 라이브러리 함수

printf( )나 scanf( )처럼 C 언어에 미리 준비되어 있는 함수를 **표준 라이브러리 함수**라고 합니다. 이런 함수는 호출하기만 하면 바로 사용할 수 있습니다.

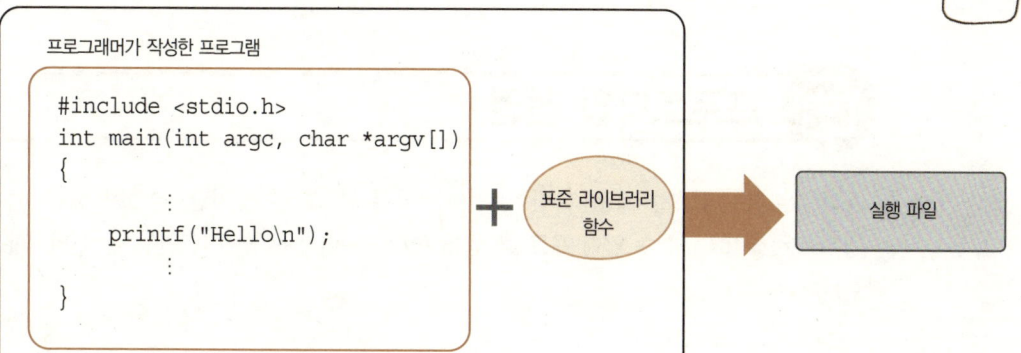

프로그램이 복잡할수록 함수를 사용하는 것이 좋아요.

함수의 정의와 사용

함수를 정의하는 방법과 호출하는 방법을 살펴보겠습니다.

🔓 함수의 정의

예를 들어 다음과 같은 함수가 있다고 생각해 봅시다.

> addnum( ) 함수: 두 개의 숫자 값의 합을 구한다

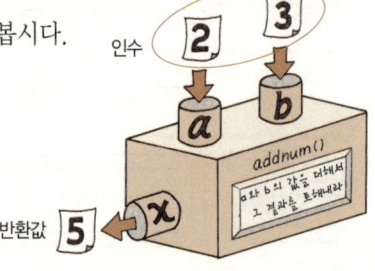

위 함수를 C 언어로 작성하면 다음과 같습니다. 이렇게 함수의 기능을 기술하는 것을 '함수를 정의한다'라고 합니다.

인수는 필요한 수만큼 ',' 로 구분하여 나열합니다.

```
         반환값의 형  함수명  형 변수명  형 변수명
                              제 1 인수   제 2 인수
         int addnum(int a, int b)
         {
             int x;
             x = a + b;
             return x;
         }
```

- 세미콜론은 필요 없습니다.
- a와 b라는 int 형 변수가 인수의 값을 받아들입니다.
- 이 곳에서 필요한 처리를 합니다.

return 문: 함수를 종료하고 뒤에 나오는 값을 반환합니다.
'return (x);'라고 쓰기도 합니다.

🔓 프로토타입 선언

함수는 함수의 호출(main( ) 함수) 전이든 후든 정의할 수 있지만, 나중에 정의하는 경우에는 main( ) 함수 앞에 **프로토타입**(prototype)이라는 '함수의 원형'을 선언해야 합니다.

```
      반환값의 형  함수명    제 1 인수의 형
                              제 2 인수의 형
         int addnum(int, int);
```

- 세미콜론이 필요합니다.

함수의 호출

함수의 정의에 대해 호출하는 부분은 다음과 같이 작성합니다. 함수의 반환값의 형에 맞는 변수를 준비하고 그 안에 결과를 대입합니다.

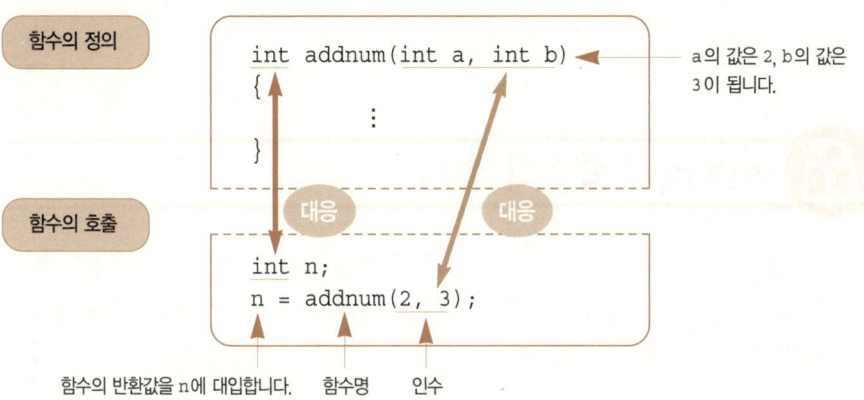

반환값이나 인수를 가지지 않는 함수

함수가 값을 반환할 필요가 없을 때는 반환값의 형을 void로 지정합니다.

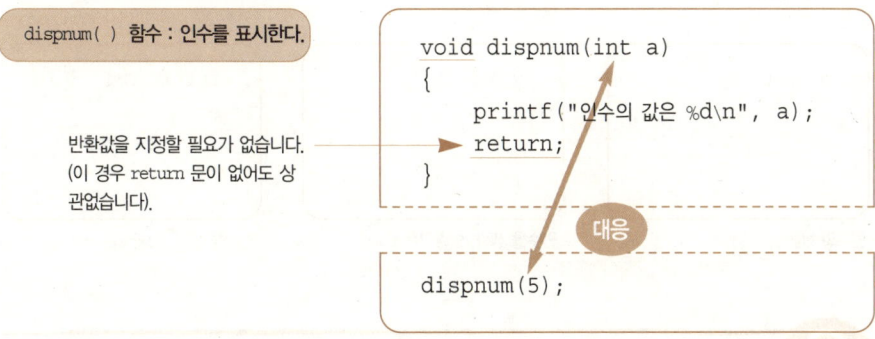

또 인수가 없을 때는 다음과 같이 함수를 정의하고 호출할 수 있습니다.

main( ) 함수

커맨드라인 인수의 사용을 중심으로 main( ) 함수를 알아보겠습니다.

main( ) 함수의 형식

main( ) 함수는 프로그램의 시작점(엔트리 포인트)이 되는 특별한 함수입니다. 지금까지는 main( ) 함수를 최소한의 형식으로 작성해 왔지만 다음과 같이 함수의 반환값이나 인수를 지정하는 경우도 있습니다.

```
int main(int argc, char *argv[])
{
    return 0;   ← 정상적으로 종료한 경우 0을
}               반환합니다.
```
인수와 반환값을 지정(기본 패턴)

```
main()
{

}
```
인수와 반환값의 생략

```
void main()
{

}
```
인수를 생략, 반환값은 void

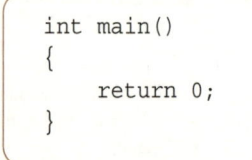
인수를 생략, 반환값은 int

커맨드라인 인수 사용하기

커맨드라인에서 인수를 붙여서 프로그램을 실행하면 main( ) 함수의 인수에 프로그램 자신의 파일명과 커맨드라인 인수의 정보가 들어갑니다.

인수	들어가는 정보
argc	배열 argv[]의 크기(= 커맨드라인 인수의 개수 + 1)
argv[0]	프로그램 파일의 경로와 파일명의 문자열을 가리키는 포인터
argv[1]	첫 번째 커맨드라인 인수의 문자열을 가리키는 포인터
argv[2]	두 번째 커맨드라인 인수의 문자열을 가리키는 포인터
⋮	⋮

argv[ ]는 포인터 배열로 되어 있습니다.

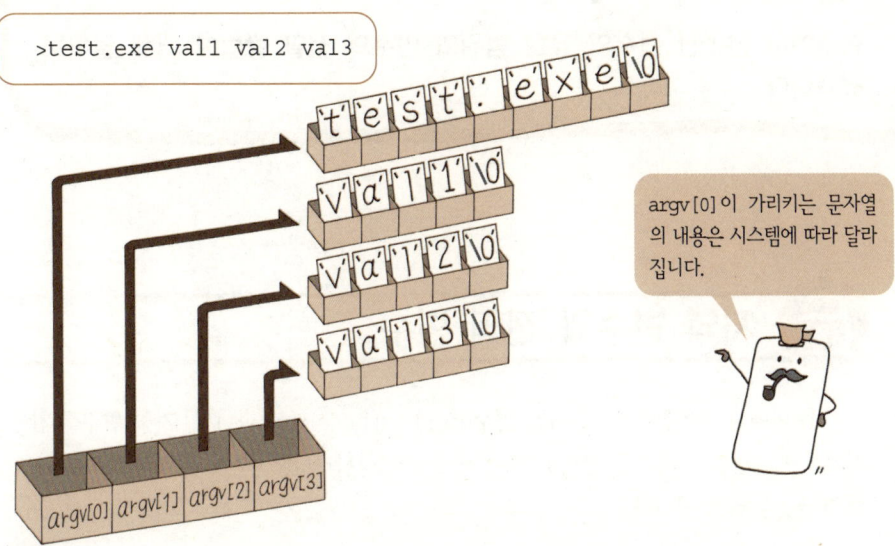

argv[0]이 가리키는 문자열의 내용은 시스템에 따라 달라집니다.

예를 컴파일한 파일명: cmdparam.exe

예

```c
#include <stdio.h>
#include <string.h>

int main(int argc, char *argv[])
{
        int i;

        if(argc <= 1)
                return 1;          인수를 지정하지 않았을 때 오류가 나지 않도록 합니다.
        if(strcmp(argv[1], "enum") == 0)
                for(i = 0; i < argc; i++)
                        printf("argv[%d] : %s\n", i, argv[i]);
        else if(strcmp(argv[1], "count") == 0)
                printf("커맨드라인 인수의 개수 : %d\n", argc-1);

        return 0;
}
```

실행 결과

```
> cmdparam.exe enum orange apple
argv[0] : cmdparam.exe
argv[1] : enum
argv[2] : orange
argv[3] : apple
> cmdparam.exe count orange apple
커맨드라인 인수의 개수 : 3
```

※ 굵은 글자는 키보드로 입력한 문자

함수의 특징

함수에서 선언한 변수의 유효 범위와 인수의 전달 방법에 대해 알아보 겠습니다.

지역 변수와 전역 변수

함수 내에서 선언한 변수를 **지역 변수**(local variable)라고 합니다. 지역 변수를 참조할 수 있는 범위는 변수를 선언한 함수 내부로 한정됩니다. 변수의 유효 범위를 변수의 **범위**(scope)라고 합니다.

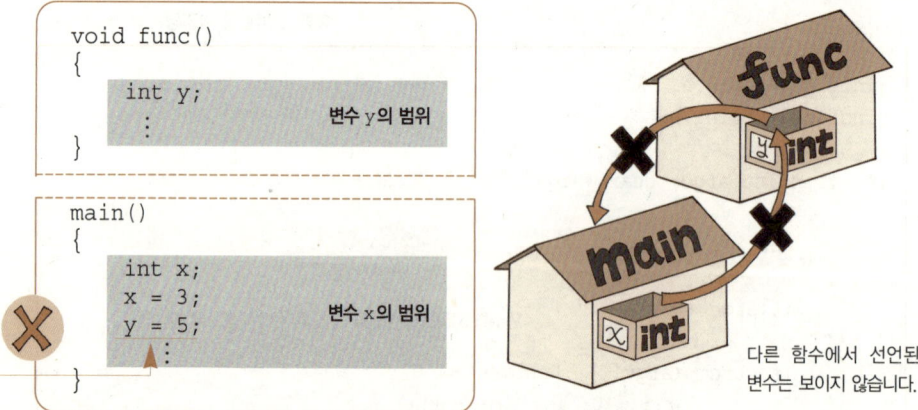

func( )에 있는 y를 참조할 수 없습니다.

다른 함수에서 선언된 변수는 보이지 않습니다.

함수 외부에서 선언한 변수를 **전역 변수**(global variable)라고 합니다. 전역 변수는 변수를 선언한 이후 정의된 모든 함수에서 참조할 수 있습니다.

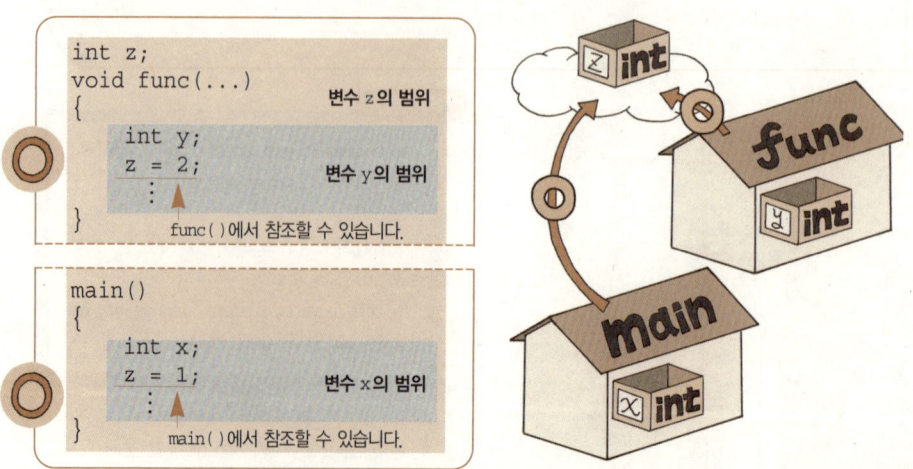

값으로 전달과 참조로 전달

함수를 호출하는 쪽의 인수를 실인수, 정의된 쪽의 인수를 **가인수**라고 합니다. 실인수와 가인수의 값을 전달하는 방법에는 값 전달(by value)과 참조 전달(by reference)의 두 종류가 있습니다.

● 값 전달
실인수의 '값'을 가인수에 전달하는 일반적인 방법입니다.

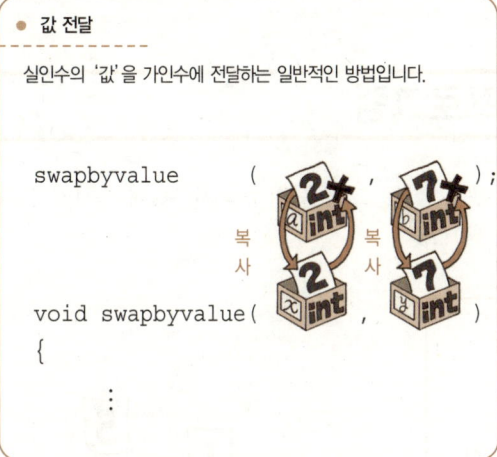

실인수와 가인수는 전혀 다른 별개의 변수로 인식되므로 함수 내에서 가인수의 값을 바꿔도 실인수의 값에는 영향을 주지 않습니다.

● 참조 전달
실인수의 '주소'를 가인수에 전달하는 방법입니다.

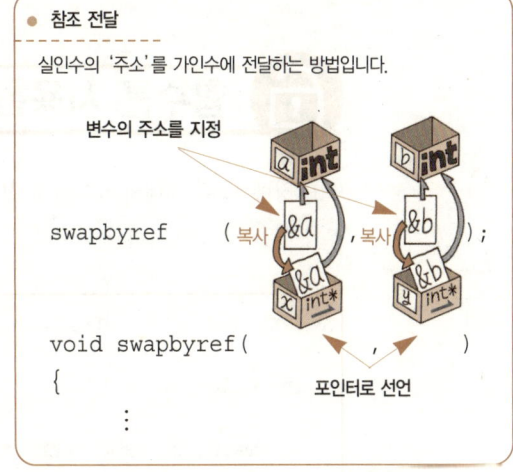

실인수도 가인수도 동일한 주소의 값을 참조하게 되므로 함수 내에서 호출한 쪽의 값을 바꿀 수 있습니다.

```
int temp;                          ← 전역 변수
int main(int argc, char *argv[])
{
        int a = 2, b = 7;
        swapbyval(a, b);           ← a의 값은 2, b의 값은 7 그대로입니다.
        swapbyref(&a, &b);         ← a의 값은 7, b의 값은 2로 바뀝니다.

        return 0;
}
```

참조로 전달은 함수에서 여러 개의 값이나 문자열을 반환할 때 사용합니다.

```
void swapbyval(int x, int y)
{
        temp = x;
        x = y;              ← x와 y의 값을 바꾸는 처리
        y = temp;
}
                            ← 포인터로 선언
void swapbyref(int *x, int *y)
{
        temp = *x;
        *x = *y;            ← *x와 *y의 값을 바꾸는 처리
        *y = temp;
}
```

함수의 활용

실제로 함수를 작성해 봅시다. 어떤 점이 편리한지 알 수 있을 것입니다.

🔓 함수를 사용한 프로그램

3장에 나온 '1에서 5까지의 합을 구하는 프로그램'을 함수를 사용하여 작성해 봅시다. 합을 구하는 처리를 함수로 만들 것입니다.

```c
#include <stdio.h>

int calc(int, int);

int main(int argc, char *argv[])
{
        int c;
        c = calc(1, 5);
        printf("%d\n", c);
        return 0;
}

int calc(int a, int b)
{
        int i, n = 0;
        for(i = a; i <= b; i++)
                n += i;
        return n;
}
```

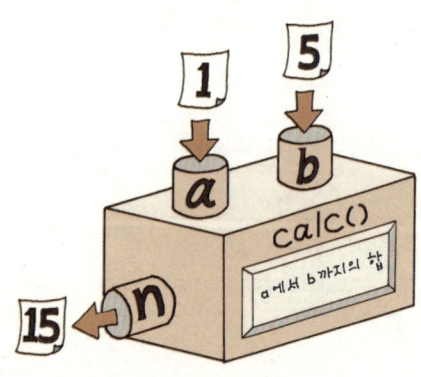

이렇게 함수를 만들어 놓으면 1부터 10까지의 합은 함수에 전달하는 인수를 바꾸기만 하면 쉽게 구할 수 있습니다.

```c
int main(int argc, char *argv[])
{
        int c;
        c = calc(1, 10);
        printf("%d\n", c);
}
```

예

```c
#include <stdio.h>

void swap(int *, int *);
void sum(int, int);

int main(int argc, char *argv[])
{
    sum(1, 5);
    sum(10, 5);
    sum(1, 10);
    sum(2, 2);
    return 0;
}

void swap(int *a, int *b)
{
    int temp;
    temp = *a;
    *a = *b;
    *b = temp;
}

void sum(int min, int max)
{
    int i, n;

    if(min > max)
       swap(&min, &max);

    printf("%d", min);
    n = min;
    for(i = min 1; i <= max; i++){
         printf("+%d", i);
         n += 1;
    }
    printf("=%d\n", n);
    printf("%d에서 %d까지의 합은 %d\n", min, max, n);
}
```

실행 결과

```
1+2+3+4+5=15
1부터 5까지의 합은 15
5+6+7+8+9+10=45
5부터 10까지의 합은 45
1+2+3+4+5+6+7+8+9+10=55
1부터 10까지의 합은 55
2=2
2부터 2까지의 합은 2
```

함수의 재귀 호출

함수는 자기 자신을 호출할 수 있습니다. 그 구조에 대해 알아보겠습니다.

재귀 호출

함수가 자기 자신을 호출하는 것을 '재귀 호출(recursive call)'이라고 합니다. 예를 들어 인수로 전달된 값의 수만큼 재귀 호출을 수행하는 함수는 다음과 같습니다.

```
void func(int c)
{
    printf("Hello!\n);
    c--;
    if(c > 0)
        func(c);
}
```
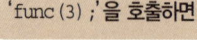 자기 자신을 호출합니다.

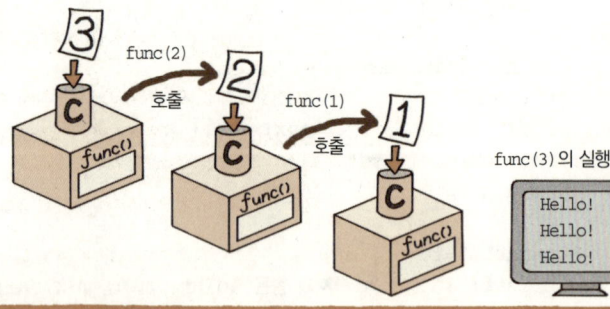

'func(3);'을 호출하면

func(3)의 실행 결과

재귀 호출의 종료

재귀 호출하는 함수는 조건을 지정해서 호출해야 합니다. 조건이 없으면 함수를 호출하는 처리를 영원히 반복해서 종료할 수 없는 프로그램이 되어 버립니다.

```
if(c > 0)
    func(c);
```
이 조건을 만족하는 동안 재귀 호출을 반복합니다.

재귀 호출을 무한정 계속하면 메모리 영역이 부족하게 되어 오류가 발생합니다. 재귀 호출을 할 때는 반드시 종료 조건을 지정하기 바랍니다.

재귀 호출 프로그램

재귀 호출의 전형적인 예로 정수 n의 계승(n != n×(n-1)×⋯×2×1)을 구하는 함수를 소개하겠습니다.

예

```c
#include <stdio.h>

int factorial(int);

int main(int argc, char *argv[])
{
        printf("%d! = %d\n", 5, factorial(5));
        return 0;
}

int factorial(int n)
{
        if(n == 0)
                return 1;
        else
                return (n * factorial(n-1));
}
```

실행 결과

```
5! = 120
```

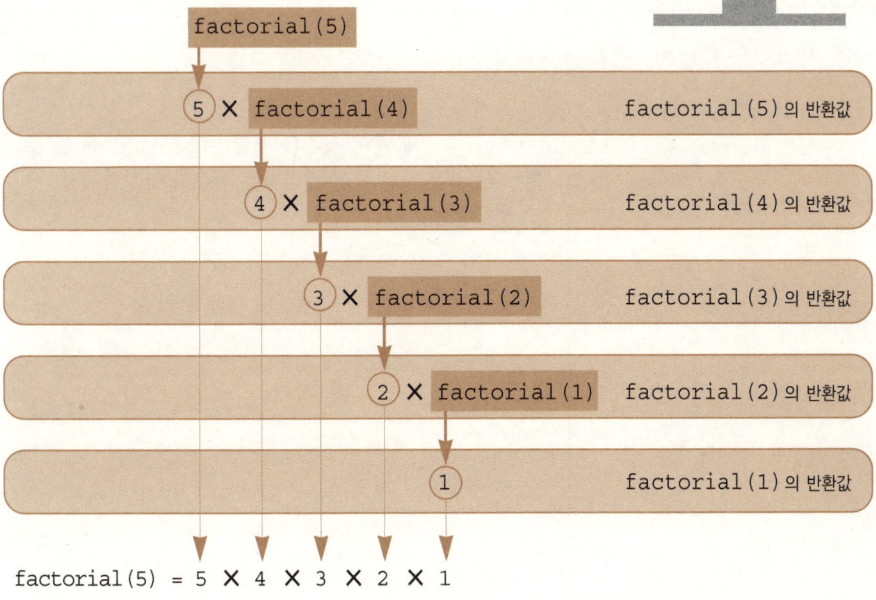

```
factorial(5)
     ↓
    ⑤ × factorial(4)        factorial(5)의 반환값
              ↓
             ④ × factorial(3)     factorial(4)의 반환값
                       ↓
                      ③ × factorial(2)   factorial(3)의 반환값
                                ↓
                               ② × factorial(1)  factorial(2)의 반환값
                                          ↓
                                         ①           factorial(1)의 반환값

factorial(5) = 5 × 4 × 3 × 2 × 1
```

함수의 재귀 호출

도전! 알고리즘

프로그래밍의 제1수칙은 '백문이 불여일행' 입니다. 백 번 듣고 보는 것보다 한 번 프로그래밍을 해보는 것이 훨씬 좋다는 말입니다. 스스로 문제를 분석하고 알고리즘을 연구해서 프로그래밍에 도전해 보지 않으면 프로그래머의 길에 오를 수 없습니다. 여기서는 앞 장에서 배운 내용을 토대로 문제를 풀어 보겠습니다. 여러분의 프로그래밍 실력을 쌓을 수 있는 기초가 될 것입니다.

문제

01_ 인수를 값으로 전달하는 것과 참조로 전달하는 것의 차이점은 무엇인가요?

02_ 다음 프로그램의 출력 결과는 무엇입니까?

```
#include <stdio.h>

void swapbyval(int, int);
void swapbyref(int *, int *);

void main( )
{
  int a = 3, b = 5;
  printf("a = %d, b = %d\n", a, b);
  swapbyval(a, b);
  printf("a = %d, b = %d\n", a, b);
  swapbyref(&a, &b);
  printf("a = %d, b = %d\n", a, b);
}
void swapbyval(int x, int y)
{
  int tmp;
  tmp = x;
  x = y;
  y = tmp;
}
void swapbyref(int *x, int *y)
{
  int tmp;
  tmp = *x;
  *x = *y;
  *y = tmp;
}
```

03_ 다음 프로그램을 실행시키면 오류가 발생합니다. 잘못된 부분을 찾아서 수정하세요.

```
#include <stdio.h>

void main()
{
  calculate(2, 3);
}

void calculate(int a, int b)
{
  printf("두 수의 합은 %d입니다.\n", a+b);
}
```

04_ 세 개의 정수를 전달 인수로 하고 세 값 중에서 가장 작은 수를 반환하는 함수를 작성하세요.

값으로 전달 : 함수 호출시 호출하는 쪽의 변수의 '값'이 호출되는 함수의 인수로 전달된다.

참조로 전달 : 함수 호출시 호출하는 쪽의 변수의 '주소'가 호출되는 함수의 인수로 전달된다.

인수를 값으로 전달(by value)하는 경우 호출되는 함수에서 인수의 값을 바꿔도 호출한 쪽의 변수에는 아무런 영향을 주지 않습니다. 반대로 인수를 참조로 전달(by reference)하는 경우 호출되는 함수의 인수는 호출한 쪽의 변수와 동일한 주소를 공유하고 있기 때문에 인수의 값을 바꾸면 호출한 쪽의 변수의 값도 바뀌게 되므로 주의해서 사용해야 합니다.

```c
#include <stdio.h>

void calculate(int, int);

void main( )
{
    calculate(2, 3);
}

void calculate(int a, int b)
{
    printf("두 수의 합은 %d입니다.\n",
           a+b);
}
```

a = 3, b = 5
a = 3, b = 5
a = 5, b = 3

swapbyref( ) 함수에서 인수를 참조로 전달하게 되면 호출한 쪽의 변수의 주소가 전달되므로 값의 교환이 유효하게 됩니다. swapbyval( ) 함수에서는 값으로 전달하고 있기 때문에 함수에서 아무리 두 값을 바꿔도 호출한 쪽의 변수에 영향을 주지 않습니다.

04

```c
int smallest(int a, int b, int c)
{
    int min = a;  /* min에 a를 할당 */

    if (b < min)  /* b가 min보다 작으면
                     min에 b를 할당 */
        min = b;

    if (c < min)  /* c가 min보다 작으면
                     min에 c를 할당 */
        min = c;

    return min;   /* min 값을 반환 */
}
```

03

calculate( ) 함수 정의를 main( ) 함수 앞으로 보내거나 calculate( ) 함수에 대한 프로토타입 선언을 main( ) 함수 앞에 작성한다.

함수를 사용하려면 호출하기 전에 먼저 함수를 정의해야 합니다. 따라서 '함수의 정의' → '함수의 호출' 순으로 코딩하거나 '프로토타입 선언' → '함수의 호출' → '함수의 정의' 순으로 코딩해야 합니다. 프로토타입이란 함수의 원형을 호출하기 전에 선언하는 것을 말합니다. 일반적으로 후자의 방법을 많이 사용합니다. 따라서 이 프로그램은 다음과 같이 작성하면 오류가 발생하지 않습니다.

알아두면 도움이 되는
알고리즘 상식

함수의 포인터

함수도 메모리 상에 있으므로 주소를 갖고 있습니다. 함수의 주소를 나타내는 방법은 간단합니다. 바로 '함수명 = 함수의 주소'가 됩니다. 즉, func()이라는 함수가 있다면 func가 그 주소가 됩니다.

주소가 있다면 이것을 포인터 변수에 저장할 수 있을 것입니다. 예를 들어 int형을 반환하는 함수 addfunc()의 주소를 함수의 포인터 변수 add에 저장하려면, 다음과 같이 합니다. 먼저 포인터 변수 add를 선언합니다. 이 변수에 대입할 수 있는 것은 두 개의 int형 인수를 갖고 있고, int 형의 값을 반환하는 함수의 주소입니다.

여기서 포인터 변수명을 ( )로 둘러싸는 것을 잊어 버리고 다음과 같이 기술하면 'int 형의 포인터를 반환하는 add 함수'라는 뜻이 되므로, 포인터 변수가 아닌 함수를 선언해 버리게 되므로 주의하기 바랍니다.

```
int *add(int, int);
```

선언한 포인터 변수에 함수의 주소를 대입하면 add 포인터로 addfunc() 함수를 호출할 수 있습니다.

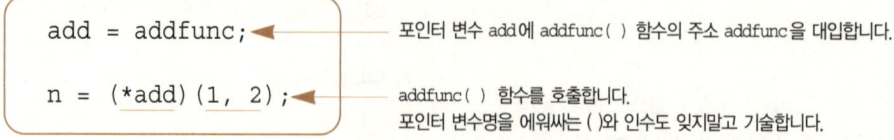

물론 이 포인터 변수를 함수의 인수로 사용할 수도 있습니다. 실제로 8장의 칼럼에서 소개할 qsort() 함수와 bsearch() 함수를 사용하려면 그 인수로 함수의 주소가 필요합니다.

또 포인터 배열을 만들고 여러 개의 함수의 주소를 그 안에 넣어 둘 수도 있습니다. switch 문 등으로 변수의 값에 따라 호출할 함수를 바꾸는 경우에는 깔끔하게 기술할 수 있어 편리합니다.

5

문제 대처 방법

제5장에서 꼭 알아야 할
키포인트

 **달력을 만들자!**

이 장에서는 달력을 표시하는 프로그램을 만들 것입니다. 지금까지 보아 왔던 것보다 조금 큰 프로그램이지만 순서에 따라 설명하고 있으니 안심해도 될 것입니다.

작성할 프로그램은 먼저 연도와 월의 값을 키보드로부터 입력받습니다. 그리고 그 달에 대해 일요일부터 시작하는 달력을 표시할 것입니다. 달력을 표시하려면 그 달의 시작 요일이나 윤년인지 아닌지의 정보가 필요합니다. 이런 정보를 어떻게 구하고 어떻게 조합해서 달력을 만드는지를 소개하겠습니다.

 용어 설명

윤년(leap year)
2월의 일수가 29일이 되는 해로, 연도가 4의 배수이면서 100의 배수가 아닌 경우와, 400의 배수인 경우가 윤년이다. 윤년을 구하는 식은 y % 4 == 0 && y % 100 != 0 || y % 400 == 0이 된다.

디버그(debug)
오류가 발생하여 프로그램이 실행되지 않을 때 오류를 찾아가는 과정을 말한다. 초창기 컴퓨터에 벌레(bug)가 들어가서 작동하지 않았을 때 벌레를 잡았던 일에 비추어 디버그(debug)라는 용어가 생겨났다.

 ## 프로그래밍의 흐름

이 장에서는 한 장을 통째로 사용해서 프로그래밍의 절차를 구체적으로 설명할 것입니다.

제 1단계로 프로그램에 대한 이미지를 잡고, 그 이미지를 구현하는 데 무엇이 필요한지를 확인한 후, 프로그램을 작성해 나갈 것입니다. 프로그램을 작성한 후에는 프로그램을 실행시키고, 작동 확인이나 디버그(작동 오류의 수정)를 수행할 것입니다. 여기서 명심해야 할 것은 처음부터 완벽한 프로그램을 만드는 사람은 없다는 것입니다. 만일 프로그램이 생각한 대로 작동하지 않아도 천천히 해도 좋으니까 포기하지 말고 원인이 어디에 있는지를 밝혀 내기 바랍니다. 또 그것이 끝나면 좀 더 효과적으로 작성할 수 있는 곳은 없는지, 프로그램을 다시 살펴봐도 좋을 것입니다. 자신이 납득할 수 있는 것이 만들어질 때까지 계속하는 것이 프로그래밍 작업입니다. 목표가 멀지 않았으니 힘내서 나가 봅시다.

문제 정리하기

먼저 프로그램을 작성하려면 무엇이 필요한지를 정리해 봅시다.

 달력 표시하기

다음과 같은 프로그램을 만들 것입니다.

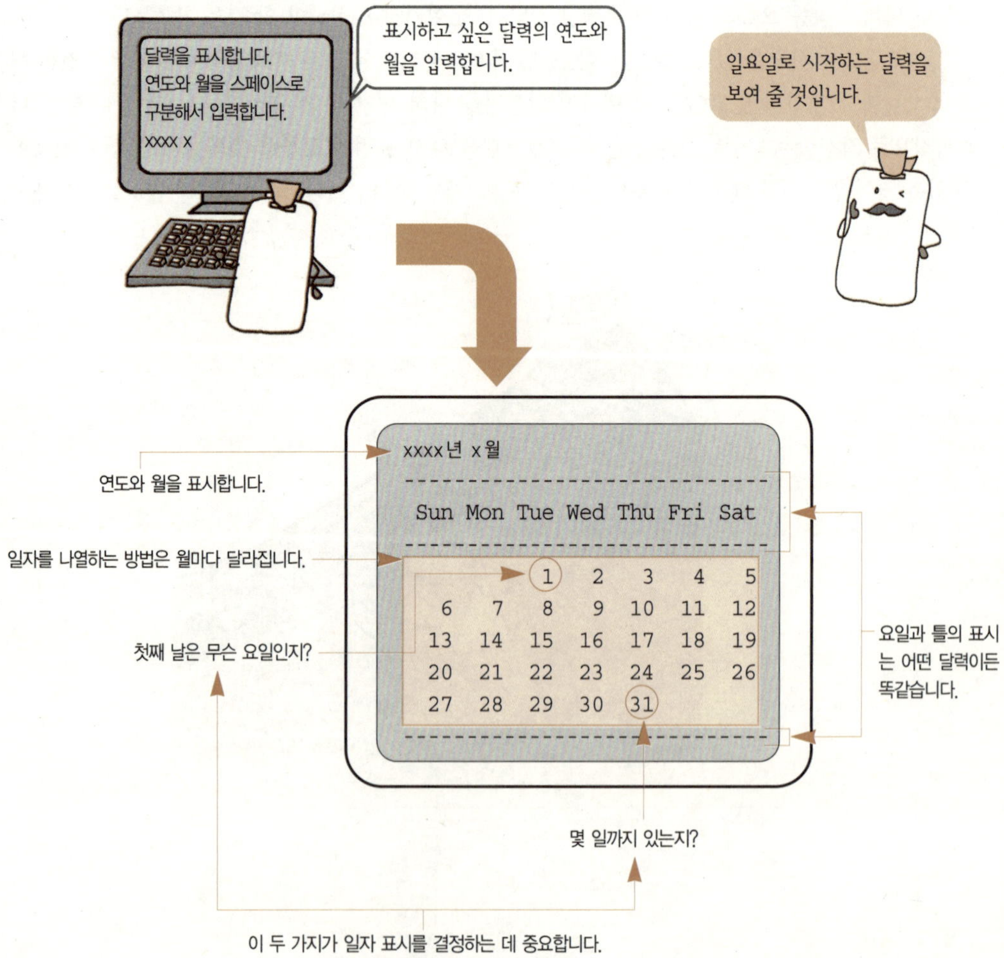

> 달력을 표시합니다.
> 연도와 월을 스페이스로
> 구분해서 입력합니다.
> xxxx x

표시하고 싶은 달력의 연도와 월을 입력합니다.

일요일로 시작하는 달력을 보여 줄 것입니다.

```
xxxx년 x월
----------------------------------
Sun  Mon  Tue  Wed  Thu  Fri  Sat
----------------------------------
            1    2    3    4    5
  6    7    8    9   10   11   12
 13   14   15   16   17   18   19
 20   21   22   23   24   25   26
 27   28   29   30   31
----------------------------------
```

- 연도와 월을 표시합니다.
- 일자를 나열하는 방법은 월마다 달라집니다.
- 첫째 날은 무슨 요일인지?
- 몇 일까지 있는지?
- 요일과 틀의 표시는 어떤 달력이든 똑같습니다.

이 두 가지가 일자 표시를 결정하는 데 중요합니다.

이 프로그램의 입력과 출력을 정리하면 다음과 같습니다.

🔓 달력 만들기

달력을 만드는 데 중요한 정보를 정리해 봅시다.

표시하고 싶은 달력이 며칠까지 있는지를 판단할 필요가 있습니다.

1, 3, 5, 7, 8, 10, 12월	31일
4, 6, 9, 11월	30일
2월	28일
2월 (윤년)	29일

윤년의 조건
- 연도가 4로 나눠진다.
- 단, 100으로 나눠지는 해는 제외한다.
- 단, 400으로 나눠지는 해는 포함시킨다.

연도를 y로 하고, 이 조건을 C 언어로 나타내면 다음과 같습니다.
(y % 4 == 0 && y % 100 != 0 || y % 400 == 0)

프로그램을 작성하면 다음과 같이 가로로 된 한 줄의 달력으로 표시할 수 있습니다.

```
1  2  3  4  5  6  7  8  9  10  11  12  13  14  15  16  17  …
```

요일을 배당한다

한 줄의 달력을 토요일에서 줄 바꿈 문자를 넣어서 끊어 가면 요일이 갖춰진 달력을 만들 수 있습니다. 예를 들어 화요일부터 시작하는 달이라면 다음과 같이 될 것입니다.

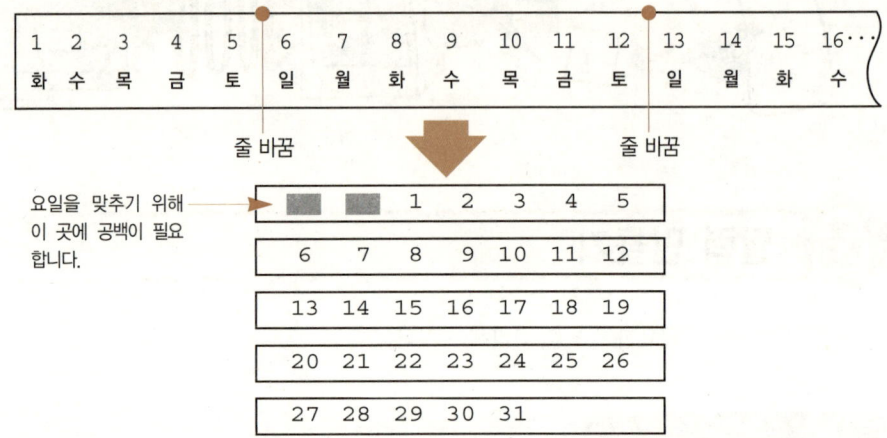

공백을 얼마나 둘지를 결정하려면 첫 번째 날의 요일을 구합니다. 다음 공식을 사용하면 연월일로부터 요일을 구할 수 있습니다. w는 요일을 0~6까지의 번호로 나타낸 것입니다(0~6=일요일~토요일).

● y년 m월 d일의 경우

w = (y + y/4 - y/100 + y/400 + (13 * m + 8) / 5 + d) % 7

*1월과 2월은 전년도의 13월과 14월로 계산합니다.

프로그램의 설계

어떻게 하면 원하는 결과를 얻을 수 있을지 생각해 봅시다.

 1 C언어의 기초

 2 기본적인 제어

3 제어의 활용

🔓 main() 함수의 설계

필요한 각 기능마다 함수를 만들어 두면 main() 함수 안이 깔끔해져서 프로그램의 흐름이 알기 쉬워집니다. year와 month는 키보드로부터 읽어들인 연도와 월을 저장할 변수입니다.

⭕
```
int main(int argc, char *argv[])
{
    int year, month;
    ① 입력 데이터를 읽어들이는 함수
    ② 월의 일수를 결정하는 함수
    ③ 첫째 날의 요일을 결정하는 함수
    ④ 달력을 표시하는 함수
}
```

❌
```
int main(int argc, char *argv[])
{
    int year, month;
    ⋮
    printf("달력 표시\n");
    ⋮
    scanf("%d %d", py, pm);
    ⋮
}
```

왼쪽과 비교해서 오른쪽은 아주 복잡해 보이네요.

 4 함수의 이용

 5 문제 대처 방법

 6 실무 프로그래밍

 7 고급 알고리즘

🔓 함수의 설계

① 입력 데이터를 읽는 함수

키보드로 입력한 값을 읽어들여서 main() 함수의 지역 변수 year에 연도를, month에 월을 저장합니다.

함수명	getYearMonth
목적	입력한 연도와 월의 데이터를 구한다.
인수	int *py : year에 대한 포인터 int *pm : month에 대한 포인터
반환값	void(없음)

두 개의 값을 구하기 위해 포인터를 사용합니다.

8 정렬과 검색

9 부록

프로그램의 설계 | 121

❷ 월의 일수를 결정하는 함수

월의 일수를 main() 함수의 지역 변수 days에 반환합니다.

함수명	getMonthDays
목적	지정한 월의 일수를 구한다.
인수	int y : 연도
	int m : 월
반환값	int : 월의 일수

❸ 첫째 날의 요일을 결정하는 함수

지정한 연월일의 요일을 구하는 함수입니다. 연도를 year, 월을 month, 일을 1로 하고 이 함수를 호출해서 첫째 날의 요일 번호를 구합니다. 그리고 그것을 main() 함수의 지역 변수 weekday에 반환합니다.

나중에 응용하기 쉽도록 일도 인수로 해 둡니다.

함수명	getWeekday
목적	첫째 날의 요일을 구한다.
인수	int y : 연도
	int m : 월
	int d : 일
반환값	int : 요일 번호

❹ 달력 표시하기

월의 일수 days와 첫째 날의 요일 번호 weekday를 사용하여 달력을 표시합니다.

함수명	printCalendar
목적	달력을 표시한다.
인수	int y : 연도
	int m : 월
	int dm : 월의 일수
	int dw : 첫째 날의 요일
반환값	void(없음)

이제 main( ) 함수는 다음과 같이 작성할 수 있습니다.

```c
#include <stdio.h>

int main(int argc, char *argv[])
{
        int year;          /* 연도 */
        int month;         /* 월 */
        int days;          /* 월의 일수 */
        int weekday;       /* 첫째 날의 요일 번호 */

        getYearMonth(&year, &month);
        days = getMonthDays(year, month);
        weekday = getWeekday(year, month, 1);
        printCalendar(year, month, days, weekday);

        return 0;
}
```

프로그램의 작성 (1)

실제로 함수를 작성합니다.

🔓 getYearMonth( ) 함수 : 입력 데이터 읽기

scanf( ) 함수를 사용하여 키보드로 입력된 데이터를 읽어들입니다. 함수에서 한 번에 두 개 이상의 값을 반환하고 싶은 경우 C 언어에서는 포인터를 사용하여 참조로 전달합니다.

```
void getYearMonth(int *py, int *pm)
{
    printf("달력을 표시합니다.\n");
    printf("연도와 월을 스페이스로 구분하여 입력해 주세요.\n");
    scanf("%d %d", py, pm);
    return;
}
```

포인터이므로 &는 필요 없습니다.

🔓 getMonthDays( ) 함수 : 월의 일수 구하기

월마다 일수가 다르기 때문에 month의 값마다 switch 문을 사용하여 경우를 나눕니다.

main()의 지역 변수 days 에 dm의 값이 반환됩니다.

```
int getMonthDays(int y, int m)
{
    int dm;    ◀── 일수를 저장할 지역 변수 dm을 선언합니다.

    switch(m){
        case 1: case 3: case 5: case 7: case 8: case 10: case 12:
            dm = 31;    ◀── 1, 3, 5, 7, 8, 10, 12월의 경우 일수를 31일로 합니다.
            break;
        case 4: case 6: case 9: case 11:
            dm = 30;    ◀── 4, 6, 9, 11월의 경우 일수를 30일로 합니다.
            break;
        case 2:
            if(y % 4 == 0 && y % 100 != 0 || y % 400 == 0)
                dm = 29;    ◀── 윤년의 2월은 29일, 그 외의
            else                2월은 28일로 합니다.
                dm = 28;
            break;
```

```
        └─ default:
                dm = 0;   ←── 1~12 이외의 값인 경우 0일로 설정합니다.
    }
    return dm;
}
```
무효한 값이 전달될 경우의 대응책입니다.

🔓 getWeekday( ) : 첫째 날의 요일 구하기

일자에서 요일을 구하는 공식을 사용합니다.

```
int getWeekday(int y, int m, int d)
{
    int w;   ←────────────── 요일 번호를 저장할 지역 변수 w를 선언합니다.

    if(m == 1 || m == 2){
        y--;
        m += 12;
    }
    w = (y + y/4 - y/100 + y/400 + (13 * m + 8) / 5 + d) % 7;

    return w;
}            ←────────── main( )으로 돌아갑니다.
```

1월과 2월의 경우, 월(m)에 12를 더하고 연도(y)에서 1을 뺍니다.

🔓 함수의 위치

main( ) 함수 다음에 함수를 작성하는 경우에는 그 전에 프로토타입을 선언해야 합니다.

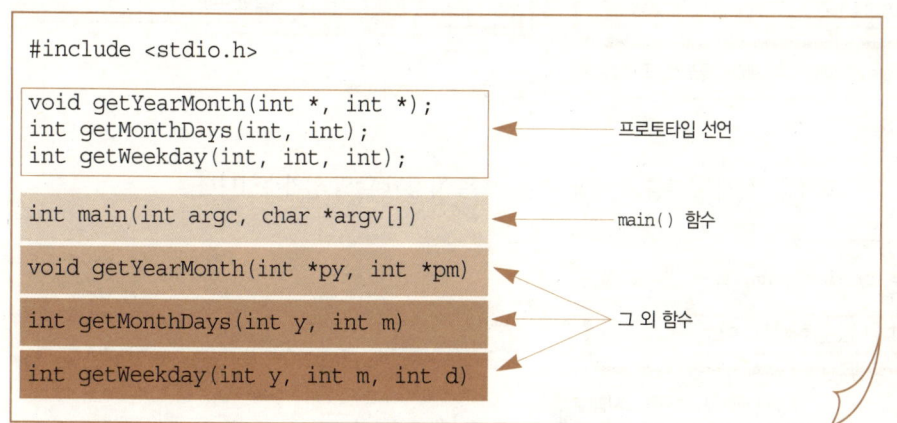

main( )이 앞에 있는 쪽이 프로그램을 읽기 쉽습니다.

프로그램의 작성 (2)

달력을 예쁘게 표시하는 프로그램을 생각해 봅시다.

printCalendar( ) 함수

이 함수는 달력을 출력합니다. 여기서는 일자를 나열할 때 월마다 바뀌는 부분을 어떻게 처리하는지 잘 살펴봅시다. 일자 부분의 폭은 모두 4문자로 통일시켜서 모양을 가지런히 할 것입니다.

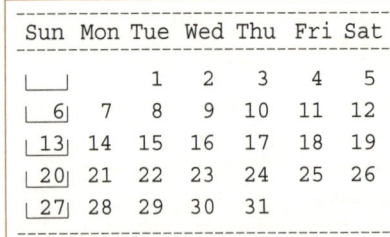

숫자를 두 자리 표시(%2d)로 하고 스페이스를 더해서 4문자만큼 폭을 만듭니다.

공백 2문자 + 숫자 두 자리 표시

먼저 첫째 날까지의 공백을 표시합니다. dw는 첫째 날의 요일 번호입니다.

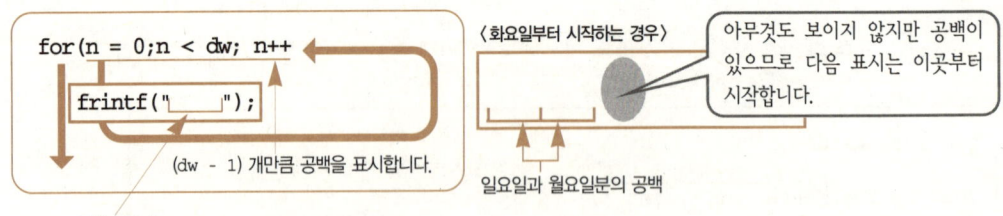

그 다음, 실제 일자를 표시합니다. dm은 지정된 달의 일자수입니다.

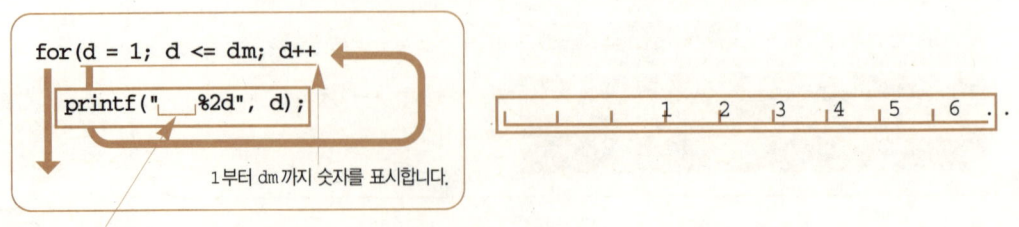

이 한 줄의 달력을 토요일에서 줄 바꿈을 하고 싶으므로 일자가 토요일인지 아닌지를 판정할 방법이 필요합니다. 일자에 0~6까지의 요일 번호를 바르게 할당할 수 있으면 좋을 것입니다.

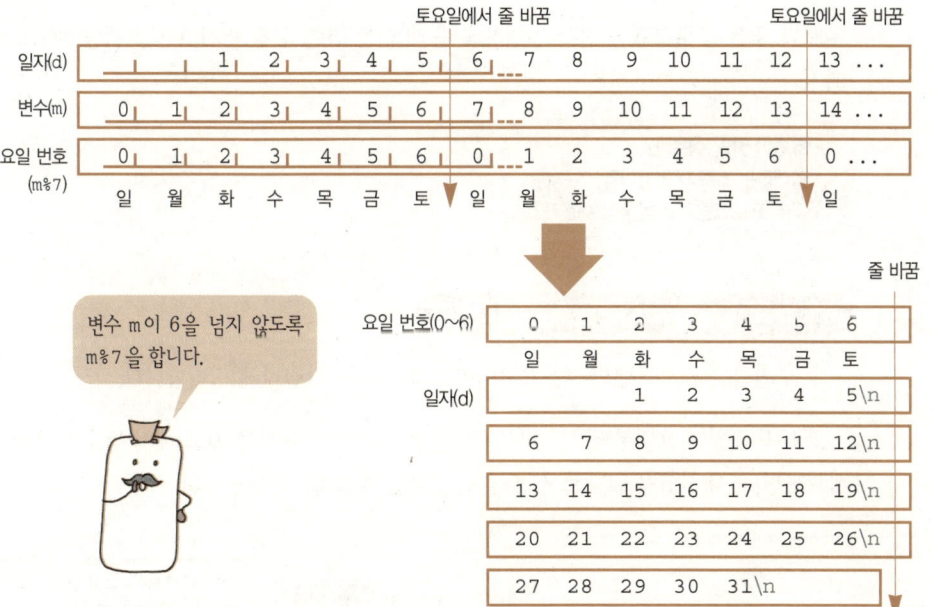

일자와 요일 번호를 위와 같이 대응시키기 위해 그 달의 첫 번째 주의 일요일을 0으로 해서 1씩 증가해 가는 변수 m을 만듭니다.

if 문을 사용하여 요일 번호가 6이 되었을 때 줄을 바꿉니다.

```
int n, d, m = 0;

for(n = 0; n < dw; n++){
    printf("   ");
    m++;
}

for(d = 1; d <= dm; d++){
    printf(" %2d", d);
    if(m % 7 == 6)
        printf("\n");
    m++;
}
printf("\n");
```

```
            1   2   3   4   5
    6   7   8   9  10  11  12
   13  14  15  16  17  18  19
   20  21  22  23  24  25  26
   27  28  29  30  31
```

프로그램 정리하기

보다 좋은 프로그램을 만들기 위해 프로그램을 정리합니다.

보다 좋은 프로그램을 목표로

보다 좋은 프로그램을 만들기 위해 다음과 같은 점에 신경 써서 프로그램을 재검토해 봅시다.

- 흐름이 알기 쉬운가?
- 쓸데없는 코드가 없는가?
- 다른 프로그램으로 응용이 쉬운가?

`printCalendar()` 함수를 정리한다

수의 변화나 프로그램의 흐름을 잘 보고 가능한 한 간결하게 정리합니다.

2019년 1월(화요일부터 시작하는 달)의 달력의 일자 표시를 예로 해서 변수의 변화를 살펴보면, m 대신 n을 그대로 사용할 수 있다는 것을 알 수 있습니다.

```
m = 0;

for(n = 0; n < dw; n++){
    printf("    ");
    m++;
}
for(d = 1; d <= dm; d++){
    printf("  %2d", d);
    if(m % 7 == 6)
        printf("\n");
    m++;
}
```

n	0	1	2

n의 값과 m의 값의 움직임은 2까지는 똑같습니다.

m	0	1	2	3	4	5	6	0

변수가 n 하나로 통일되어서 깔끔해졌습니다.

```
for(n = 0; n < dw; n++)
    printf("    ");
for(d = 1; d <= dm; d++){
    printf("  %2d", d);
    if(n % 7 == 6)
        printf("\n");
    n++;
}
```

printCalendar() 함수의 기능을 재검토한다

자세히 살펴보면 이 함수에서 y와 m은 첫 번째 줄을 표시하기 위한 것일 뿐입니다. 따라서 맨 처음의 연월 표시 부분은 main() 함수에 기술하는 것이 좋습니다.

```
printCalendar(int y, int m, int dm, int dw)
{
    printf("%d년, %d월", y, m);
     ⋮
}
```

```
int main (int argc, char *argv[]){
     ⋮
    printf("%d년, %d월", year, month);
    printCalendar(days, weekday);
     ⋮
}

printCalendar(int dm, int dw)
{
     ⋮
}
```

인수에서 y(연도)와 m(월)이 없어졌습니다.

printCalendar() 함수의 표시가 밀린 원인을 찾아봅시다

지금까지의 프로그램을 실행시키면 토요일로 끝나는 달의 경우 다음과 같이 마지막 줄이 비게 됩니다. 그 원인은 어디에 있는 걸까요?

〈2020년 10월 달력〉

```
Sun  Mon  Tue  Wed  Thu  Fri  Sat
                      1    2    3
  4    5    6    7    8    9   10
 11   12   13   14   15   16   17
 18   19   20   21   22   23   24
 25   26   27   28   29   30   31
```

```
void printCalendar(int dm, int dw)
{
    int n, d;

    for(n = 0; n < dw; n++)
        printf("    ");
    for(d = 1; d <= dm; d++)
    {
        printf("  %2d", d);
        if(n % 7 == 6)
            printf("\n");
        n++;
    }
    printf("\n--------------------------\n");
    return;
}
```

틀의 표시 줄 바꿈

토요일 줄 바꿈

줄 바꿈이 두 번 일어나는 것이 원인입니다.

수정 결과는 완성 프로그램을 참조하세요.

테스트와 디버그

프로그램을 시험적으로 실행시켜 잘못된 점을 찾아 가면서 수정합니다.

프로그램 테스트

컴파일한 프로그램을 실행시켜 봅시다. 여러 가지 달력을 출력해 보고 프로그램이 제대로 작동하고 있는지 확인합니다.

〈2019년 1월 달력〉

```
Sun Mon Tue Wed Thu Fri Sat
              1   2   3   4   5
  6   7   8   9  10  11  12
 13  14  15  16  17  18  19
 20  21  22  23  24  25  26
 27  28  29  30  31
```

- 숫자와 요일이 가지런히 맞춰져 있습니까?
- 월 시작 요일이 맞습니까?
- 줄 바꿈이 제대로 맞춰져 있습니까?
- 필요 없는 줄 바꿈은 없습니까?
- 일수가 맞습니까?

동작이 이상할 때의 처리

프로그램의 오류를 버그라고 합니다. 버그를 찾기 위해서는 프로그램을 찬찬히 되풀이해서 읽는 것이 가장 좋습니다. 그래도 발견되지 않는 경우는 기능이나 함수별로 실행시켜 보고 버그가 있는지를 잡아 갑니다.

기능별로 함수로 만들면 확인이 간단합니다.

```c
    ⋮
int main(int argc, char *argv[])
{
    int year = 2019;
    int month = 1;
    int days = 31;
    int weekday = 2;

    days = getMonthDays(&year, &month);
    printf("days = %d", days);
    return 0;
}
```

- 다른 함수를 사용할 수 없기 때문에 미리 값을 할당해 둡니다.
- 함수의 결과를 표시해서 제대로 작동하고 있는지를 확인합니다.

프로그램을 되풀이해서 읽어도 버그가 어디에 있는지 모르겠다면, 다음과 같이 함수 안에도 printf( )를 넣어서 중도 경과를 표시해 봅시다.

```c
int getMonthDays(int y, int m)
{
    int dm;

    switch(m){
        case 1: case 3: case 5: case 7: case 8: case 10:
        case 12:
            dm = 31;
            printf("%d월은 %d일 있습니다.\n", m, dm);
            break;
        case 4: case 6: case 9: case 11:
            dm = 30;
            printf("%d월은 %d일 있습니다.\n", m, dm);
            break;
        case 2:
            if(y % 4 == 0 && y % 100 != 0 || y % 400 == 0){
                dm = 29;
                printf("%d월은 %d일 있습니다.\n", m, dm);
            }
            else{
                dm = 28;
                printf("%d월은 %d일 있습니다.\n", m, dm);
            }
            break;
        default:
            dm = 0;
    }
    printf("%d\n", dm);   ◀── 판단 결과가 끝까지 바뀌지 않았다는 것을 확인
    return dm;
}
```

각 과정에서 어떻게 판단되는지 자세히 알 수 있습니다.

완성 프로그램

완성 프로그램의 한 예입니다. 제대로 작동한다면 이와 똑같을 필요는 없습니다.

🔓 완성 프로그램의 예

```c
#include <stdio.h>

void getYearMonth(int *, int *);     ┐
int getMonthDays(int, int);          │  프로토타입 선언
int getWeekday(int, int, int);       │
void printCalendar(int, int);        ┘

int main(int argc, char *argv[])
{
    int year, month, days, weekday;

    getYearMonth(&year, &month);                /* 연도와 월을 구한다 */
    days = getMonthDays(year, month);           /* 월의 일수를 구한다 */
    weekday = getWeekday(year, month, 1);       /* 첫째 날의 요일을 구한다 */
    printf("서기 %d년 %d월\n", year, month);    /* 달력의 연월을 표시한다 */
    printCalendar(days, weekday);               /* 달력을 출력한다 */

    return 0;
}

void getYearMonth(int *py, int *pm)
{
    printf("달력을 표시합니다.\n");
    printf("연도와 월을 스페이스로 구분하여 입력해 주세요.\n");
    while(1){
        scanf("%d %d", py, pm);
        if(*pm >= 1 && *pm <= 12)          ┐ 입력이 틀린 경우
            break;                          │ 다시 입력할 수 있
        printf("입력이 틀렸습니다. 다시 입력해 주세요.\n");  │ 도록 합니다.
    }                                       ┘
    return;
}

int getMonthDays(int y, int m)
{
    int dm;
```

MORE ⬇

```c
    switch(m){
        case 1: case 3: case 5: case 7: case 8: case 10: case 12:
            dm = 31;
            break;
        case 4: case 6: case 9: case 11:
            dm = 30;
            break;
        case 2:
            if(y % 4 == 0 && y % 100 != 0 || y % 400 == 0)
                dm = 29;
            else
                dm = 28;
            break;
        default:
            dm = 0;
    }
    return dm;
}
int getWeekday(int y, int m, int d)
{
    int w;

    if(m == 1 || m == 2){
        y--;
        m += 12;
    }
    w = (y + y/4 - y/100 + y/400 + (13 * m + 8) / 5 + d) % 7;
    return w;
}

void printCalendar(int dm, int dw)
{
    int n, d;

    printf("----------------------------\n");
    printf(" Sun Mon Tue Wed Thu Fri Sat\n");     요일과 윗줄을 표시
    printf("----------------------------\n");

    for(n = 0; n < dw; n++)
        printf("    ");
    for(d = 1; d <= dm; d++){
        printf(" %2d", d);
        if(n % 7 == 6 && d != dm)
            printf("\n");
        n++;
    }
    printf("\n----------------------------\n");     아래 줄을 표시
    return;
}
```

└─ 토요일이 달의 마지막 일이면 줄을 바꾸지 않도록 합니다.

프로그램을 만들 때 참고하세요!

도전! 알고리즘

프로그래밍의 제1수칙은 '백문이 불여일행' 입니다. 백 번 듣고 보는 것보다 한 번 프로그래밍을 해보는 것이 훨씬 좋다는 말입니다. 스스로 문제를 분석하고 알고리즘을 연구해서 프로그래밍에 도전해 보지 않으면 프로그래머의 길에 오를 수 없습니다. 여기서는 앞 장에서 배운 내용을 토대로 문제를 풀어 보겠습니다. 여러분의 프로그래밍 실력을 쌓을 수 있는 기초가 될 것입니다.

문제

01_ 프로그램 작성 순서를 순서대로 나열하세요.

02_ 연도를 인수로 받아서 그 해가 윤년인지 아닌지를 반환하는 함수를 만들어 보세요.

03_ 참새와 토끼가 모두 10마리 있는데 다리의 합은 32개입니다. 이 때 참새와 토끼는 각각 몇 마리 있는지를 구하는 프로그램을 작성하세요.

04_ 피보나치 수열을 구하는 프로그램을 작성해 봅시다. 피보나치 수열은 중세의 수학자 피보나치가 토끼가 새끼를 번식시키는 과정을 보고 착안한 것으로, 앞의 두 값의 합이 그 다음 값이 되는 수열입니다. 예를 들면, 1, 1, 2, 3, 5, 8, 13, 21, …,로 증가하는 수열입니다.

여기서 키보드로 입력받은 n개의 피보나치 수열을 구하는 프로그램을 작성하세요.

또, 몇 번째 위치에는 어떤 피보나치 수열값이 있는지도 구해 보세요.

정답 및 해설

01

프로그램은 다음과 같은 순서대로 작성합니다.
① 문제 분석
② 프로그램 설계
③ 프로그램 작성
④ 프로그램 정리
⑤ 테스트와 디버그

보다 나은 프로그램을 만들기 위해서는 ④와 ⑤의 과정을 되풀이하면서 프로그램을 점검합니다.

02

```
int isleapyear(int year)
{
    int ret = 0;
    /* 반환 초기값 - 윤년이 아니면 0을 반환 */

    if (year % 4 == 0 && year % 100
        != 0 || year % 400 == 0)
        ret = 1;/* 윤년이면 1을 반환 */

    return ret;
}
```

윤년은 4년에 한 번씩 돌아오며, 100년에 한 번씩은 윤년이 아니며, 400년에 한 번씩은 다시 윤년입니다. 연도를 y로 하고 이 조건을 식으로 작성하면 다음과 같습니다.

```
y % 4 == 0 && y % 100 != 0 || y % 400 == 0
```
윤년을 구하는 문제는 다른 부분에도 쓰일 수 있으므로 이렇게 함수로 만들어 두고 호출해서 쓰면 좋겠지요.

참새의 수는 i, 토끼의 수는 j로 합니다.

```
for (i = 0; i <= 10; i++)
  for (j = 0; j <= 10; j++) {
    a = i + j;
    b = 2 * i + 4 * j;
    if ((a == 10) && (b == 32))
      printf("참새는 %d마리, 토끼는 %d마리",
             i, j);
  }
```

이 문제는 연립 방정식의 문제로 참새와 토끼의 수는 0~10사이에 있기 때문에 i와 j에 0~10의 값을 차례로 대입해 보고 두 방적식이 모두 성립되는 값을 찾으면 답을 구할 수 있습니다. 조합하면 121가지가 나옵니다. 수작업으로는 도저히 못할 것 같은 귀찮은 절차지만 컴퓨터의 처리 속도를 이용하면 순식간에 답이 구해집니다.

04

```
#include <stdio.h>

int fibo(int n);

void main( )
{
  int a = 1, b = 1; /* 초기 피보나치 수열 */
  int c, n, i;

  printf("구할 피보나치 수열의 개수를 입력하세요. \n");
  scanf("%d", &n);
  /* 초기 피보나치 수열의 항 1 1을 표시합니다. */
  printf("%d %d ", a, b);
```

MORE ⬇

```
  /* 세 번째 항부터 n항까지의 수열을 표시합니다. */
  for (i = 0; i < n - 2; i++) {
    c = a + b; /* 앞의 두 항을 더한 값 */
    printf("%d ", c);
    a = b;
    b = c;
  }

  printf("\n");
  printf("몇 번째 피보나치 수열을 구하겠습니까?₩n");
  scanf("%d", &n);

  /* 원하는 항의 피보나치 수열을 구합니다. */
  printf("%d번째의 피보나치 수열의 값은 = %d\n",
         n, fibo(n));
}

/* 피보나치 수열 함수 */
int fibo(int n)
{
  /* fibo( ) 함수를 재귀적으로 호출합니다. */
  return n > 2 ? fibo(n - 2)
      + fibo(n - 1) : 1;
}
```

피보나치 수열을 구할 때는 주로 재귀 호출 방법을 사용합니다. 하지만 fibo( ) 함수에 전달되는 n의 값이 커지면 속도가 느려지고 메모리 공간을 많이 차지하는 단점이 있습니다. 이 단점을 해결하기 위한 알고리즘도 연구해 보면 좋을 것입니다.

알아두면 도움이 되는
알고리즘 상식*

상향식·하향식 접근 방식

갑작스런 질문 같지만 여러분은 사람의 얼굴을 그릴 때 어디부터 그리기 시작하나요? 얼굴 윤곽부터 그리나요? 아니면 눈이나 코부터 그리나요? 윤곽부터 그리는 경우는 얼굴 전체를 인식하고 세부적인 것을 그려 가게 됩니다. 눈이나 코부터 그리는 경우는 얼굴의 부분을 조합해 감으로써 전체를 완성해 가게 됩니다. 이런 개념은 프로그램에도 적용시킬 수 있습니다.

전체를 대강 몇 개의 부품으로 나누고 각각의 기능을 정한 뒤 그것을 더 세분화해서 프로그램의 이미지를 구체화시켜 가는 것을 '하향식 접근 방식'이라고 합니다. 5장의 프로그램 같은 것은 그 전형적인 예라고 할 수 있겠지요. 나누는 방법은 기능, 실행 순서, 재사용 가능성 등을 고려해서 정합니다. 하고 싶은 것이 명확하지만 어떻게 하면 좋을지 모르는 때나 어느 정도 프로그램의 규모가 크고 여러 명이 나눠서 작업을 할 때 유효한 방법입니다. 차분히 구조를 분석하고 문제를 정리해 가면 어느새 문제가 명확하게 되고 완성에 가까워질 수 있을 것입니다.

이와 반대로 각각의 기능이나 기술을 먼저 만든 후 그것들을 모아서 전체 프로그램을 완성시켜 가는 것을 '상향식 접근 방식'이라고 합니다. 나쁘게 말하면 깊이 생각하지 않고 그냥 되는 대로 만들다가 잘 되어 가지 않는 경우도 많지만, 기술적으로 불안하거나 연구 성향이 강한 시험적인 프로그램을 만들 때 유효한 방법이라고 할 수 있습니다. 기본적으로는 하향식으로 진행하고, 기술적으로 불안정한 곳만 상향식으로 진행하는 경우도 자주 있습니다.

자신이 만드는 프로그램을 어떤 유형으로 하면 좋을지를 잘 판단해서 그 접근 방법을 정하는 것에서부터 프로그래밍은 시작되는 것입니다.

6

실무 프로그램

제6장에서 꼭 알아야 할
키포인트

한 통의 의뢰서

어느 날 여러분 앞으로 한 통의 편지가 도착했습니다. 동봉된 명세서대로 **라인 에디터**를 만들어 달라는 의뢰였습니다.

그 의뢰서를 읽고 여러분은 생각했습니다.

'대체 라인 에디터가 뭐지?'

조사해 보니 라인 에디터란 텍스트 파일을 한 행씩 편집하는 기능을 가진 프로그램을 말한다는 것을 알았습니다.

'그런 프로그램을 만들 수 있을까? 지금 아무런 이미지도 안 떠오르는데…'.

그래서 여러분은 라인·에디터가 어떤 것인지 명세서를 잘 읽고 충분히 생각해 보기로 했습니다.

명세서
프로그램 작성에 필요한 모든 사항을 기록한 문서로, 대규모 프로그램에서는 전체 설계서와 세부 설계서 등을 작성하여 프로그램을 작성해 간다. 문서를 제대로 구비하는 일은 프로그램 작성, 유지, 보수에 도움이 된다.

라인 에디터(line editor)
텍스트를 한 행씩 삽입하거나 삭제할 수 있는 편집기를 말한다. 주로 명령 프롬프트에서 한 행씩 처리한다.

 실용적 프로그래밍

드디어 본격적인 프로그래밍입니다. 이 장에서는 라인 에디터를 만들면서 비교적 큰 프로그램을 만들 때 필요한 핵심을 설명해 가겠습니다. 필요한 명세서는 140쪽에 있습니다.

어느 정도 큰 프로그램이 되면 실제로 프로그램 작성을 시작하기까지의 설계 공정이 중요해집니다. 구체적으로 프로그램의 완성된 모습을 떠올리고 어떤 구조로 하면 좋을지 생각해 봅시다. 설계가 잘 되어 있으면 짧은 시간에 훌륭한 프로그램을 만들 수 있습니다. 반대로 설계가 잘 되어 있지 않으면 나중에 전체적으로 다시 고쳐야 하는 어려움에 처하거나, 버그가 발생하기 쉬운 프로그램이 되거나, 작업 시간이 늘어나게 됩니다.

또 실제 개발 작업에서는 프로그램의 확인이 매우 중요합니다. 특히 프로그램의 규모가 크면 클수록 버그의 수도 늘어납니다. '대강 작동하니까 괜찮겠지'라는 섣부른 생각은 버리고 완벽한 프로그램을 완성할 수 있도록 노력합시다.

완성한 프로그램은 6장 끝에 실었습니다. 도중에 소개하지 못한 함수와 실제로 이용할 때 꼭 필요한 에러 처리도 추가 했으므로 참고하세요.

버그(bug)

프로그램의 오류(error)를 말하는 것이다. 초창기 컴퓨터는 지금과는 비교가 안 될 만큼 거대했는데 종종 컴퓨터 안에 나방이 들어가서 오작동이 일어나는 경우가 있었다. 버그라는 말은 이때부터 유래된 것으로 버그를 잡는 것을 디버그(debug)라고 한다.

사양 분석하기

드디어 본격적인 시작입니다. 먼저 라인 에디터의 기능을 정리해 봅시다.

🔒 라인 에디터의 구조

라인 에디터의 구조는 다음과 같습니다.

〈프로그램명〉 lineedit

① 프로그램을 시작한다.
② "명령 : "이라고 표시하고 명령(커맨드) 입력을 기다린다.
③ 명령을 입력시킨다.
④ 입력받은 명령을 실행한다.
⑤ ② 로 돌아간다.

명령(커맨드) 목록

명령 이름		기능과 동작
fopen	기능	파일의 내용을 읽어들이고 메모리에 저장한다.
	동작	편집하고 싶은 파일의 이름을 입력받고, 그 내용을 읽어들이고, 메모리에 저장한다.
fclose	기능	메모리의 내용을 제거한다.
	동작	메모리의 내용을 저장할지를 입력받는다. 'y'이면 메모리의 내용을 저장한 후 메모리의 내용을 제거한다. 'n'이면 저장하지 않고 제거한다.
fsave	기능	메모리의 내용을 지정된 파일에 저장한다.
	동작	파일명을 입력받고, 그 이름으로 된 파일에 메모리의 내용을 기록한다.
list	기능	모든 행을 표시한다.
	동작	행의 맨 왼쪽에 행 번호를 붙이고, 메모리의 내용을 한 행씩 표시한다.
gotoln	기능	지정된 행을 표시한다.
	동작	행 번호를 입력받고, 그 행의 문자열을 표시한다.
inss	기능	지정된 위치에 문자열을 삽입한다.
	동작	삽입 위치의 행 번호와 열 번호, 삽입할 문자열을 입력받고, 메모리의 그 위치에 문자열을 삽입하고, 결과를 표시한다.
dels	기능	지정된 위치부터 지정된 문자열만큼 삭제한다.
	동작	삭제를 시작할 행 번호와 열 번호를 입력받고, 메모리의 그 위치에서 지정된 문자열만큼 문자열을 삭제하고, 결과를 표시한다.

주) 행 번호 : 세로 방향의 위치를 나타낸다 (첫 번째 행 번호는 0)
　　열 번호 : 가로 방향의 위치를 나타낸다 (첫 번째 열 번호는 0)

왠지 꽤 힘들 것 같네요!

완성된 이미지를 그려 본다

140쪽의 명세서로부터 어떤 것을 만들면 좋을지 구체적으로 생각해 봅시다.

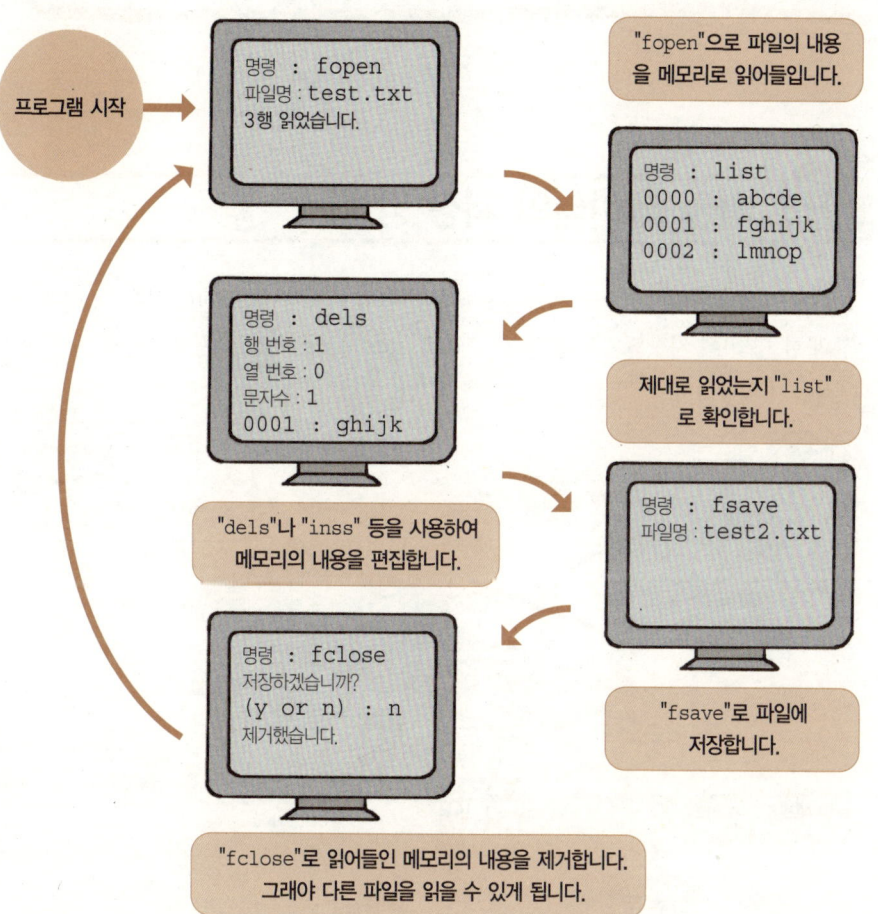

입출력에 대해 정리하면 다음과 같습니다.

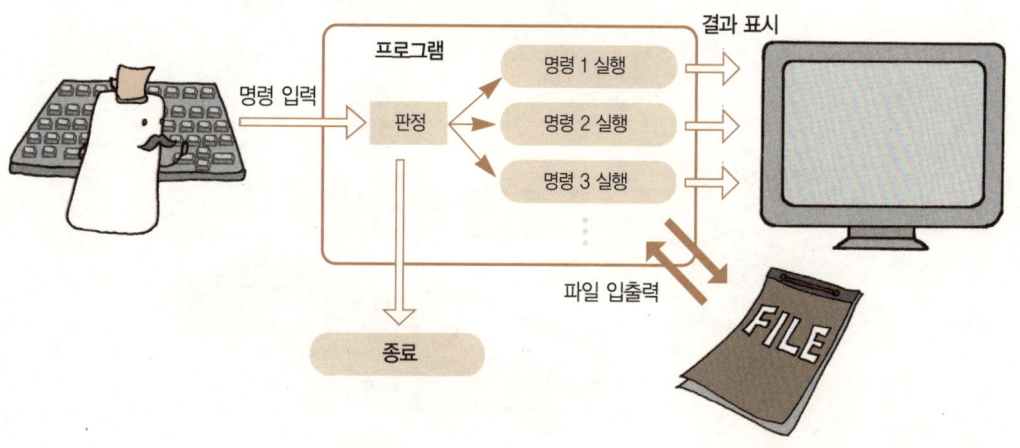

데이터 형식 정하기 (1)

프로그램 내에서 파일 데이터를 어떻게 다루면 좋을까요?

파일 데이터의 저장 방법

이 프로그램에서는 fopen 명령을 실행하면 파일 데이터를 한 번에 모두 버퍼(메모리 상의 한 영역)에 저장되도록 합니다. 그리고 inss나 dels와 같은 명령으로 이 버퍼의 내용을 편집합니다.

파일을 읽는다 → fopen 명령

버퍼로 한 행의 문자수×행의 수로 된 이차원 문자 배열을 준비합니다.

문자 배열 buf[ ]

문자열을 편집한다

inss 명령

dels 명령

파일에 저장한다 → fsave 명령 또는 fclose 명령

파일에 맞춰 행렬을 설정한다

버퍼의 크기를 미리 정해 버리면 다룰 수 있는 파일의 크기가 제한됩니다. 또 파일 데이터가 버퍼보다 큰지 확인을 게을리하면 데이터가 넘쳐 버립니다.

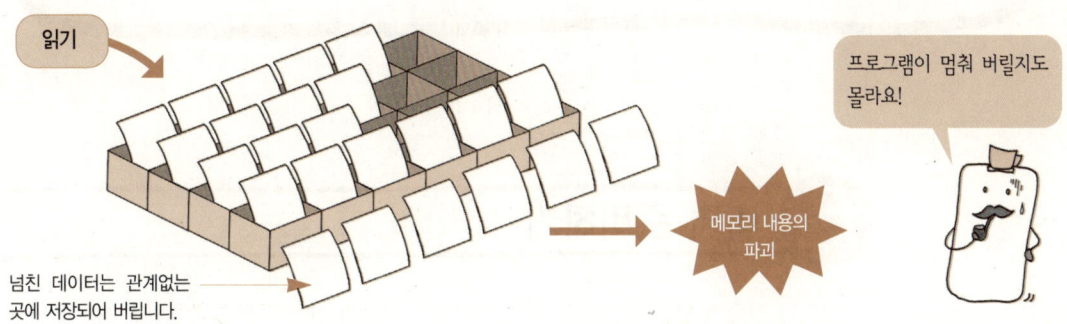

그래서 파일의 크기에 맞춰 버퍼를 준비하도록 해야 합니다. 메모리 영역을 양방향으로 변화시키는 것은 어렵기 때문에 한 행의 문자 수(열 수)를 고정시키고 행의 수만 변화시킵니다.

한 행의 문자 수가 버퍼의 열 수보다 커도 fgets() 함수를 사용하면 읽어들일 최대 문자 수를 정할 수 있으므로 오류가 발생할 염려가 없습니다. 하지만 행이 넘어가게 됩니다.

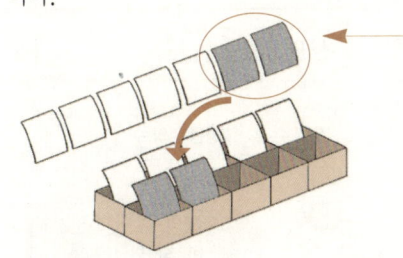

데이터 형식 정하기(1) 143

데이터 형식 정하기 (2)

구체적인 파일 데이터의 취급 방법을 소개하겠습니다.

🔒 버퍼 준비하기

크기가 정해져 있는 일반적인 이차원 배열은 다음과 같이 선언할 수 있습니다.

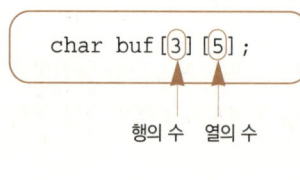

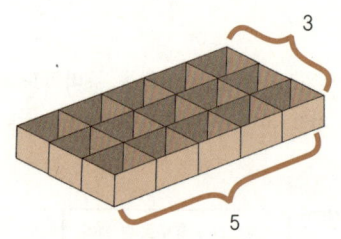

그런데 여기서는 버퍼의 크기를 파일에 맞춰 정해야 합니다. 하지만 `char [n] [5] ;`(n 은 변수)와 같이 선언할 수는 없습니다. 이런 경우 다음과 같이 선언합니다.

```
char (*buf) [5] ;
```

이 배열의 형은 `char(*) [5]`이 됩니다.

이 시점에서 아직 메모리는 확보되지 않습니다.

버퍼를 사용할 때는 `malloc( )` 함수로 '행의 수 × 문자 수' 만큼의 메모리를 확보합니다.

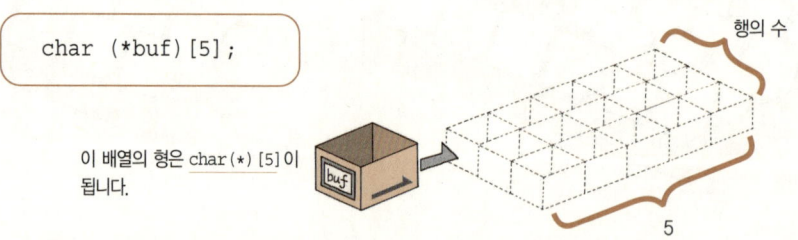

포인터 buf는 문자 배열의 맨 처음을 가리키고 있습니다.

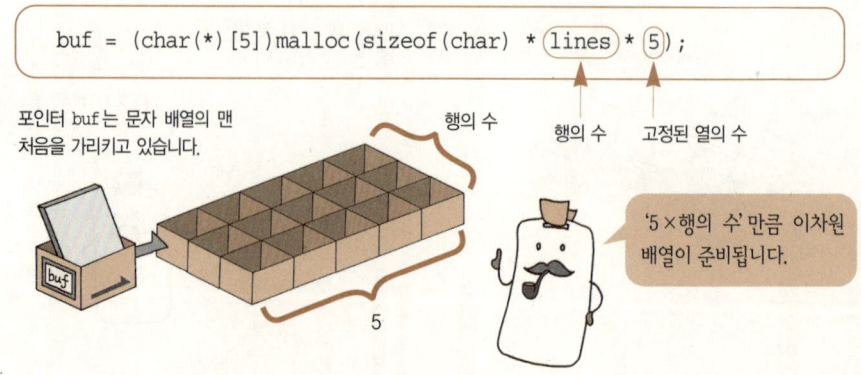

'5 × 행의 수' 만큼 이차원 배열이 준비됩니다.

buf[n]이라고 쓰면 n+1 행 번째의 문자열을 나타낼 수 있습니다.

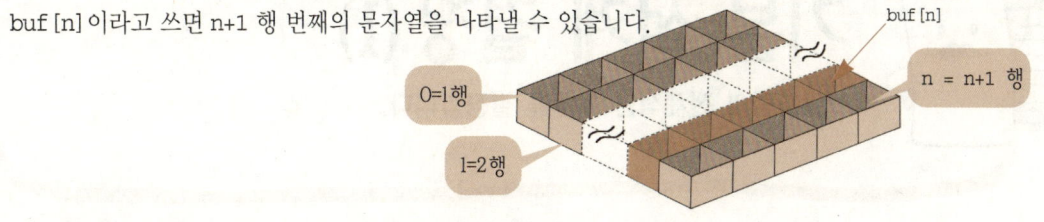

버퍼를 해제할 때는 free( ) 함수로 메모리를 해제합니다.

```
free(buf);
buf = NULL;
```
← 포인터 buf가 아무것도 가리키고 있지 않다는 것을 나타내기 위해 NULL로 만듭니다.

🔓 버퍼 테스트

라인 에디터를 만들기 전에 다음과 같이 간단한 프로그램을 만들어서 버퍼의 작동을 확인해 봅시다.

※ test.txt의 각 행의 끝에는 줄 바꿈 문자가 들어 있습니다.

예

```
#include <stdio.h>
#include <stdlib.h>
#include <string.h>

#define MAX_S 20   ← 한 행의 문자 수를 20으로 합니다.
                      (이 이후 MAX_S는 20이 됩니다.)
int main(int argc, char *argv[])
{
    char (*buf)[MAX_S] = NULL;
    int lines = 5;
    FILE *fp;
    int i, n = 0;

    buf = (char(*)[MAX_S])malloc(sizeof(char) * lines * MAX_S);
                                    ↑ 버퍼로 20×5로 된 이차원 배열을 준비합니다.
    fp = fopen("test.txt", "r");
    if(fp == NULL)
        return 0;
    while(fgets(buf[n], MAX_S-1, fp))   ← 파일 데이터를 버퍼에 저장합니다.
        n++;
    fclose(fp);

    for(i = 0; i < n; i++)
        printf("%02d:%s", i, buf[i]);   ← fgets( ) 함수로 읽어들인 문자열에는
                                          줄 바꿈 문자가 붙어 있으므로 \n은 필요
                                          없습니다.
    free(buf);     ┐ 버퍼를 해제합니다.
    buf = NULL;    ┘

    return 0;
}
```

test.txt의 내용
```
abcde↵
fghijklmn↵
opqrstu↵
vwxyz↵
```

실행 결과
```
00:abcde
01:fghijklmn
02:opqrstu
03:vwxyz
```

기본 설계 결정 (1)

프로그램의 전체적인 흐름을 결정합니다.

프로그램의 흐름

140쪽에 있는 명세서에 의하면 프로그램의 전체적인 흐름은 다음과 같습니다.

```
프로그램 시작
    ↓
명령 입력 ←─────────────────────────────────┐
    ↓                                      │
명령 판정                                   │
    ↓                                      │
  ┌─ 명령 실행 ─────────────────────────┐   │
  │                                    │   │
  │  fopen  : 파일의 내용을 읽고,      │   │
  │           메모리에 저장한다.        │   │
  │                                    │   │
  │  fclose : 메모리의 내용을 제거한다.│   │
  │                                    │   │
  │  fsave  : 메모리의 내용을 지정된   │   │
  │           파일에 기록한다.          │   │
  │                                    │   │
  │  list   : 모든 행을 표시한다.       │   │
  │                                    │   │
  │  gotoln : 지정된 행을 표시한다.     │   │
  │                                    │   │
  │  inss   : 지정된 위치에 문자열을    │   │
  │           삽입한다.                 │   │
  │                                    │   │
  │  dels   : 지정된 위치에서 지정된   │   │
  │           문자 수만큼 삭제한다.     │   │
  │                                    │   │
  └────────────────────────────────────┘   │
    ↓                                      │
  exit : 프로그램을 종료한다. ──→ 프로그램 종료
```

명령을 실행하고 끝나면 입력으로 돌아옵니다.

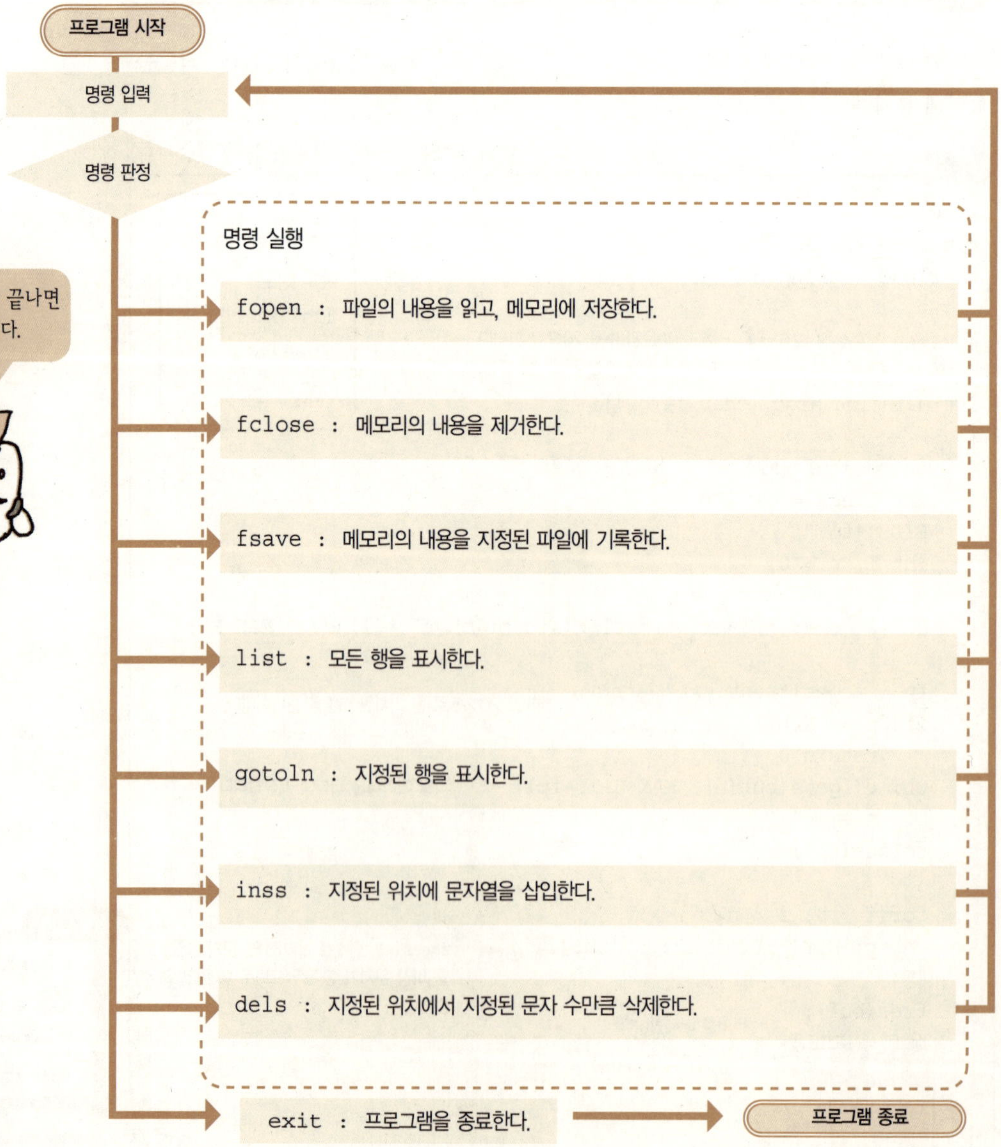

각 기능의 동작 상세 설명

'명령 실행' 부분의 각 기능의 동작을 좀더 자세하게 살펴봅시다.

fopen

| 파일명 fname을 입력받는다. | ▷ | 데이터의 행의 수 lines를 센다. | ▷ | 버퍼 buf를 준비한다. | ▷ | 데이터를 buf로 읽어들인다. |

fclose

| 버퍼 buf를 닫는다. | ▷ | 각 변수를 초기값으로 되돌린다. |

fsave

| 파일명 fname을 입력받는다. | ▷ | 버퍼 buf의 내용을 지정된 파일에 기록한다. |

list

| 버퍼의 내용을 모두 표시한다. |

gotoln

| 행 번호 n을 입력받는다. | ▷ | 버퍼의 buf[n]의 내용을 표시한다. |

inss

| 행 번호 n, 열 번호 i, 삽입할 문자열 t를 입력받는다. | ▷ | 버퍼의 buf[n][i]의 위치에 t를 삽입한다. | ▷ | 결과를 표시한다. |

dels

| 행 번호 n, 열 번호 i, 삭제할 문자 수 c를 입력받는다. | ▷ | 버퍼의 buf[n][i]의 위치에서 c 문자만큼 삭제한다. | ▷ | 결과를 표시한다. |

기본 설계 결정 (2)

프로그램의 전체적인 흐름이 결정되면 사용할 변수의 범위 및 프로그램의 대략적인 구성을 생각합니다.

 프로그램에 맞는 변수의 범위

이 프로그램에서는 어떤 명령을 실행해도 데이터를 저장한 문자 배열을 항상 사용합니다. 자주 사용되는 변수는 전역 변수로 만들어 두면 편리합니다.

프로그램은 대강 다음과 같이 구성됩니다.

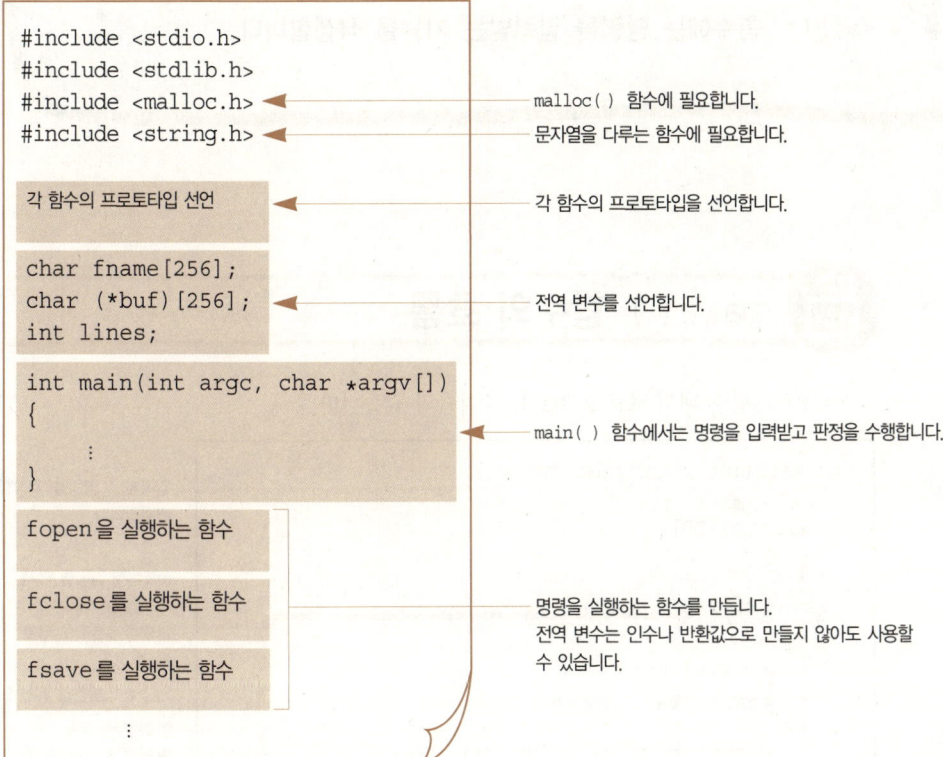

메인 부분을 만든다

main() 함수에는 명령을 입력받는 기능을 작성합니다.

main() 함수의 흐름

main() 함수 내의 프로그램 흐름은 다음과 같습니다.

```
int main(int argc, char *argv[])
{
  char cmd[20];

  while(1){
    printf("명령 : ");
    scanf("%s", cmd);

    if(strcmp(cmd, "fopen") == 0)
        fopen을 실행하는 함수
    else if(strcmp(cmd, "fclose") == 0)
        fclose를 실행하는 함수
    else if(strcmp(cmd, "fsave") == 0)
        fsave를 실행하는 함수
    else if(strcmp(cmd, "list") == 0)
        list를 실행하는 함수
    else if(strcmp(cmd, "gotoln") == 0)
        gotoln을 실행하는 함수
    else if(strcmp(cmd, "inss") == 0)
        inss를 실행하는 함수
    else if(strcmp(cmd, "dels") == 0)
        dels를 실행하는 함수
    else if(strcmp(cmd, "exit") == 0)
        break;
  }
  버퍼를 해제하는 처리
  return 0;
}
```

- 입력받은 명령을 저장할 변수입니다.
- exit가 입력될 때까지 명령을 계속 처리하도록 while 루프를 둡니다.
- 명령을 입력받습니다.
- 입력받은 명령과 명령문을 비교합니다.
- 명령의 판정에는 if~else 문을 사용합니다.
- while 루프를 빠져 나옵니다.

strcmp() 함수는 두 인수의 문자열이 같을 때 0을 반환합니다.

명령과 함수의 대응

각각의 명령과 대응하는 함수의 이름은 다음과 같이 만듭니다.

명령	함수명
fopen	openFile( )
fclose	closeFile( )
fsave	saveFile( )
list	listLines( )
gotoln	gotoLine( )
inss	insertString( )
dels	deleteString( )

버퍼의 할당과 해제

프로그램 실행 중에 버퍼를 준비했다면 나중에 해제할 필요가 있습니다. 버퍼를 해제하지 않고 프로그램을 종료하는 흐름은 없는지 항상 확인하기 바랍니다.

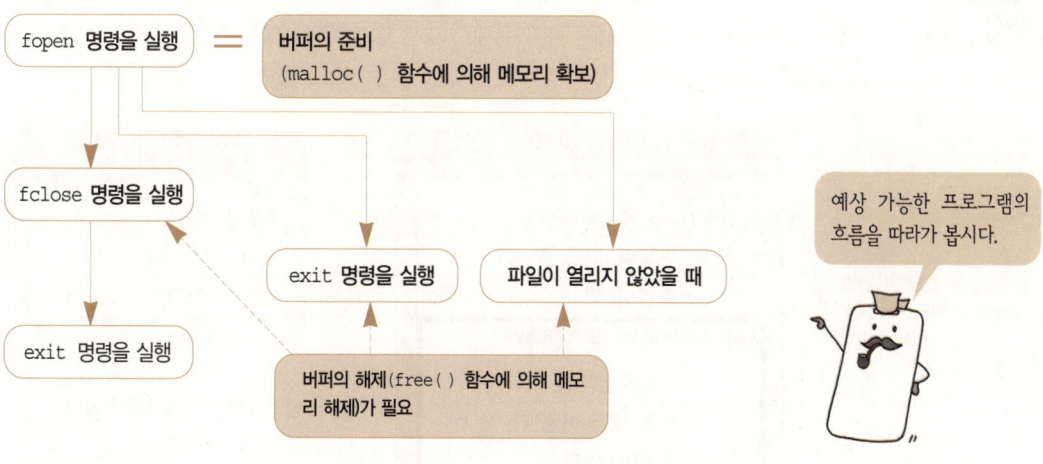

버퍼의 해제는 여러 곳에서 필요하므로 다음과 같이 함수로 만들어 두면 편리합니다.

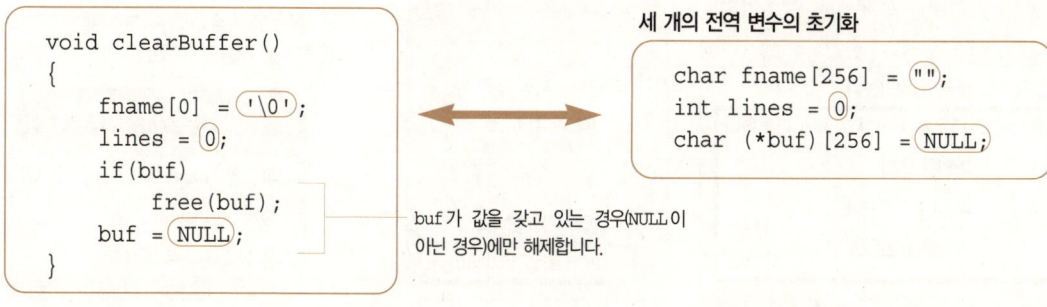

세부 기능 작성 (1)

먼저 이 프로그램의 기본인 파일에 관련된 기능을 만듭니다.

파일을 다루는 처리

파일 데이터에 관련된 명령으로는 fopen, fclose, fsave가 있습니다. 이 세 명령을 실행하기 위한 함수를 다음과 같이 정리하겠습니다.

fopen	파일을 읽어들인다.	openFile( ) 함수
fclose	버퍼의 해제와 전역 변수의 초기화	closeFile( ) 함수
fsave	파일에 기록한다.	saveFile( ) 함수

명령 실행에 필요한 처리의 정리

함수 내의 흐름을 알기 쉽게 하기 위해서 명령 실행에 필요한 처리를 정리해 보겠습니다. 주요한 처리 이외의 기능은 함수로 만들면 좋을 것입니다.

검은색 상자가 함수 안에서의 중요한 처리가 됩니다.

openFile()
- 파일명 fname 을 입력받는다.
- 데이터의 행의 수 lines 를 센다.
- 버퍼 buf 를 준비한다.
- 데이터를 버퍼 buf 로 읽어들인다.
  - 파일을 연다.
  - 데이터를 읽어들인다.
  - 파일을 닫는다.

① 같은 처리이므로 파일명 입력용 enterFileName( ) 함수를 만듭니다.

② countLines()
- 파일을 연다.
- 행의 수 lines 를 센다.
- 파일을 닫는다.

행의 수를 세는 함수를 만듭니다.

saveFile()
- 파일명 fname 을 입력받는다.
- 버퍼 buf 의 내용을 지정한 파일에 기록한다.
  - 파일을 연다.
  - 파일에 기록한다.
  - 파일을 닫는다.

closeFile()
- 파일을 저장할지 말지를 묻는다.
  - y → 파일에 기록한다.
  - n → 버퍼 buf 를 해제한다.

151쪽에서 소개한 clearBuffer( ) 함수를 사용할 수 있습니다.

③ clearBuffer()
- 파일명 fname
- 행의 수 lines
- 포인터 buf 의 초기화

openFile( ) 함수 만들기

파일 데이터에 관련된 처리 중에서 대표로 openFile( ) 함수를 만들어 보겠습니다. openFile( ) 함수와 그 외에 필요한 함수는 다음과 같습니다.

함수명	openFile( ) 함수
목적	데이터 양에 맞춰 버퍼를 준비하고, 파일 데이터를 버퍼로 읽어들인다.
인수	없음
반환값	void(없음)

함수명	enterFileName( ) 함수 ①
목적	파일명을 입력받는다.
인수	없음
반환값	void(없음)

함수명	countLines( ) 함수 ②
목적	파일 데이터의 행의 수를 센다.
인수	없음
반환값	void(없음)

함수명	clearBuffer( ) 함수 ③
목적	버퍼를 해제하고, 전역 변수(fname, lines, buf)를 초기화한다.
인수	없음
반환값	void(없음)

```
void openFile()
{
    int n = 0;
    FILE *fp;
    char *myline;     ← 읽어들이는 행을 가리키는 포인터

    enterFileName();
                              최대 문자 수를 나타냅니다.
    countLines();

    buf = (char (*)[MAXLEN])malloc(sizeof(char) * lines * MAXLEN);
    if(!buf)                                   행의 수    문자 수
        return;

                fp = fopen(fname, "r");
                if(fp == NULL) {
파일을 열지 못했을 때      clearBuffer();              문자열의 끝에 필요 없는 줄 바꿈
는 clearBuffer( )       return ;                  문자가 붙어 있으므로 제거합니다.
를 실행합니다.         }
                while(fgets(buf[n], MAXLEN-1, fp)){
                    myline = buf[n];
                    myline[strlen(myline)-1] = '\0';
                    n++;
                }
                fclose(fp);
                printf("%d행 읽었습니다.\n", lines);
}
```

세부 기능 작성 (2)

편집이나 참조 명령에 해당하는 함수를 작성합니다.

 편집에 관련된 처리

편집이나 참조를 수행하는 명령으로는 inss, dels, list, gotoln이 있습니다. 이에 대한 처리는 다음과 같습니다.

inss	지정한 위치에 문자열을 삽입한다.	insertString() 함수
dels	지정한 위치에서 지정한 문자 수를 삭제한다.	deleteString() 함수
list	버퍼의 내용을 일괄 표시한다.	listLines() 함수
gotoln	지정한 행 번호의 내용을 표시한다.	gotoLine() 함수

 insertString() 함수 만들기

편집이나 참조를 수행하는 명령 중에서 대표로 insertString() 함수를 작성해 보겠습니다. 먼저 함수 안에서의 흐름을 정리해 봅시다.

```
insertString()
```
- 행 번호 row, 열 번호 col 을 입력받는다.
- 삽입할 문자열 insstr을 입력받는다.
- 버퍼에서 지정된 위치에 삽입할 문자열 insstr을 삽입한다.
- 삽입한 행의 결과를 표시한다.

← dels 함수에서도 사용하므로 별도의 함수로 만들어 둡니다.

문자열을 문자열에 삽입한다

insertString() 함수에서 가장 중요한 처리는 삽입할 문자열 insstr을 버퍼의 지정된 위치에 삽입하는 것입니다. 이 때 sprintf() 함수와 strcpy() 함수를 사용하면 간단합니다.

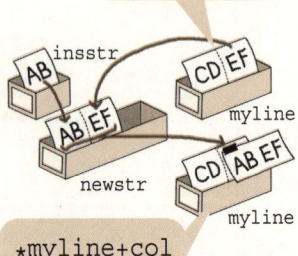

```
int row, col;
char insstr[256];
char newstr[256];
char *myline;
    :
```

① insstr과, myline의 col 번째 이후를 newstr에 삽입합니다.

MORE▼

```
myline = buf[row];
sprintf(newstr, "%s%s",
    insstr, myline+col);          ①
strcpy(myline+col, newstr);       ②
```

② myline의 col 번째에 newstr을 복사합니다.

여러 개의 변수를 동시에 받아들이려면 참조로 전달합니다.

여기서 사용하는 함수는 다음과 같습니다.

함수명	insertString( ) 함수
목적	버퍼에서 지정된 위치에 문자열을 삽입한다.
인수	없음
반환값	void(없음)

함수명	enterPosition( ) 함수
목적	행 번호, 열 번호를 입력받아서 읽어들인다.
인수	int *prow : row를 가리키는 포인터
	int *pcol : col을 가리키는 포인터
반환값	void(없음)

```
void enterPosition(int *prow, int *pcol)
{
    *prow = 0;
    *pcol = 0;              ◀── 포인터가 가리키고 있는 곳의 값을 초기화합니다.

    printf("행 번호 : ");
    scanf("%d", prow);      ◀── 행 번호를 입력받습니다.

    printf("열 번호 : ");
    scanf("%d", pcol);      ◀── 열 번호를 입력받습니다.
}
```

```
void insertString()
{
    int row, col;
    char insstr[MAXLEN];
    char newstr[MAXLEN];
    char *myline;   ◀── 지정된 행을 가리키기 위한 포인터

    enterPosition(&row, &col);
    myline = buf[row];
    printf("삽입할 문자 : ");
    scanf("%s", insstr);    ◀── 삽입할 문자열을 입력받고, insstr에 저장합니다.

    sprintf(newstr, "%s%s", insstr, myline + col);   ◀── 지정된 위치에 insstr을
    strcpy(myline + col, newstr);                        삽입합니다.
    printf("%d행 %d열에 ₩"%s\"을 삽입했습니다.\n", row, col, insstr);
    printf("%04d:%s\n", row, myline);
}
```

완성 프로그램

이제 프로그램 완성입니다. 지금까지 소개하지 않았던 함수나 실제로 사용할 때 필요한 오류 처리가 추가되어 있으므로 참고하기 바랍니다.

🔓 완성 프로그램의 예

```
#include <stdio.h>                      *  ▭ 은 이 장에서 작성한 함수 호출입니다.
#include <stdlib.h>
#include <string.h>

#define MAXLEN 256  ◀──── 한 행의 최대 문자 수를 MAXLEN으로 합니다.
                         값은 256입니다.

void openFile();
void closeFile();
void saveFile();
void listLines();
void gotoLine();
void insertString();
void deleteString();               ◀──── 프로토타입 선언
void showHelp();
void countLines();
void enterFileName();
void clearBuffer();
void enterPosition(int *, int *);


char fname[256] = "";
char (*buf)[MAXLEN] = NULL;        ◀──── 전역 변수 선언
int lines = 0;

/* 메뉴 */
int main(int argc, char *argv[])
{
    char cmd[20];

    while(1) {
        printf("명령 : ");
        scanf("%s", cmd);
```

MORE

```c
            if(strcmp(cmd, "fopen" ) == 0)       openFile();
            else if(strcmp(cmd, "fclose" ) == 0) closeFile();
            else if(strcmp(cmd, "fsave"  ) == 0) saveFile();
            else if(strcmp(cmd, "list"   ) == 0) listLines();
            else if(strcmp(cmd, "gotoln" ) == 0) gotoLine();
            else if(strcmp(cmd, "inss"   ) == 0) insertString();
            else if(strcmp(cmd, "dels"   ) == 0) deleteString();
            else if(strcmp(cmd, "help"   ) == 0) showHelp();
            else if(strcmp(cmd, "exit") == 0)    break;
            else                                 printf("%s?\n", cmd);
        }
        clearBuffer();
        return 0;
}
```

규정된 명령 이외의 것을 입력했을 때의 처리입니다.

```c
/* 파일명 입력 */
void enterFileName()
{
    printf("파일명 : ");
    scanf("%s", fname);
}

/* 파일의 행의 수 세기 */
void countLines()
{
    FILE *fp;
    char s[MAXLEN];

    lines = 0;
    fp = fopen(fname, "r");
    if(fp == NULL)
        return;
    while(fgets(s, MAXLEN-1, fp))
        lines++;
    printf("m = %d\n", lines);

    fclose(fp);
}

/* 버퍼, 파일명, 행의 수 초기화 */
void clearBuffer()
{
    fname[0] = '\0';
    lines = 0;
    if(buf)
        free(buf);
    buf = NULL;
}
```

파일 데이터의 행의 수를 셉니다.

```c
/* 메모리를 확보하고 파일을 읽는다 */
void openFile()
{
    int n = 0;
    FILE *fp;
    char *myline;

    enterFileName();

    countLines();

    buf = (char (*)[MAXLEN])malloc(sizeof(char) * lines * MAXLEN);
    if(!buf)
        return;

    fp = fopen(fname, "r");
    if(fp == NULL) {
        clearBuffer();
        return;
    }
    while(fgets(buf[n], MAXLEN-1, fp)){
        myline = buf[n];                    /* 버퍼로 복사 */
        myline[strlen(myline)-1] = '\0';    /* 필요없는 줄 바꿈 문자를 제거 */
        n++;
    }
    fclose(fp);
    printf("%d행 읽었습니다.\n", lines);
}

/* 메모리 해제 */
void closeFile()
{
    char ans[20] = "";

    printf("저장하겠습니까?(y or n):");
    scanf("%s", ans);
    if(ans[0] == 'y')
        saveFile();
    clearBuffer();
    printf("제거했습니다.\n");
}

/* 파일 저장 */
void saveFile()
```

```c
{
    int n;
    FILE *fp;
    
    enterFileName();   ◀── 파일명을 입력받습니다.
    fp = fopen(fname, "w");
    if(fp == NULL)
        return;
    for(n = 0; n < lines; n++)              ┐ 버퍼의 내용을 마지막 행까지
        fprintf(fp, "%s\n", buf[n]);        ┘ 파일에 기록합니다.
    fclose(fp);
    printf("저장했습니다.\n");
}

/* 모든 행 표시 */
void listLines()
{
    int n;
    for(n = 0; n < lines; n++)              ┐ 버퍼의 내용을 마지막 행까지
        printf("%04d:%s\n", n, buf[n]);     ┘ 행 번호를 붙여서 표시합니다.
}

/* 지정된 행 표시 */
void gotoLine()
{
    int n;
    printf("행 번호 : ");
    scanf("%d", &n);
    if(0 <= n && n < lines)
        printf("%04d:%s\n", n, buf[n]);
}

/* 문자 위치 입력 */
void enterPosition(int *prow, int *pcol)
{
    int row, col, characters;
    *prow = *pcol = 0;
    
    printf("행 번호 : ");
    scanf("%d", &row);
    if(row < 0 || row >= lines)   ◀── row의 입력 범위를 확인합니다.
        return;
    characters = strlen(buf[row]);
    
    printf("열 번호 : ");
    scanf("%d", &col);
```

```c
    if(col < 0 || col >= characters)    ← col의 입력 범위를 확인합니다.
        return;

    *prow = row;
    *pcol = col;
}

/* 문자열 삽입 */
void insertString()
{
    int row, col;                /* 행 번호, 열 번호 */
    char insstr[MAXLEN];         /* 삽입할 문자열 */
    char newstr[MAXLEN];         /* 삽입 후 문자열 */
    char *myline;                /* 주목할 행 */

    enterPosition(&row, &col);
    myline = buf[row];
    printf("삽입할 문자 : ");
    scanf("%s", insstr);
    if(strlen(myline) + strlen(insstr) >= MAXLEN)
        return;

    sprintf(newstr, "%s%s", insstr, myline + col);
    strcpy(myline + col, newstr);
    printf("%d행 %d열에 \"%s\"을 삽입했습니다.\n", row, col, insstr);
    printf("%04d:%s\n", row, myline);
}


/* 문자열 삭제 */
void deleteString()
{
    int row, col;      /* 행 번호, 열 번호 */
    int delnum;        /* 삭제할 문자 수 */
    char *myline;      /* 주목할 행 */
    int mylength;      /* 주목할 행의 길이 */
    int i;             /* 카운터 */

    enterPosition(&row, &col);
    myline = buf[row];
    mylength = strlen(myline);
    printf("문자수 : ");
    scanf("%d", &delnum);
    if(delnum <= 0 || mylength < col + delnum)
        return;
```

지정된 행 번호의 문자열과 삽입할 문자열의 합이 최대 문자 수를 넘는 경우 main() 함수로 돌아갑니다.

삭제할 문자 수의 입력 범위를 확인합니다.

```
        for(i = col; i <= mylength - delnum; i++)
            myline[i] = myline[i + delnum];
        printf("%d행 %d열에서 %d문자를 삭제했습니다.\n", row, col, delnum);
        printf("%04d:%s\n", row, myline);
}
```

지정된 문자 수만큼 삭제합니다.

```
/* 도움말 표시 */
void showHelp()
{
    printf("COMMAND HELP      :\"help\"\n");
    printf("LOAD FILE         :\"fopen\"\n");
    printf("RELEASE BUFFER    :\"fclose\"\n");
    printf("SAVE FILE         :\"fsave\"\n");
    printf("SHOW ALL LINES    :\"list\"\n");
    printf("SHOW SINGLE LINE  :\"gotoln\"\n");
    printf("INSERT STRING     :\"inss\"\n");
    printf("DELETE STRING     :\"dels\"\n");
}
```

도전! 알고리즘

프로그래밍의 제1수칙은 '백문이 불여일행' 입니다. 백 번 듣고 보는 것보다 한 번 프로그래밍을 해보는 것이 훨씬 좋다는 말입니다. 스스로 문제를 분석하고 알고리즘을 연구해서 프로그래밍에 도전해 보지 않으면 프로그래머의 길에 오를 수 없습니다. 여기서는 앞 장에서 배운 내용을 토대로 문제를 풀어 보겠습니다. 여러분의 프로그래밍 실력을 쌓을 수 있는 기초가 될 것입니다.

문제

01_ 6장의 완성된 프로그램에 문자열 찾기와 바꾸기 명령을 수행하는 기능을 추가로 작성하세요. 이 때 다음 명세서를 참고로 하여 6장에 나온 프로그램 작성 절차에 맞춰서 문제를 해결하도록 합시다.

기능	명령	목적	함수명
문자열 찾기	find	한 행에서 원하는 문자열을 찾는다.	findString( )
문자열 바꾸기	replace	한 행에서 첫 번째로 찾은 문자열을 지정한 다른 문자열로 바꾼다.	replaceString( )

정답 및 해설

위의 명세서를 보면 행 번호를 입력받는 부분이 중복되므로 이것을 별도의 함수로 만들면 좋을 것입니다. 159쪽의 완성 프로그램에 있는 enterPosition( ) 함수를 수정해서 사용해도 되지만 여기서는 설명을 위해 enterRowPosition( )이라는 행 번호만 입력받는 함수를 만들겠습니다.

먼저 여기서는 3개의 함수가 필요하므로 156쪽의 완성 프로그램에서 프로토타입 선언 부분에 다음과 같이 3개의 함수를 추가합니다. enterPosition( ) 함수 아래 부분에 두면 좋을 것입니다.

```
void findString( );
void replaceString( );
void enterRowPosition(int *);
```

그 다음 main( ) 함수에서 각 명령을 처리해야 하므로 완성 프로그램의 main( ) 함수에서 while 루프 안의 if 문에 다음과 같이 추가합니다. help 명령 위에 두면 좋을 것입니다.

```
else if(strcmp(cmd, "find") == 0) findString( );
else if(strcmp(cmd, "replace") == 0) replaceString();
```

showHelp( ) 함수 안에 문자열 찾기와 바꾸기에 대한 도움말을 추가해도 좋을 것입니다.

다음은 본격적인 함수에 대한 코드입니다. 주석을 잘 보면서 코드를 이해하도록 합시다. 기능이 제대로 실행된다면 이와 똑같지 않아도 됩니다. 자신만의 알고리즘을 고안하는 것도 좋을 것입니다.

```
/* 문자열 찾기 */
void findString( )
{
  int row;              /* 행 번호 */
  char *myline;         /* 주목할 행 */
  char fndstr[MAXLEN];  /* 찾을 문자열 */
  char tmp[MAXLEN];     /* 임시 스트링 */
  int lenstr;           /* 찾을 문자열 길이 */
  int cnt=0;            /* 찾은 문자열 개수 */
  int i;                /* 루프 카운트 */

  enterRowPosition(&row);
  myline = buf[row];

  printf("찾을 문자열 : "); /* 찾을 문자열을 구한다. */
  scanf("%s", fndstr);

  /* 찾을 문자열의 길이를 구한다. */
  lenstr = (int)strlen(fndstr);
```

정답 및 해설

```c
    /* 원문 길이 - 찾을 문자열 길이만큼 반복한다. */
    for(i = 0; i < (int)strlen(myline)-
        lenstr; i++) {

        /* 원문의 i번째부터 찾을 문자열의 개수만큼 */
        /* 읽어서 임시 스트링에 복사한다. */
        strncpy(tmp, myline+i, lenstr);

        tmp[lenstr]='\0'; /* 끝에 NULL을 붙여준다. */

        /* strcmp( )함수는 두 문자열이 같으면 0을 반환한다. */
        if (strcmp(tmp, fndstr)==0)
            cnt++; /* 카운터를 1 증가시킨다. */
    }

    if (cnt != 0)
        printf("%s를 총 %d개 찾았습니다.\n",
                fndstr, cnt);
    else
        printf("%s를 찾지 못했습니다\n", fndstr);
}

/* 문자열 바꾸기 */
void replaceString( )
{
    int row, col, flag=0;/* 행 번호, 열 번호 */
    char *myline;        /* 주목할 행 */
    char fndstr[MAXLEN];/* 찾을 문자열 */
    char rplstr[MAXLEN]; /* 바꿀 문자열 */
    char tmp[MAXLEN];    /* 임시 스트링 */
    char newstr[MAXLEN];/* 새 스트링 */
    int lenstr;          /* 찾을 문자열 길이 */
    int i;               /* 루트 카운트 */

    enterRowPosition(&row);
    myline = buf[row];

    printf("찾을 문자열 : ");
    scanf("%s", fndstr);

    lenstr = (int)strlen(fndstr);

    printf("바꿀 문자열 : "); /* 바꿀 문자열을 구한다. */
    scanf("%s", rplstr);

    /* 전체 길이가 MAXLEN보다 길면 함수를 종료한다. */
    if(strlen(myline) -
        strlen(fndstr)
        + strlen(rplstr) >= MAXLEN)
        return;

    /* 원문 길이 - 찾을 문자열 길이만큼 반복한다. */
    for(i = 0; i < (int)strlen(myline)-
        lenstr; i++) {

        strncpy(tmp, myline+i, lenstr);

        tmp[lenstr]='\0';

        if (strcmp(tmp, fndstr)==0) {
            /* 찾은 문자열의 열 번호를 기억하고 */
            /* 루프를 빠져나온다. */
            col = i;
            flag = 1;
            break;
        }
    }

    /* flag가 0이 아니면 문자열을 찾은 것이다 */
    /* 삭제와 삽입 과정을 통해 새로운 문자열을 기록한다. */
    if (flag != 0) {
        /* 찾은 문자열 삭제 */
        for(i = col; i <= strlen(myline) -
            lenstr; i++)
            myline[i] = myline[i + lenstr];

        /* 새로운 문자열 삽입 */
        sprintf(newstr, "%s%s", rplstr,
                myline + col);
        strcpy(myline + col, newstr);
    }
    else
        printf("%s를 찾지 못했습니다.\n", fndstr);
}

/* 행 번호 입력 */
void enterRowPosition(int *prow)
{
    int row
    *prow = 0;

    printf("행 번호 : ");
    scanf("%d", &row);
    if(row < 0 || row >= lines)
        return;

    *prow = row;
}
```

알아두면 도움이 되는
알고리즘 상식*

시간이 걸리는 처리

요즘 컴퓨터의 처리 속도는 상당히 고속화되었지만 그래도 하나하나의 처리에는 약간이지만 시간이 걸립니다. 어떤 처리에 얼마의 시간이 걸리는지를 알아두면 프로그램을 고속으로 처리하고 싶은 경우 도움이 될 것입니다.

● 기계의 작동을 수반하는 처리

기계의 작동을 수반하는 처리의 가장 가까운 예로는 디스크 읽기가 있습니다. 이런 처리에는 대개 처리가 끝날 때까지 프로그램의 실행이 멈춰 있습니다. 또 일반적으로 읽기보다 쓰기 쪽이 시간이 더 걸립니다. 디스크에 자주 액세스한다면 가능한 한 메모리로 먼저 읽어들인 후 메모리 내에서 처리하도록 하면 좋습니다.

또 실제로 기계의 작동이 눈에 보이지 않아도 디스플레이의 표시나 통신 등 장치를 사용하는 처리(I/O 포트를 경유하는 처리)는 메모리 상에서의 연산과 비교하면 상당한 시간이 걸립니다. 걸리는 시간의 대부분이 프로그램의 진행 경과를 표시하는 것인 경우도 있습니다.

● 부동 소수점 연산

`float`형이나 `double`형의 변수를 사용한 부동 소수점 연산은 일반적으로 정수형 연산보다 시간이 걸립니다. 정수로 해결되는 부분은 가능한 한 정수형(int 형이 바람직)을 사용하는 편이 좋습니다. 만일 어쩔 수 없이 소수점 이하의 연산을 해야 하는데 속도가 나지 않는다면 '실수를 100배 한 정수' 같은 것으로 바꾸고 정수 연산을 한 후, 마지막으로 결과를 구하기 바로 전에 100으로 나눈 값을 표시하는 방법을 사용할 수도 있습니다. 이런 연산을 **고정 소수점 연산**이라고 합니다. 단, 이 때는 연산할 때의 정밀도에 주의해야 합니다.

● 반복 처리

`for`나 `while` 속에서 반복하는 처리는 가령 한 문장이라도 1,000번, 10,000번 실행될 수도 있습니다. 이런 처리의 내용을 재검토하는 것은 다른 처리를 힘들게 최적화하는 것보다 훨씬 효과적입니다. 예를 들어 10,000번 처리되는 기능에서 한 번 처리에 0.1초가 걸리는 것을 0.01초로 개선하는 것만으로도 16분 40초의 처리를 1분 40초까지 단번에 단축시킬 수 있는 것입니다.

7

고급 알고리즘

제7장에서 꼭 알아야 할
키포인트

A 소수, 소인수 분해, 최대 공약수

이 장의 앞부분에서는 소수, 소인수 분해, 최대 공약수를 구하는 수학적 공식을 프로그램으로 만들어 볼 것입니다. 구하는 방법은 미리 제시하므로 여러분이 할 일은 그것을 이해하고 프로그램으로 만드는 것뿐입니다.

소수는 고대 그리스 시대부터 알려져 온 수로 2, 3, 5 …와 같이 1과 자기 자신으로만 나눠지는 수를 말합니다. 소수를 구하려면 '소수 이외의 수는 소수의 배수'라는 사실을 이용한 '에라스토테네스의 체'라는 방법을 사용합니다.

소인수 분해는 소수의 곱셈만으로 수를 나타내는 것을 말합니다. 인수란 곱셈만으로 수를 나타낼 때 사용되는 수를 말하며, 소수의 인수를 소인수라고 합니다. 예를 들어 60 = 2 × 2 × 3 × 5이므로 2, 3, 5가 소인수가 됩니다. 현재까지 개발되어 온 방법을 사용해도 자릿수가 많은 수의 소인수 분해에는 상당한 시간이 걸리므로 소인수 분해는 암호화 분야에 자주 사용됩니다.

최대 공약수란 두 개 이상의 양의 정수에 공통되는 약수(그 수를 나눌 수 있는 정수) 중에서 가장 큰 것을 말합니다. 최대 공약수도 고대 그리스 시대부터 알려져 있던 수입니다.

용어설명

에라스토테네스
BC 273년에 태어난 그리스 과학자로 우물에 비친 태양의 각도를 이용하여 지구의 둘레를 쟀다. 또한 '에라스토테네스의 체'라는 소수를 구하는 방법을 발견한 사람이다. 소수는 1과 그 자신으로밖에 나눠지지 않는 수다.

연결 리스트(linked list)
자료를 기억하는 장소 이외에 다음 자료를 가리키는 포인터를 두어 자료의 삽입과 삭제 시 자료의 이동을 최소화하는 자료 구조다. 연결 리스트에는 단순 연결 리스트와 이중 연결 리스트가 있다.

 연결 리스트란?

연결 리스트(linked list)란 데이터를 저장하는 기법(데이터 구조) 중 하나입니다. 데이터 구조의 가까운 예로 배열이 있는데, 기능적으로는 거의 똑같습니다.

연결 리스트는 구조체의 집합으로 표현되며, 구조체는 그 멤버로 자기 자신과 똑같은 형의 포인터를 갖고 있습니다. 그리고 그 포인터가 다음 요소를 가리키도록 되어 있으므로 구조체를 사슬과 같이 연결할 수 있습니다. 이것을 다루려면 약간 복잡한 알고리즘을 사용하지만, 끊거나 연결하거나 하는 이미지를 확실히 알고 있으면 그렇게 어렵지는 않습니다. 메모리의 물리적인 이동 없이 데이터의 추가나 삭제, 정렬이 가능하므로 이런 조작이 많은 데이터를 취급하는 데 적합합니다. 하지만 목적하는 데이터를 참조하려면 맨 처음부터 찾지 않으면 안 되고, 배열보다 데이터의 호출에 시간이 걸린다는 단점도 있습니다.

이 장에서 소개할 것은 다음 요소만 가리키고 있는 연결 리스트이지만, 동시에 앞의 요소를 가리키는 연결 리스트도 있습니다.

여기서 설명하는 프로그램의 완성된 형태는 이 장의 끝에서 예제 프로그램으로 소개합니다.

····
데이터 구조
데이터를 저장하는 방법을 말하며, 그 방법에 따라 정렬이나 검색에 성능적 기능적 차이를 가져온다. 대표적인 데이터 구조로는 스택, 큐, 리스트, 트리 등이 있다.

····
구조체(structure)
동일한 형으로 된 데이터를 저장할 수 있는 배열과는 달리 다른 형으로 된 데이터를 여러 개 저장할 수 있는 데이터 모음이다. 또한 다음 요소를 가리키는 포인터를 멤버로 가질 수 있어서 리스트에 사용된다.

소수 구하기

고대 그리스 시대부터 알려져 온 '에라스토테네스의 체'라는 방법을 프로그램으로 만들어 봅시다.

🔓 소수란?

회색 숫자는 지운 수입니다.

소수란 '1과 자기 자신으로밖에 나눠지지 않는 2 이상의 정수'(예를 들면 2, 3, 5, 7, 11, 13, 17, 19, ….)를 말합니다. 소수를 구하려면 **'소수가 아닌 수(=어떤 수의 배수)를 체로 걸러내 간다'** 라는 방법을 사용합니다.

예를 들어 1부터 50까지의 소수를 구하는 방법을 소개해 보겠습니다.

1은 소수가 아니므로 지웁니다.
2에 주목 → 2의 배수를 지웁니다.

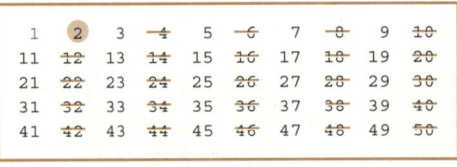

다음 수 3에 주목 → 3의 배수를 지웁니다.

4는 이미 지워졌으므로 건너뜁니다.
다음 수 5에 주목 → 5의 배수를 지웁니다.

이런 작업을 배수가 없어질 때까지 반복합니다.
남은 수가 소수가 됩니다.

🔓 프로그램 접근 방식

위 방법의 요점을 정리하면 다음과 같습니다.

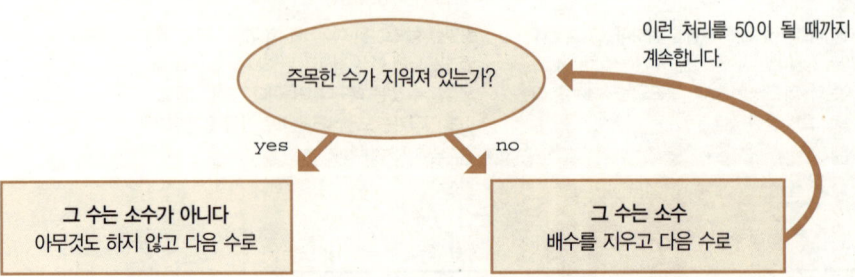

이런 처리를 50이 될 때까지 계속합니다.

주목한 수가 지워져 있는가?

yes → 그 수는 소수가 아니다
아무것도 하지 않고 다음 수로

no → 그 수는 소수
배수를 지우고 다음 수로

좀 전의 예에서 알 수 있듯이 어떤 수를 지웠는지 기록해 두는 장치가 필요합니다. 다음과 같이 2부터 50까지에 해당하는 배열에 기록해 두기로 합시다.

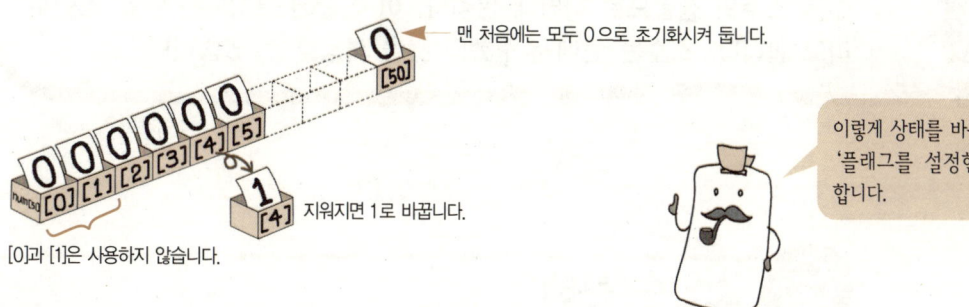

프로그램 작성

조금 전의 규칙을 프로그램에 입각한 형태로 생각해 봅시다. 순서도로 바꿔 보면 다음과 같이 될 것입니다.

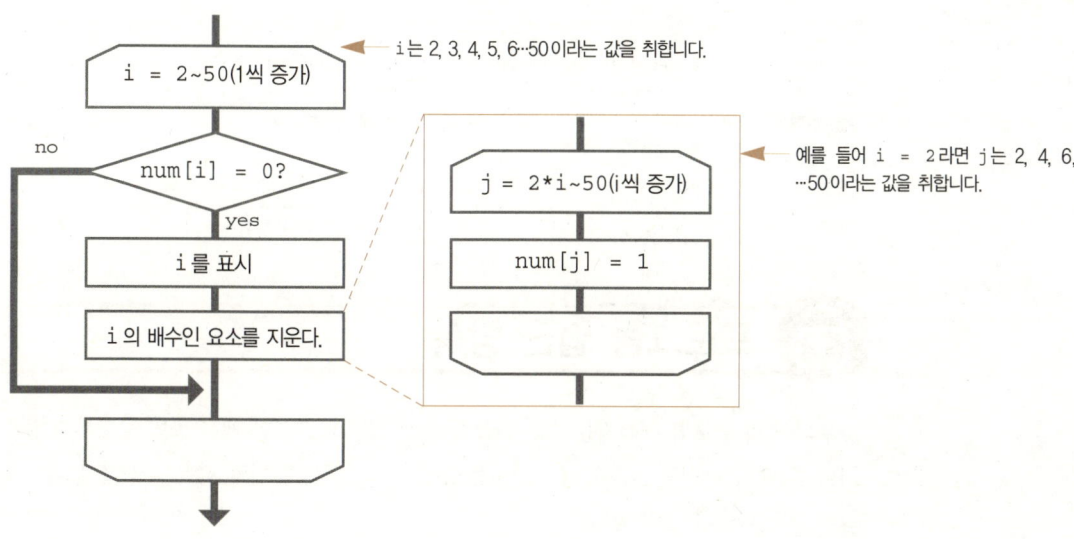

이것을 프로그램으로 작성하면 다음과 같이 됩니다.

```
for(i = 2; i <= 50; i++){
    if(num[i] == 0){
        printf("%d", i);
        for(j = 2*i; j <= 50; j += i)
            num[j] = 1;
    }
}
```

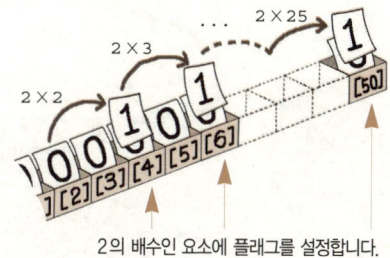

2의 배수인 요소에 플래그를 설정합니다.

소인수 분해

수를 소수의 집합으로 나타내 봅시다. 이 집합에 포함되는 수를 소인수라고 합니다. 소수는 앞에서 구했던 것을 사용할 수 있습니다.

🔓 소인수 분해

소인수 분해란 양의 정수를 소수의 곱으로 나타내는 것을 말합니다. 60을 소인수 분해해 봅시다.

2, 3, 5와 같은 수를 60의 소인수라고 합니다.

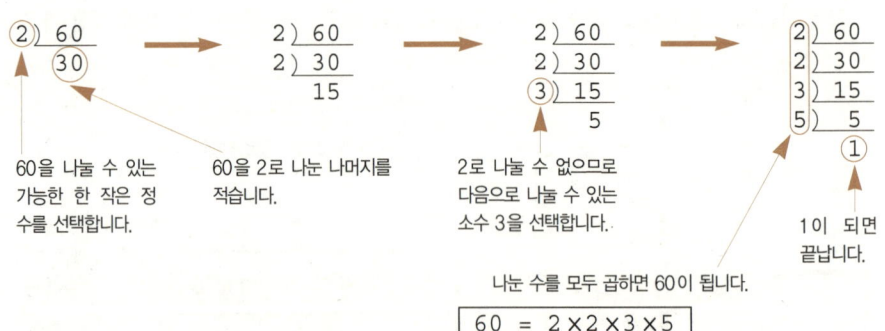

60을 나눌 수 있는 가능한 한 작은 정수를 선택합니다.

60을 2로 나눈 나머지를 적습니다.

2로 나눌 수 없으므로 다음으로 나눌 수 있는 소수 3을 선택합니다.

1이 되면 끝납니다.

나눈 수를 모두 곱하면 60이 됩니다.

$60 = 2 \times 2 \times 3 \times 5$

🔓 프로그램 접근 방식

위의 방법을 보면 나눠지는 수와 나누는 수는 매번 다르지만 계산 방법은 모두 똑같습니다. 그래서 나눠지는 수를 m, 나누는 수를 n으로 하고, 위와 같은 계산을 도식으로 그려 보면 다음과 같이 됩니다.

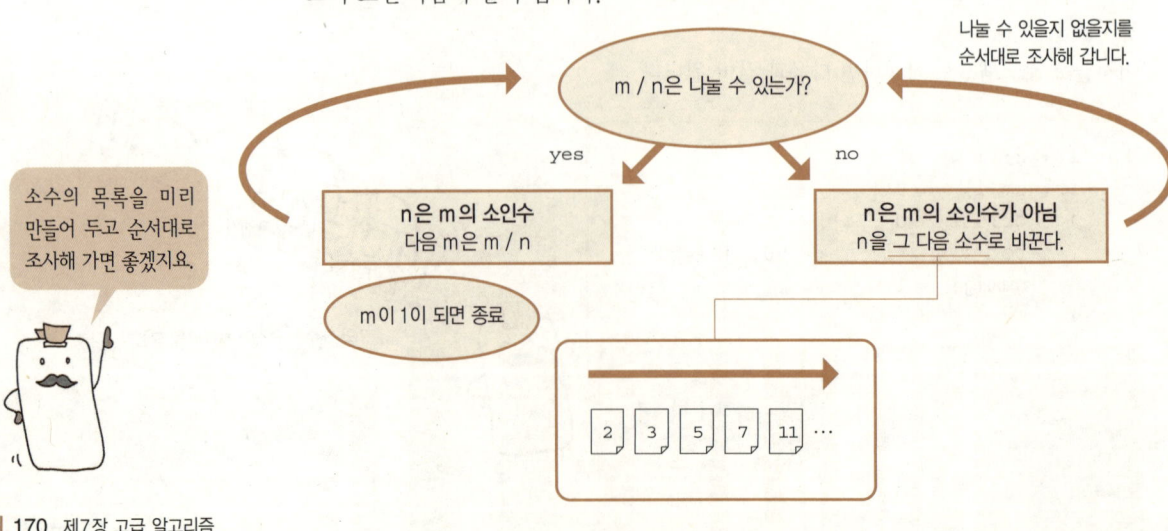

나눌 수 있을지 없을지를 순서대로 조사해 갑니다.

m / n은 나눌 수 있는가?

yes → n은 m의 소인수 / 다음 m은 m / n

no → n은 m의 소인수가 아님 / n을 그 다음 소수로 바꾼다.

m이 1이 되면 종료

소수의 목록을 미리 만들어 두고 순서대로 조사해 가면 좋겠지요.

2 3 5 7 11 …

프로그램 작성

170쪽의 그림에서는 반복 처리가 동시에 두 개 나오므로 구조화 프로그래밍에는 맞지 않습니다. 그래서 모양을 좀 바꿔 보겠습니다. 처리 방식은 똑같습니다.

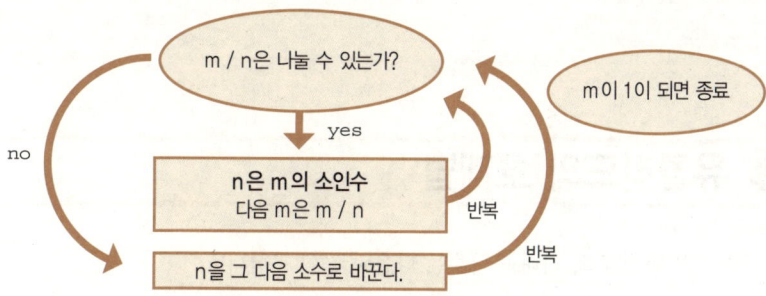

소수가 들어 있는 배열이 이미 준비되어 있다고 하고 이것을 p[ ]라고 하면, 순서도는 다음과 같이 될 것입니다.

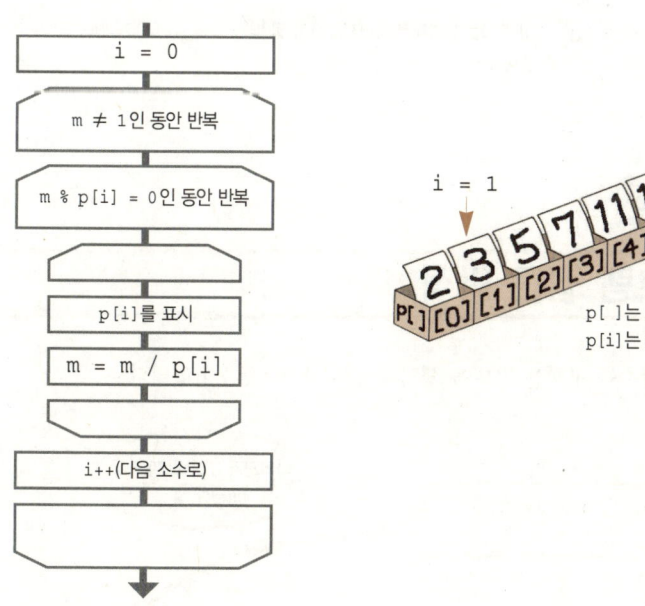

p[ ]는 소수를 저장하고 있는 배열입니다.
p[i]는 도식도의 n에 해당합니다.

이것을 프로그램으로 작성하면 다음과 같습니다.

```
i = 0;
while(m != 1){
    while(m % p[i] == 0){
        printf("%d ", p[i]);
        m = m / p[i];
    }
    i++;
}
```

최대 공약수 구하기

최대 공약수는 두 개의 수를 공통으로 나눌 수 있는 수(공약수) 중 가장 큰 수를 말합니다. 이것을 구하는 '유클리드의 호제법'을 소개하겠습니다.

🔓 유클리드의 호제법

예를 들어 220과 280의 최대 공약수는 다음과 같이 구합니다.

'…'은 '나머지'라는 뜻입니다.

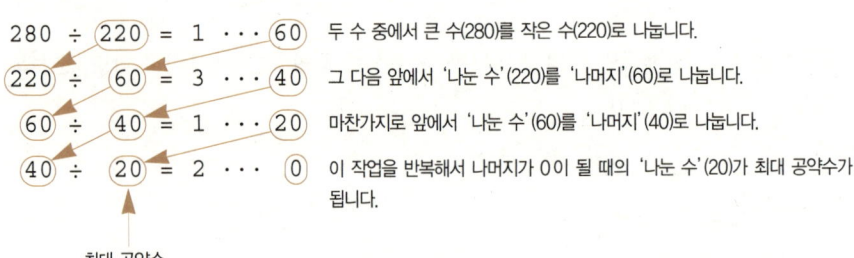

280 ÷ 220 = 1 … 60   두 수 중에서 큰 수(280)를 작은 수(220)로 나눕니다.
220 ÷ 60 = 3 … 40   그 다음 앞에서 '나눈 수'(220)를 '나머지'(60)로 나눕니다.
60 ÷ 40 = 1 … 20   마찬가지로 앞에서 '나눈 수'(60)를 '나머지'(40)로 나눕니다.
40 ÷ 20 = 2 … 0   이 작업을 반복해서 나머지가 0이 될 때의 '나눈 수'(20)가 최대 공약수가 됩니다.

↑ 최대 공약수

🔓 프로그램 접근 방식

a와 b의 최대 공약수를 구하는 방법을 생각해 봅시다. 단, a > b입니다.

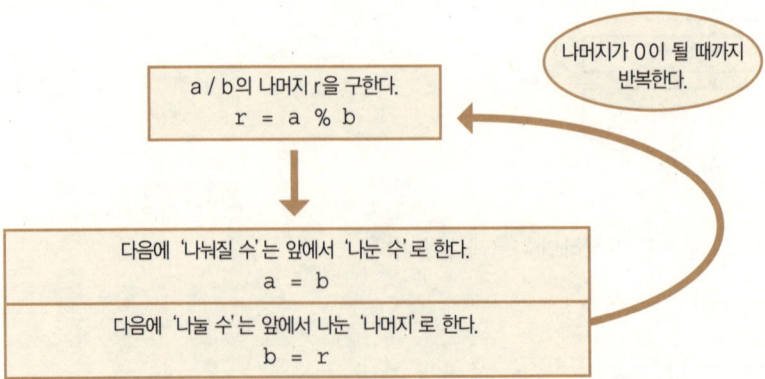

a / b의 나머지 r을 구한다.
r = a % b

다음에 '나눠질 수'는 앞에서 '나눈 수'로 한다.
a = b

다음에 '나눌 수'는 앞에서 나눈 '나머지'로 한다.
b = r

나머지가 0이 될 때까지 반복한다.

프로그램 작성

순서도는 다음과 같습니다.

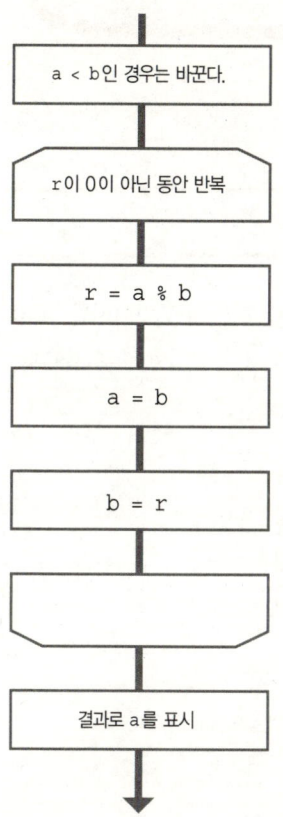

a보다 b의 값이 큰 경우에는 두 수를 바꾸고, a > b가 되게 합니다.

이 순서도를 프로그램으로 작성하면 다음과 같습니다.

```c
if(a < b){
    c = a;
    a = b;
    b = c;
}

do {
    r = a % b;
    a = b;
    b = r;
} while( r!= 0 );
printf("최대 공약수는 %d\n", a);
```

수를 바꾸는 처리

최대 공약수를 구하는 처리

원래 a와 b의 값은 바뀌므로 주의하세요.

연결 리스트 (1)

연결 리스트란 구조체를 이용한 데이터 저장 방법 중 하나입니다. 배열과 비슷하지만 데이터의 등록, 삭제를 보다 효율적으로 수행할 수 있습니다.

🔓 연결 리스트란?

연결 리스트란 배열처럼 동일한 형의 데이터를 여러 개 저장하기 위한 것이지만, 배열과는 달리 메모리에서 저장 장소의 이동 없이 요소를 추가하거나 삽입할 수 있습니다. 리스트의 요소 하나는 다음과 같은 구조체로 되어 있습니다.

'데이터 본체' 부분의 멤버는 얼마든지 늘릴 수 있습니다.

예) STRLIST 구조체

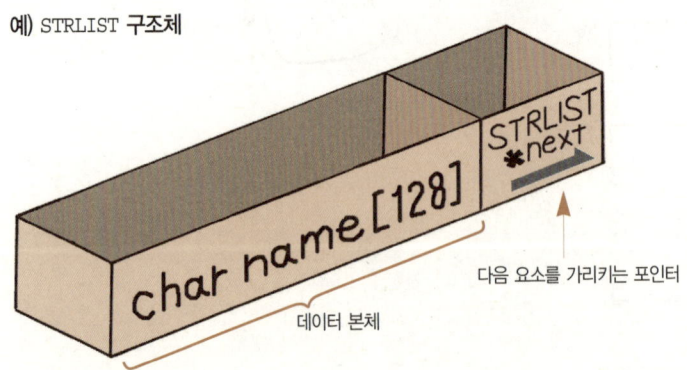

이것을 다음과 같이 연결한 것이 연결 리스트입니다.

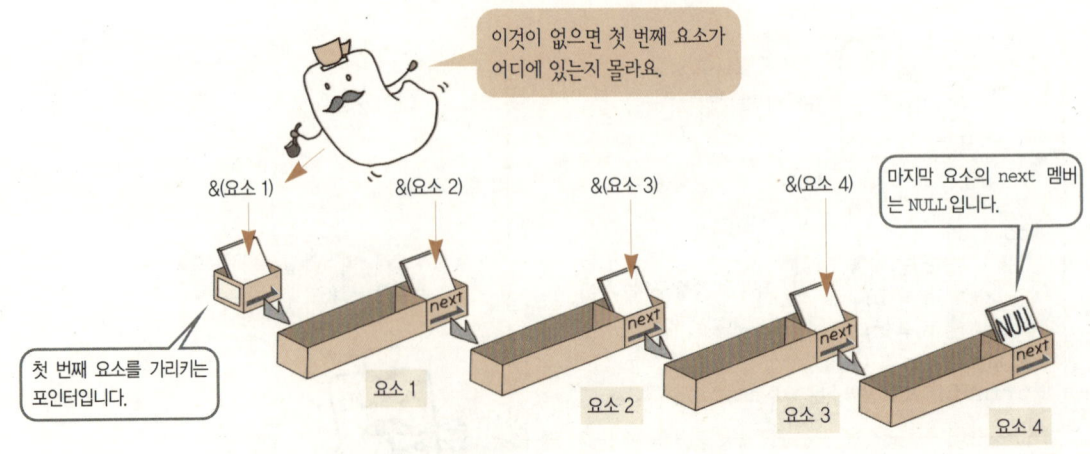

다음 요소를 가리키는 포인터를 찾아감으로써 요소를 모두 참조할 수 있습니다.

연결 리스트의 작성 방법

연결 리스트는 다음과 같은 절차로 만듭니다. 요소를 증가시키려면 ❸의 절차를 반복합니다.

❶ 구조체를 준비합니다. 예를 들어 이름을 입력할 수 있는 구조체를 선언하려면 다음과 같이 합니다.

```
typedef struct _STRLIST{
    char name[128];
    struct _STRLIST *next;
} STRLIST;
```

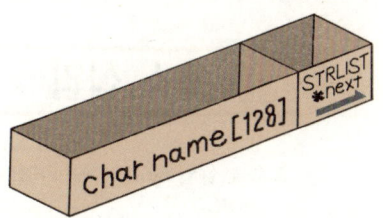

❷ 첫 번째 요소를 만듭니다. malloc( ) 함수를 사용하여 새로운 구조체에 대한 메모리를 확보합니다. next 멤버에는 NULL을 넣습니다.

```
STRLIST *listtop = NULL;  ◀── 첫 번째 요소에 대한 주소를 넣는
                                  포인터 변수
listtop = (STRLIST *)malloc(sizeof(STRLIST));
strcpy(listtop->name, "박찬호");
listtop->next = NULL;
```

❸ 위와 마찬가지로 malloc( ) 함수로 다음 요소를 만들고, 앞에서 만든 요소(첫 번째 요소)의 next 멤버에 그 주소를 넣습니다.

```
STRLIST *p = NULL;  ◀────── listtop 이외의 포인터를 선언합니다.

p = (STRLIST *)malloc(sizeof(STRLIST));
strcpy(p->name, "김병현");
p->next = NULL;
listtop->next = p;
```

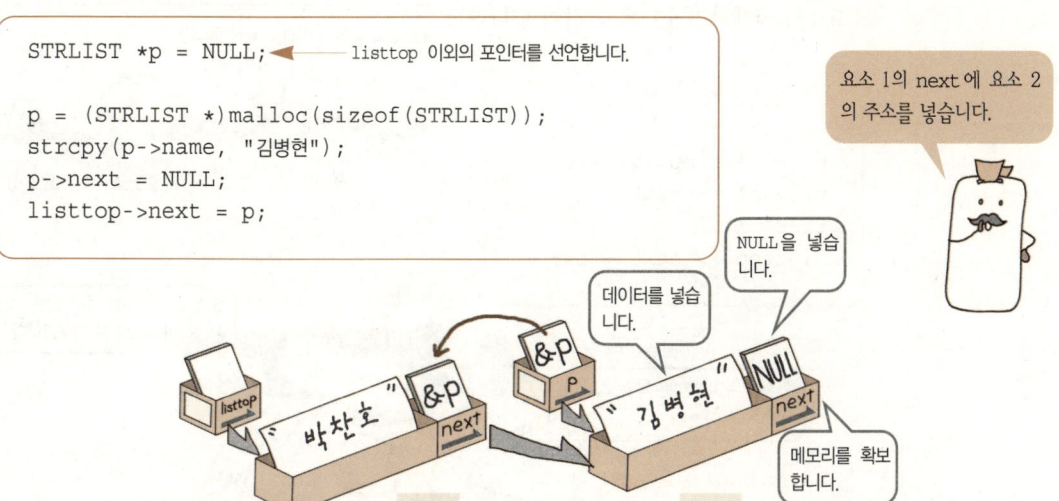

연결 리스트 (2)

연결 리스트를 활용하는 방법에 대해 알아보겠습니다.

요소 삽입

요소를 삽입하려면 다음과 같이 합니다.

```
STRLIST *p, *q;

q = listtop->next;
p = (STRLIST *)malloc(sizeof(STRLIST));
strcpy(p -> name, "서재응");
p -> next = q;
listtop -> next = p;
```

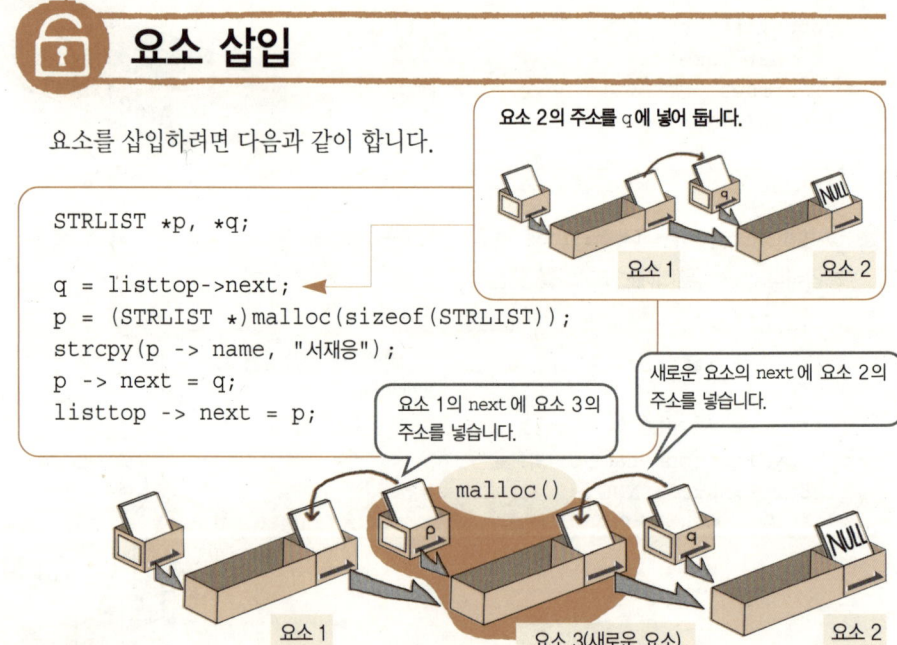

요소 삭제

요소를 삭제하려면 다음과 같이 합니다.

```
STRLIST *p1, *p2;

p1 = listtop -> next;
p2 = p1 -> next;
free(p1);
listtop -> next = p2;
```

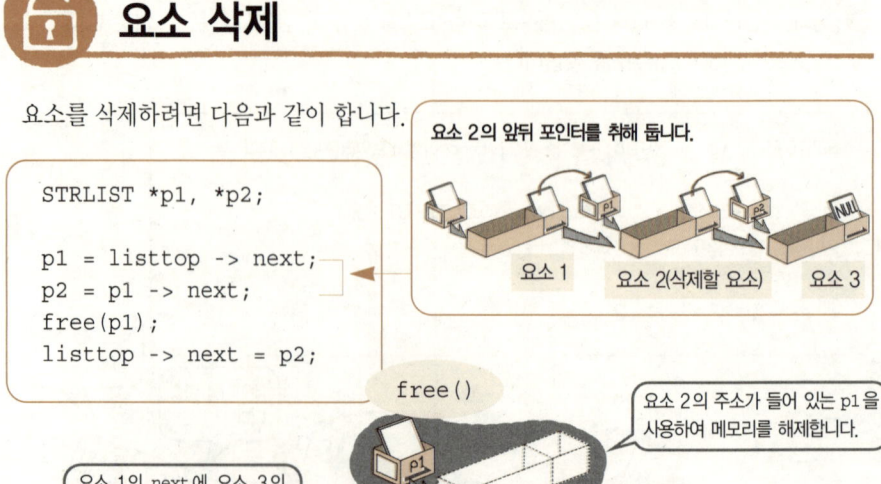

요소 표시

요소를 하나씩 찾아서 표시하려면 다음과 같이 합니다.

```
p = listtop;
while(p != NULL){
    printf("%s\n", p -> name);
    p = p -> next;
}
```

- p가 NULL이 될 때까지 처리를 반복합니다.
- 요소의 데이터를 표시합니다.
- 다음 요소로 이동합니다.

다음 요소에 대한 포인터를 p에 넣어 갑니다.

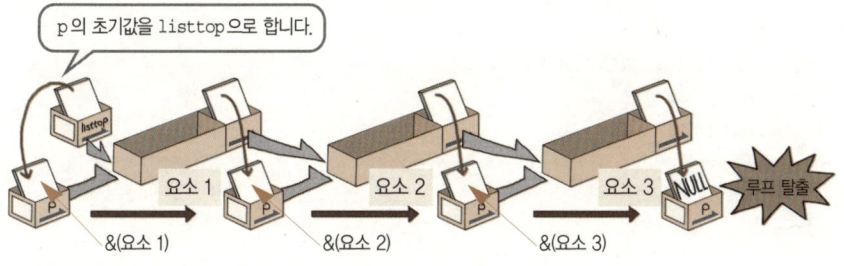

세 번째 요소(요소 3)의 멤버를 표시할 때에는 다음과 같이 합니다.

```
p = listtop;
for(i = 1; i < 3; i++)
    p = p -> next;
printf("%d:%s\n", i, p -> name);
```

세 번째 요소까지 p를 이동합니다.

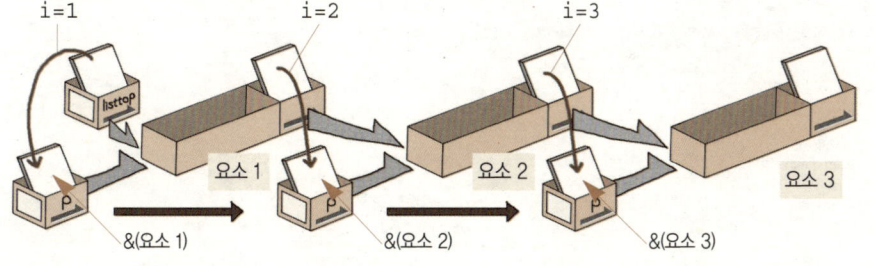

세 번째 요소로 이동했습니다.

예제 프로그램 ❶
소수 구하기

소스 코드

```c
#include <stdio.h>
#define PRIME_MAX 50   /* 소수의 최댓값 */

int main(int argc, char *argv[])
{
  char num[PRIME_MAX + 1];
  int i, j;

  /* 배열의 초기화 */
  for(i = 0; i <= PRIME_MAX; i++)
    num[i] = 0;

  /* 소수인지 판정 */
  for(i = 2; i <= PRIME_MAX; i++){
    if(num[i] == 0){
      printf("%d ", i);
      for(j = 2 * i; j <= PRIME_MAX; j += i)
        num[j] = 1;
    }
  }
  printf("\n");
  return 0;
}
```

이 곳을 바꾸면 10,000까지의 소수도 표시할 수 있습니다.

배열의 요소 전부를 0으로 만듭니다.

소수의 배수인 배열에 1을 입력해 갑니다.

실행 결과

```
2 3 5 7 11 13 17 19 23 29 31 37 41 43 47
```

예제 프로그램 ❷
소인수 분해

소스 코드

```c
#include <stdio.h>
#define PRIME_MAX 10000     ◀── 미리 준비한 소수의 최댓값

int main(int argc, char *argv[])
{
  char num[PRIME_MAX+1];
  int primelist[PRIME_MAX];
  int m, i, j, k;

  printf("소인수 분해할 수를 입력하세요. ");
  scanf("%d", &m);

  /* 배열의 초기화 */
  for(i = 0; i <= PRIME_MAX; i++)
    num[i] = 0;

  /* 소수를 구한다. */
  k = 0;
  for(i = 2; i <= PRIME_MAX; i++){
    if(num[i] == 0){
      primelist[k] = i;
      k++;
      for(j = 2 * i; j <= PRIME_MAX; j += i)
        num[j] = 1;
    }
  }

  i = 0;
  while(m != 1) {
    while(m % primelist[i] == 0) {
      printf("%d ", primelist[i]);
      m = m / primelist[i];
    }
    i++;
  }
  printf("\n");

  return 0;
}
```

─ m까지의 소수를 구하고 작은 수부터 배열에 저장해 갑니다.

─ 소인수를 구합니다.

실행 결과

```
소인수 분해할 수를 입력하세요. 9999
3 3 11 101
```

※ 굵은 글자는 키보드로 입력한 문자

예제 프로그램 ❸
최대 공약수

소스 코드

```c
#include <stdio.h>
#include <stdlib.h>


int main(int argc, char *argv[])
{
    int a, b;  /* 최대 공약수를 구할 두 개의 자연수 */
    int r;     /* 나머지 */
    int c;

    printf("두 개의 자연수의 최대 공약수를 구합니다.\n");
    printf("a = ");
    scanf("%d", &a);
    printf("b = ");
    scanf("%d", &b);

    /* 0 이하로 입력한 경우의 처리 */
    if(a <= 0 || b <= 0) {              ◀── 입력 데이터의 범위를 확인합니다.
        printf("자연수가 아닙니다.\n");
        exit(1);                        ◀── 자연수 이외의 수가 입력된 경우 프로그램을 종료합니다.
    }

    printf("%d와 %d의 최대 공약수는 ", a, b);
    if(a < b) {
        c = a;
        a = b;                          ◀── a<b의 경우 a와 b의 값을 바꿉니다.
        b = c;
    }

    do {
        r = a % b;
        a = b;                          ◀── 최대 공약수를 구합니다.
        b = r;
    } while(r != 0);
    printf("%d입니다.\n", a);
    return 0;
}
```

실행 결과

두 개의 자연수의 최대 공약수를 구합니다.
a = **512**
b = **384**
512와 384의 최대 공약수는 128입니다.

※ 굵은 글자는 키보드로 입력한 문자

예제 프로그램 ④
연결 리스트

소스 코드

```c
#include <stdio.h>
#include <malloc.h>
#include <string.h>

typedef struct _STRLIST {
    int  id;
    char name[128];
    struct _STRLIST *next;
} STRLIST;

void enterData(STRLIST *);
void listData(STRLIST *);
STRLIST *getData(STRLIST *, int);
STRLIST *getLastData(STRLIST *);
STRLIST *addData(STRLIST *, STRLIST *);
STRLIST *insertData(STRLIST *, int, STRLIST *);
STRLIST *deleteData(STRLIST *, int);
STRLIST *clearData(STRLIST *);

int main(int argc, char *argv[])
{
    STRLIST *listtop = NULL;
    STRLIST inputData;
    int index;
    char cmd[20] = "";

    STRLIST testdata[3] = {{1, "박찬호"}, {2, "김병현"}, {3, "서재응"}};
    listtop = addData(listtop, testdata);
    listtop = addData(listtop, testdata+1);
    listtop = addData(listtop, testdata+2);

    printf("[연결 리스트 테스트]\n");
    printf("명령 = list/add/insert/delete/clear/quit\n");
    while(strcmp(cmd, "quit") != 0) {
        printf("명령 : ");
        scanf("%s", cmd);

        if (strcmp(cmd, "list") == 0) {              /* 목록을 표시 */
            listData(listtop);
        }
        else if(strcmp(cmd, "add") == 0) {           /* 데이터를 추가 */
            enterData(&inputData);
            listtop = addData(listtop, &inputData);
        }
        else if(strcmp(cmd, "insert") == 0) {        /* 데이터를 삽입 */
            printf("몇 번째 데이터 다음에 삽입하겠습니까? ");
            scanf("%d", &index);
            enterData(&inputData);
            listtop = insertData(listtop, index, &inputData);
        }
        else if(strcmp(cmd,"delete") == 0) {         /* 데이터를 삭제 */
            printf("몇 번째 데이터를 삭제하겠습니까? ");
            scanf("%d", &index);
```

선언과 main() 함수(명령 접수 부분)

테스트용으로 미리 요소를 입력해 둡니다.

quit가 입력될 때까지 명령 처리를 계속합니다.

MORE ▼

```c
                    listtop = deleteData(listtop, index);
            }
            else if(strcmp(cmd, "clear") == 0) {   /* 데이터를 모두 삭제 */
                listtop = clearData(listtop);
            }
        }
        listtop = clearData(listtop);

        return 0;
    }

    /* 데이터를 입력한다. */
    void enterData(STRLIST *p)
    {
        printf("추가할 데이터를 입력하세요.\n");
        printf("id : ");
        scanf("%d", &(p->id));
        printf("이름 : ");
        scanf("%s", &(p -> name));
    }

    /* 목록을 표시한다. */
    void listData(STRLIST *p)
    {
        int i = 1;
        printf("No. 데이터\n---- ----   \n");
        while(p != NULL){
            printf("%04d id = %d 이름 = %s\n", i, p -> id, p -> name);
            p = p -> next;
            i++;
        }
    }

    /* index번째의 요소를 취한다. */
    STRLIST *getData(STRLIST *p, int index)
    {
        int i;
        if(index < 1)
            return NULL;
        for(i = 1; i < index; i++) {
            p = p->next;
            if(p == NULL && i < index)
                return NULL;
        }
        return p;
    }

    /* 마지막 요소를 취한다. */
    STRLIST *getLastData(STRLIST *p)
    {
        if(!p)
            return NULL;
        while(p->next != NULL)
            p = p->next;
        return p;
    }

    /* 요소를 끝에 추가한다. */
    STRLIST *addData(STRLIST *listtop, STRLIST *newdata)
    {
```

입력 및 참조 함수

새로운 데이터의 입력을 받습니다.

리스트를 찾아서 목록을 표시합니다.

지정된 번호의 요소를 나타내는 포인터를 반환합니다.
index는 기본적으로 1 이상의 숫자를 지정합니다.

마지막 요소까지 찾은 후 그 요소의 포인터를 반환합니다.
NULL이 되면 루프를 종료합니다.

편집 함수

```c
  STRLIST *newitem, *p;
  p = getLastData(listtop);

  newitem = (STRLIST *)malloc(sizeof(STRLIST));
  newitem -> id = newdata -> id;
  strcpy(newitem -> name, newdata -> name);
  newitem->next = NULL;
  if(p == NULL)
    return newitem;
  p -> next = newitem;
  return listtop;
}

/* index 번째에 요소를 삽입한다. */
STRLIST *insertData(STRLIST *listtop, int index, STRLIST *newdata)
{
  STRLIST *p, *newitem;
  p = getData(listtop, index);

  newitem = (STRLIST *)malloc(sizeof(STRLIST));
  newitem -> id = newdata -> id;
  strcpy(newitem->name, newdata -> name);
  if(p == NULL) {
    newitem->next = listtop;
    return newitem;
  }
  newitem->next = p -> next;
  p->next = newitem;
  return listtop;
}

/* index 번째의 요소를 삭제한다. */
STRLIST *deleteData(STRLIST *listtop, int index)
{
  STRLIST *previtem, *delitem, *nextitem;
  if(index < 1 || listtop == NULL)
    return listtop;
  if(index == 1) {
    delitem = getData(listtop, index);
    nextitem = delitem -> next;
    free(delitem);
    return nextitem;
  }
  previtem = getData(listtop, index-1);
  delitem = previtem -> next;
  nextitem = delitem -> next;
  free(delitem);
  previtem -> next = nextitem;
  return listtop;
}

/* 모든 요소를 삭제한다. */
STRLIST *clearData(STRLIST *p)
{
  while(p)
    p = deleteData(p, 1);
  return p;
}
```

getLastData()로 구한 마지막 요소에 대한 포인터 다음에 데이터를 추가합니다. 데이터가 하나도 없는 경우는 추가한 요소의 포인터를 반환합니다.

getData()로 구한 지정된 위치의 요소에 대한 포인터 다음에 데이터를 삽입합니다.
index가 0인 경우는 맨 처음에 삽입하고, 삽입한 요소의 포인터를 반환합니다.

getData()로 하나 앞의 요소를 구하고, 그 다음 요소를 삭제 지정합니다.
단, index가 1(첫 번째 요소)인 경우는 특별한 처리를 합니다.

데이터가 없을 때까지 맨 앞의 데이터를 삭제해 갑니다.

실행 결과

목록 표시

```
[연결 리스트 테스트]
명령 = list/add/insert/delete/clear/quit
명령 : list
No.  데이터
----  ----
0001 id = 1 이름 = 박찬호
0002 id = 2 이름 = 김병현
0003 id = 3 이름 = 서재응
명령 :
```

추가

```
명령 : add
추가할 데이터를 입력하세요.
id : 4
이름 : 박세리
명령 : list
No.  데이터
----  ----
0001 id = 1 이름 = 박찬호
0002 id = 2 이름 = 김병현
0003 id = 3 이름 = 서재응
0004 id = 4 이름 = 박세리
명령 :
```

※ 굵은 글자는 키보드로 입력한 문자

삽입

```
명령 : insert
몇 번째 데이터 다음에 삽입하겠습니까? 2
추가할 데이터를 입력하세요.
id : 5
이름 : 김미현
명령 : list
No.  데이터
---- ----
0001 id = 1 이름 = 박찬호
0002 id = 2 이름 = 김병현
0003 id = 5 이름 = 김미현
0004 id = 3 이름 = 서재응
0005 id = 4 이름 = 박세리
명령 :
```

삭제

```
명령 : delete
몇 번째 데이터를 삭제하겠습니까? 2
명령 : list
No.  데이터
---- ----
0001 id = 1 이름 = 박찬호
0002 id = 5 이름 = 김미현
0003 id = 3 이름 = 서재응
0004 id = 4 이름 = 박세리
명령 :
```

전부 삭제

```
명령 : clear
명령 : list
No.  데이터
---- ----
명령 : 종료하려면 Ctrl + C 를 누릅니다.
```

도전! 알고리즘

프로그래밍의 제1수칙은 '백문이 불여일행' 입니다. 백 번 듣고 보는 것보다 한 번 프로그래밍을 해보는 것이 훨씬 좋다는 말입니다. 스스로 문제를 분석하고 알고리즘을 연구해서 프로그래밍에 도전해 보지 않으면 프로그래머의 길에 오를 수 없습니다. 여기서는 앞 장에서 배운 내용을 토대로 문제를 풀어 보겠습니다. 여러분의 프로그래밍 실력을 쌓을 수 있는 기초가 될 것입니다.

문제

01_ 최소 공배수를 구하는 알고리즘을 작성하세요.

02_ 175쪽의 연결 리스트 구조체에서 앞쪽 요소도 가리키는 포인터를 추가하려면 어떻게 해야 할까요?

03_ 3장의 칼럼(96쪽)에서 소개한 스택을 구현하는 알고리즘을 작성하세요.

04_ 3장의 칼럼(96쪽)에서 소개한 큐를 구현하는 알고리즘을 작성하세요.

정답 및 해설

최소 공배수를 구하는 알고리즘은 없습니다.

최소 공배수란 두 정수에 공통되는 배수 중에서 최소의 값을 말합니다. 그리고 최소 공배수(L)는 '두 정수의 곱(A*B) / 두 수의 최대 공약수(G)' 라는 식으로 구할 수 있습니다. 이런 간단한 식으로 구할 수 있는 것은 알고리즘이라고 할 수 없습니다.

L = (A * B) / G

```
typedef struct _STRLIST{
  char name[128];
  struct _STRLIST *prev;
  struct _STRLIST *next;
} STRLIST;
```

앞쪽 요소를 가리키는 포인터를 추가하면 됩니다. 이 포인터는 앞쪽 요소의 주소를 가리키도록 설정합니다.

03

스택은 FILO(First In Last Out) 방식으로 데이터를 저장하고 꺼내는 방식입니다. 스택을 구현하는 데 필요한 것은 데이터를 저장하는 push( ) 함수와 데이터를 꺼내는 pop( ) 함수입니다.

```
#include <stdio.h>

/* 전역 변수 선언 */
char stack[100];          /* 스택의 실체가
                             되는 배열 */
char stackpointer = 0;  /* 스택 포인터 */

/* 프로토타입 선언 */
void push(char);
char pop(void);

void main( )
{
    char str[12] = "I love you.";
    int i;

    /* push 함수를 사용하여 스택에 데이터를 저장한다. */
    for (i = 0; i < 12; i++) {
        push(str[i]);
```

MORE

정답 및 해설

```
    printf("Stack Push = %s\n", stack);
}

    /* pop 함수를 사용하여 스택에서 데이터를 5개 꺼낸다. */
    for (i = 0; i < 5; i++)
        printf("Pop Data %d => %c\n",
                i+1, pop());

    printf("Stack = %s\nStack Pointer = ⏎
            %d\n", stack, stackpointer);

}

/* push 함수 */
void push(char data) {
    /* 스택 포인터가 가리키는 인덱스에 데이터를 저장한다. */
    stack[stackpointer] = data;
    /* 스택 포인터의 값을 증가시킨다. */
    stackpointer++;
}

/* pop 함수 */
char pop( ) {
    /* 스택 포인터의 값을 감소시킨다. */
    stackpointer--;
    /* 스택 포인터가 가리키는 인덱스로부터 데이터를 꺼낸다. */
    return stack[stackpointer];
}
```

04

큐는 FIFO(First In First Out) 방식으로 데이터를 저장하고 꺼내는 방식입니다. 큐를 구현하는 데 필요한 것은 큐의 실체가 되는 배열과 쓰기 위치 인덱스, 읽기 위치 인덱스, 데이터를 저장하는 set( ) 함수, 데이터를 읽는 get( ) 함수입니다.

```
#include <stdio.h>

/* 전역 변수 선언 */
char queue[100];    /* 큐의 실체가 되는 배열 */
char setIndex = 0;  /* 쓰기 위치의 인덱스 */
char getIndex = 0;  /* 읽기 위치의 인덱스 */

/* 프로토타입 선언 */
void set(char);
char get(void);

void main( )
```

MORE

```
{
    char str[12] = "I love you.";
    int i;

    /* set 함수를 사용하여 큐에 데이터를 저장한다. */
    for (i = 0; i < 12; i++) {
        set(str[i]);
        printf("Queue = %s\n", queue);
    }

    /* get 함수를 사용하여 큐에서 데이터를 5개 꺼낸다. */
    for (i = 0; i < 5; i++)
        printf("Get Data %d => %c\n",
                i+1, get( ));

    printf("Queue = %s\nsetIndex = %d ⏎
            \ngetIndex = %d\n", queue,
            setIndex, getIndex);
}

/* set 함수 : 데이터를 저장한다. */
void set(char data) {
    /* 현재 쓰기 위치의 인덱스에 데이터를 저장한다. */
    queue[setIndex] = data;
    /* 쓰기 위치의 인덱스를 갱신한다. */
    setIndex++;
    /* 배열의 끝에 도달하면 처음으로 되돌아간다. */
    if (setIndex >= 100) {
        setIndex = 0;
    }
}

/* get 함수 : 데이터를 읽는다. */
char get( ) {
    char data;
    /* 현재 읽기 위치의 인덱스의 데이터를 읽는다. */
    data = queue[getIndex];
    /* 읽기 위치의 인덱스를 갱신한다. */
    getIndex++;
    /* 배열의 끝에 도달하면 처음으로 되돌아간다. */
    if (getIndex >= 100) {
        getIndex = 0;
    }
    /* 읽은 데이터를 반환한다. */
    return data;
}
```

* 큐 배열의 데이터는 고리 모양이 됩니다.

알아두면 도움이 되는 알고리즘 상식

알고리즘 연구

어떤 문제를 해결할 때 생각할 수 있는 알고리즘은 하나만 있는 것이 아닙니다. 처리 속도가 빠르고 메모리 소비량이 적은 것이 가장 좋습니다. 메모리 소비량이 커도 처리 속도가 빠른 편을 우선하는 경우도 있고, 그 반대의 경우도 있습니다.

예를 들어 복잡한 계산을 수행하는 프로그램에서 같은 계산을 하는 경우가 많을 때는 미리 그 계산 결과를 배열같은 것에 넣어 두고, 두 번째 이후부터는 배열에서 값을 취하는 방법도 생각해 볼 수 있습니다. 이런 장치(cash)는 요즘은 CPU에서 OS까지 모든 곳에서 사용되고 있습니다. 그러므로 경우에 따라서는 미리 한 번에 계산해 놓는 편이 속도가 빠를지도 모릅니다.

또 알고리즘을 약간 고치는 것만으로 아주 빠른 결과를 얻을 수 있는 경우도 있습니다. 예를 들어 0부터 n까지의 짝수의 합을 구하는 코드를 여러분이라면 어떻게 작성하겠습니까?

```
s = 0;
for(i = 0; i <= n; i++)
    if(i % 2 == 0)
        s += i;
printf("%d\n", s);
```

먼저 이런 코드는 i가 홀수일 때는 헛돌고 있으므로 쓸데없는 시간 낭비가 많습니다. 그렇다면 i를 2씩 증가시켜서 다음과 같이 쓰는 편이 if 문의 분기도 없어지고 실행 속도도 빨라질 것입니다.

```
s = 0;
for(i = 0; i <= n; i += 2)
    s += i;
printf("%d\n", s);
```

하지만 수학을 잘하는 분이라면 수열의 지식을 사용하여 다음과 같이 써도 같은 결과가 나온다는 것을 알고 있을 것입니다. 이 경우는 한 줄만 써도 되고 n이 클 때 효과가 큽니다.

```
printf("%d\n", (1 + n / 2) * n / 2);
```

컴퓨터는 하라는 것을 충실히 실행하는 기계에 지나지 않습니다. 따라서 수학처럼 논리를 적용시켜 보다 효율적인 알고리즘을 고안해 내는 것은 컴퓨터가 할 수 없으므로, 인간이 지시해 줄 필요가 있습니다. 그런 의미에서 그 어느 것도 인간의 두뇌를 따를 수 없다고 할 수 있겠습니다.

8

정렬과 검색

제8장에서 꼭 알아야 할 키포인트

 **알고리즘의 2대 지주**

이 장에서는 배열의 요소를 정렬(sort)하거나 배열에서 데이터를 검색(search)하는 알고리즘에 대해 설명하겠습니다.

정렬과 검색은 실제로 다양한 장소에서 사용되고 있습니다. 예를 들어 고객명부를 이름이나 거래처 순으로 정렬하고 싶은 경우를 생각해 볼 수 있습니다. 그 외에도 어떤 조건의 데이터를 찾아서 데이터를 집계하는 경우에도 사용할 수 있습니다. 이렇게 중요한 처리인 만큼 지금까지 여러 가지 방법이 고안되어 왔습니다.

여기서 소개할 정렬 알고리즘의 대부분은 수학자들이 속도를 빠르게 하기 위해 궁리에 궁리를 거듭한 것으로, 갑자기 효율이 높은 프로그램을 고안하는 것은 어렵습니다. 하지만 가장 처리 속도가 빠르다는 퀵 정렬이라는 방법도 경우에 따라 빠르지 않을 수도 있듯이, 모든 경우에 고속 정렬이 가능한 정렬 방법은 현재 없습니다. 따라서 각각의 정렬의 특징을 이해한 후에 가장 적절한 방법을 채택하는 것이 좋습니다.

정렬(sort)
데이터를 일정한 기준에 따라 정렬하는 방법으로 버블 정렬, 삽입 정렬, 셸 정렬, 퀵 정렬 등이 있다.

퀵 정렬(quick sort)
임의의 값을 기준으로 그 값보다 큰 범위와 작은 범위로 나눠 가는 방법으로 일반적으로 가장 빠른 정렬 방법이다.

이 장의 마지막 부분에서 소개할 것은 검색 알고리즘입니다. 가장 간단한 검색 알고리즘은 3장의 '배열에서 값 찾기'에서 소개한 '요소를 하나씩 확인해 가는' 방법입니다. 이것을 선형(또는 순차) 검색이라고 합니다.

또 이 장에서 소개할 이진 검색은 선형 검색보다 더욱 효율적으로 처리할 수 있도록 개선된 것으로, 검색 범위가 눈 깜짝할 사이 1/2이 되고, 1/4이 되고, 1/8이 되는 방법입니다. 반씩 줄여 가므로 검색 속도가 아주 빠릅니다.

사람에게는 별것 아닌 두세 개의 데이터를 정렬하는 것도, 우리는 할 수 없을 것 같은 방대한 양의 정렬도 컴퓨터에게는 모두 똑같은 처리입니다. 이렇게 생각하면 좀 복잡한 기분이 듭니다.

여기서 설명하는 알고리즘 프로그램의 완성된 형태는 이 장의 끝에서 예제 프로그램으로 소개합니다. 중간 경과를 보고 어떻게 동작하는지 확인해봅시다.

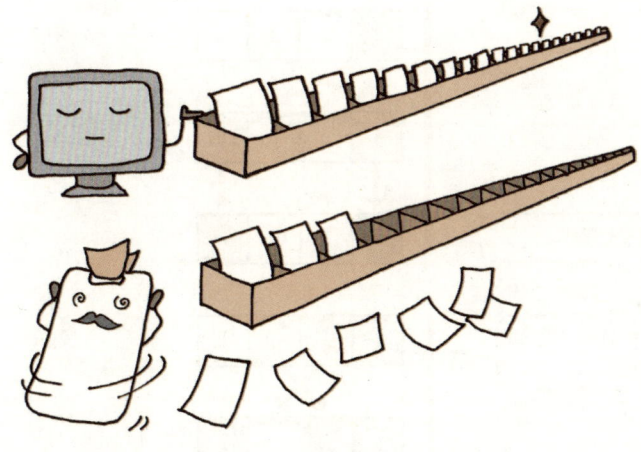

선형 검색(linear search)
찾을 데이터를 하나씩 비교해 가면서 찾는 방법으로 찾을 데이터가 앞쪽에 있을 경우에는 빠르지만 뒤쪽에 있을 경우에는 상당히 느린 방법이다.

이진 검색(binary search)
찾을 데이터의 범위를 반씩 줄여 가는 검색 방법으로 처리 속도가 빠르다.

단순 정렬

가장 단순한 정렬인 '교환법'이라는 방법을 살펴보겠습니다.

정렬 절차

가장 단순한 정렬 방법은 다음과 같습니다.

> 기준이 되는 요소를 설정하고, 그 요소와 오른쪽의 요소와 비교해서 순서가 다르면 바꾼다.

교환법의 예로 오른쪽 그림과 같은 배열 a[ ]의 숫자를 내림차순으로 정렬해 봅시다.

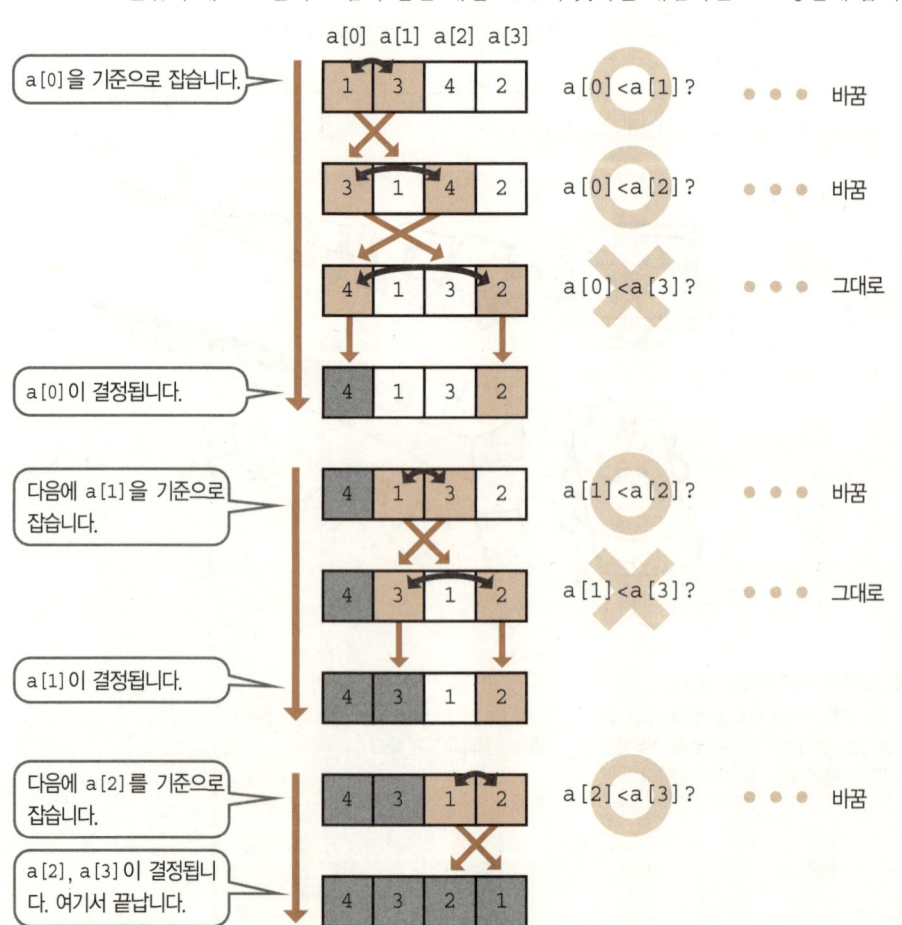

프로그램 작성

이 프로그램을 만들기 전에 순서도를 생각해 봅시다. 단, 요소 수는 n(192쪽의 예에서 n=4)으로 합니다.

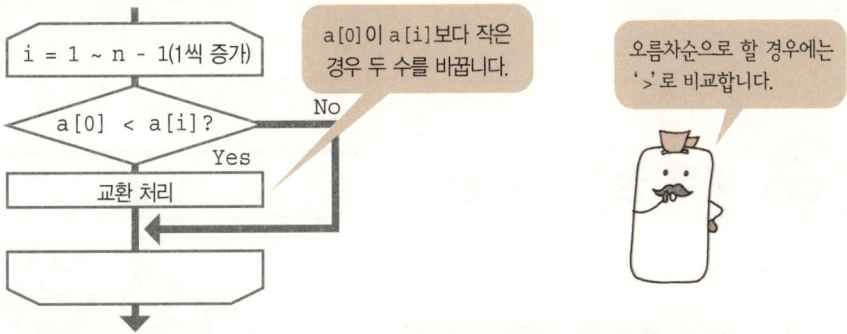

또 기준이 되는 요소를 a[0]~a[2]까지 변화시키려면 다음과 같이 합니다.

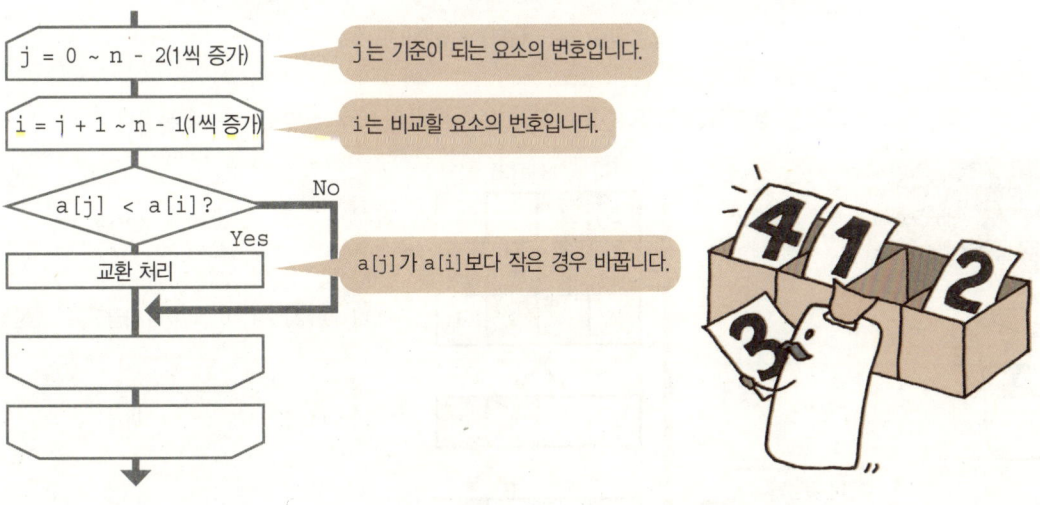

이것을 프로그램으로 만들면 다음과 같습니다.

```
for(j = 0; j <= n - 2; j++){
    for(i = j + 1; i <= n - 1; i++){
        if(a[j] < a[i]){
            t = a[j];
            a[j] = a[i];
            a[i] = t;
        }
    }
}
```

i와 j의 값의 변화를 눈여겨보세요.

버블 정렬

정렬 알고리즘의 기본 방법 중 하나인 버블 정렬을 소개하겠습니다.

버블 정렬의 특징

버블 정렬을 간단히 설명하자면 다음과 같습니다.

> '서로 이웃하는 요소를 비교해서 오른쪽이 작으면 두 요소를 바꾸는' 작업을 왼쪽부터 순서대로 수행하고, 큰 수를 오른쪽으로 몰아간다.
>
> (오름차순으로 정렬하는 경우)

버블 정렬의 예로 오른쪽 그림과 같은 배열을 버블 정렬로 정렬해 봅시다.

> 큰 수가 오른쪽 끝에 거품처럼 떠오르므로 버블 정렬(bubble sort)이라고 합니다.

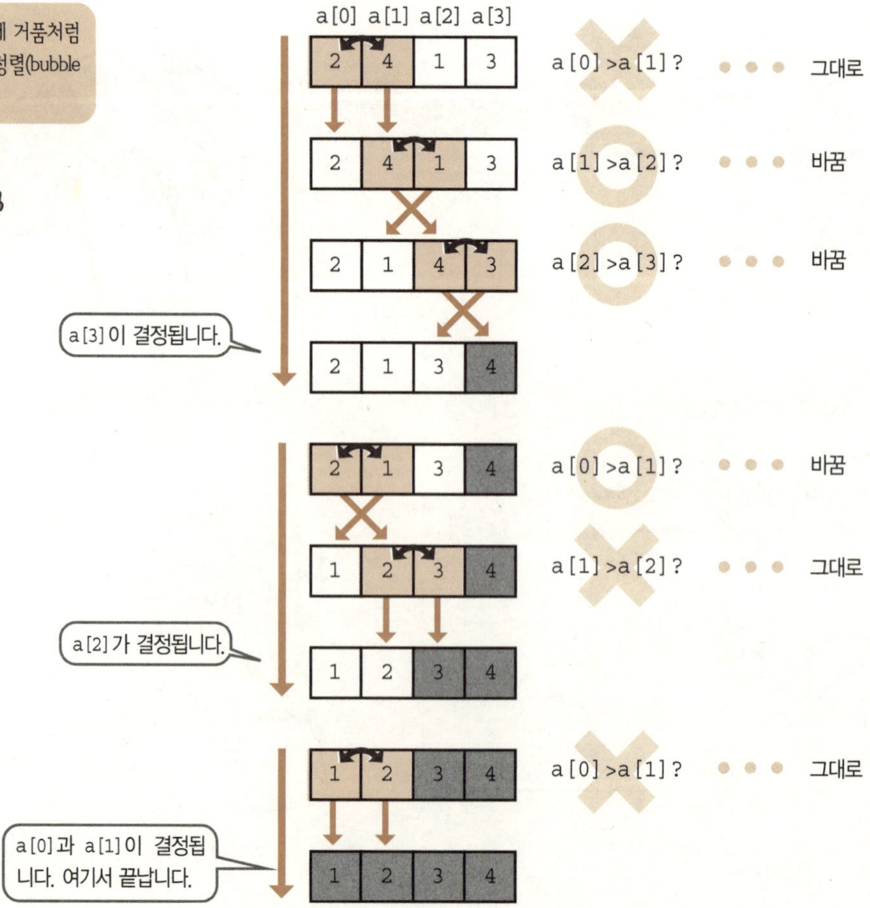

	a[0] a[1] a[2] a[3]		
	2 4 1 3	a[0]>a[1]? ✗	그대로
	2 4 1 3	a[1]>a[2]? ○	바꿈
	2 1 4 3	a[2]>a[3]? ○	바꿈
a[3]이 결정됩니다.	2 1 3 4		
	2 1 3 4	a[0]>a[1]? ○	바꿈
	1 2 3 4	a[1]>a[2]? ✗	그대로
a[2]가 결정됩니다.	1 2 3 4		
	1 2 3 4	a[0]>a[1]? ✗	그대로
a[0]과 a[1]이 결정됩니다. 여기서 끝납니다.	1 2 3 4		

프로그램 작성

순서도를 만들어 봅시다. 요소 개수는 n(194쪽의 예에서 n = 4)으로 합니다. a[i]와 a[i+1], 구체적으로는 a[0]과 a[1], a[1]과 a[2] ….와 같이 뒤쪽으로 비교해 나가면서 a[i+1]쪽이 작으면 바꿉니다.

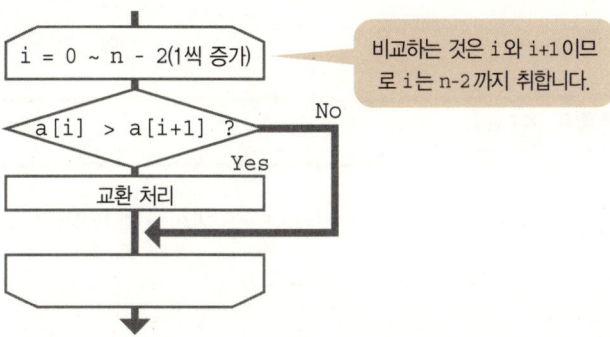

결정된 요소에 대해서는 처리를 하지 않도록 마지막 요소 번호 j를 정합니다.

이것을 프로그램으로 만들면 다음과 같습니다.

```c
for(j = n - 1; j >= 0; j--){
    for(i = 0; i < j; i++){
        if(a[i] > a[i + 1]){
            t = a[i + 1];
            a[i + 1] = a[i];
            a[i] = t;
        }
    }
}
```

삽입 정렬

정렬 알고리즘의 기본 방법 중 하나인 삽입 정렬을 소개하겠습니다.

삽입에 의한 정렬

삽입 정렬은 다음 예와 같이 카드를 취해서 바른 위치에 삽입해 가면서 오름차순으로 정렬해 가는 것으로 생각할 수 있습니다.

카드 게임 등에서 자주 행하는 조작입니다.

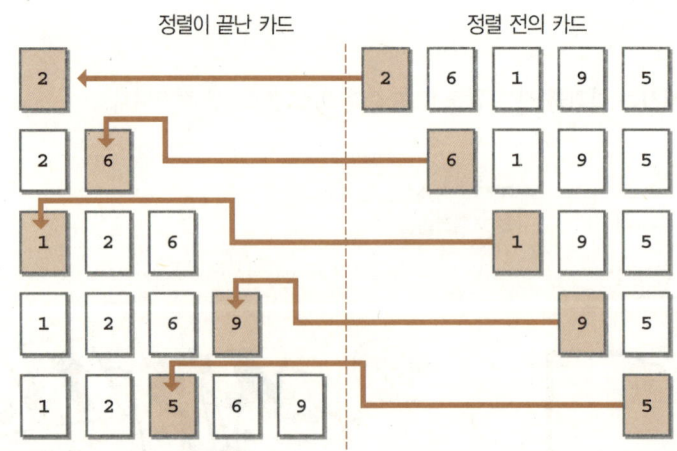

이 방법에서는 카드를 어디에 삽입해야 하는지를 판단할 필요가 있습니다. 5를 삽입하는 경우를 예로 해서 좀더 자세히 설명해 보겠습니다.

자기보다 작은 수의 뒤에 삽입합니다.

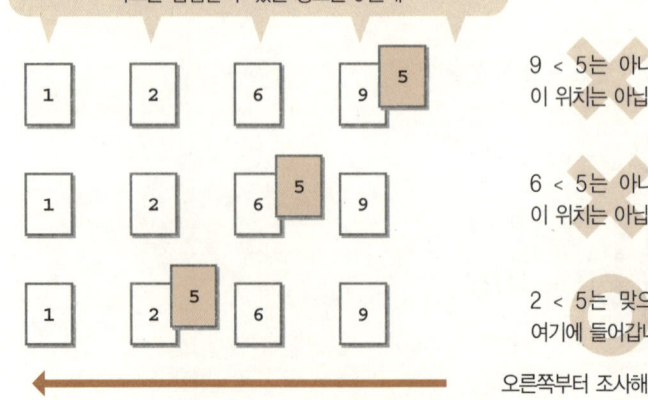

196 제8장 정렬과 검색

프로그램 작성

이것을 순서도로 그리면 다음과 같이 됩니다. 데이터가 들어 있는 배열은 a[ ]로 하고, 요소 개수는 n이라고 합니다.

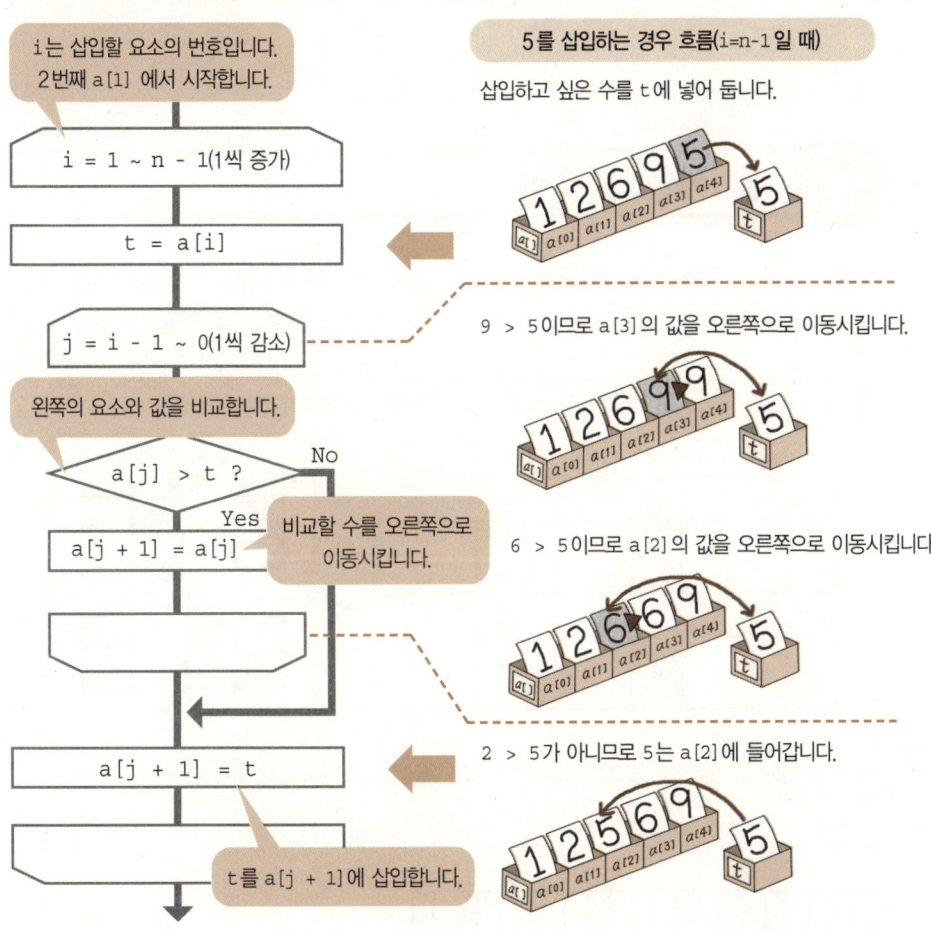

위의 순서도를 가지고 프로그램을 만들면 다음과 같이 됩니다.

```
for(i = 1; i < n; i++){
    t = a[i];
    for(j = i - 1; j >= 0; j--){
        if(a[j] > t)
            a[j + 1] = a[j];
        else
            break;
    }
    a[j + 1] = t;
}
```

수를 뒤로 밀어서 삽입할 장소를 만듭니다.

셸 정렬

삽입 정렬은 '순서가 조금씩 다른 정도이면 빠르지만 완전히 뿔뿔이 흩어진 경우에는 느려진다'는 단점이 있습니다.

🔓 셸 정렬의 특징

셸 정렬은 배열을 작은 그룹으로 나눠서 그룹별 요소에 대해 삽입 정렬의 방법을 적용함으로써 보통의 삽입 정렬보다 처리 속도를 향상시킨 것입니다. 예를 들어 보겠습니다.

① 대강 나눌 수 있는 수를 정하고, 그 수만큼 요소를 정렬합니다(예는 13개씩 나눈 경우).

정렬은 삽입 정렬을 사용합니다.

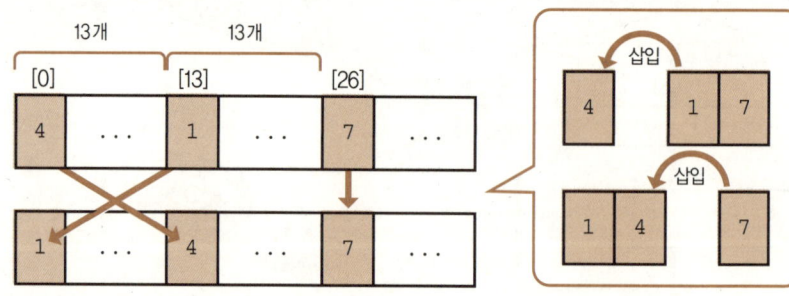

② 좀더 작게 나눌 수 있는 숫자를 정해 마찬가지로 정렬합니다(예는 4개씩 나눈 경우).

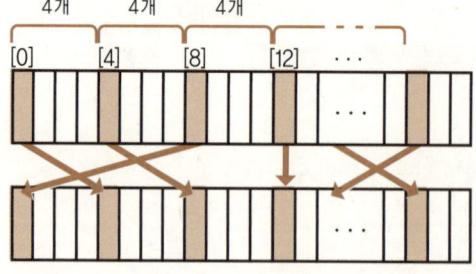

③ 나누는 수를 작게 해 가면서 마지막은 하나씩 정렬합니다(보통의 삽입 정렬이 됩니다).

요소가 많을 때는 처음의 간격을 크게 하는 것이 포인트입니다.

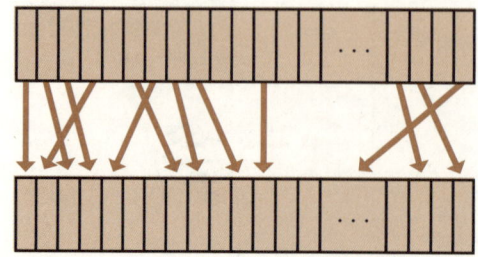

프로그램 작성

이것을 순서도로 만들면 다음과 같이 됩니다. 데이터가 들어 있는 배열은 a[ ], 요소 개수는 n, 몇 개씩 비교할지는 h라고 합니다.

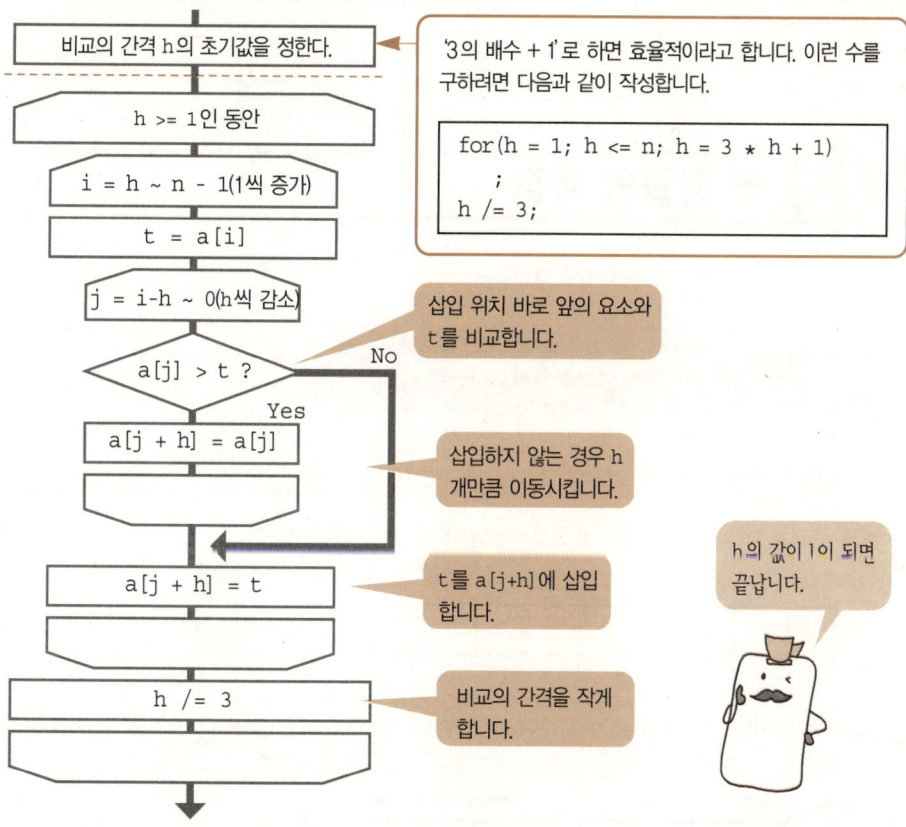

위의 순서도에서 점선 다음을 프로그램으로 만들면 다음과 같이 됩니다.

```
while(h >= 1){
    for(i = h; i < n; i++){
        t = a[i];
        for(j = i - h; j >= 0; i -= h){
            if(a[j] > t)
                a[j + h] = a[j];
            else
                break;
        }
        a[j + h] = t;
    }
    h /= 3;
}
```

퀵 정렬

대부분의 경우에 처리가 가장 빠르다는 정렬 알고리즘인 퀵 정렬을 소개하겠습니다.

퀵 정렬의 특징

퀵 정렬의 방법은 다음과 같습니다.

> 기준값을 정하고 그것보다 큰 수와 작은 수의 그룹으로 나눈다.
> 그리고 각 그룹들에 대해서도 똑같은 작업을 반복해 간다.

실제 처리의 작동을 살펴봅시다.

❶ 기준값을 정합니다. 예를 들어 첫 번째 요소와 마지막 요소의 평균으로 합니다.

	[0]	[1]	[2]	[3]	[4]	[5]	[6]	[7]	[8]		기준값
	4	8	6	5	2	1	3	9	7		5

❷ 앞에서부터는 기준값보다 큰 수를, 뒤에서부터는 기준보다 작은 수를 찾습니다. 발견했다면 서로 바꿉니다.

두 요소가 충돌할 때까지 계속합니다.

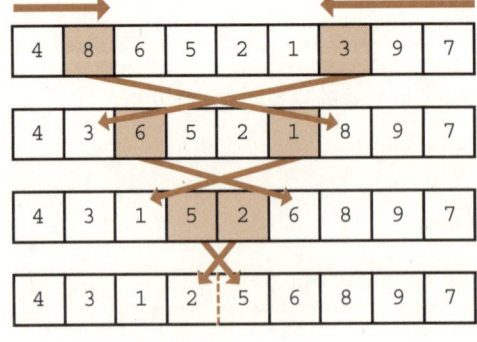

❸ 구한 열은 충돌한 곳을 경계로 기준값보다 작은 그룹과 큰 그룹으로 나눠집니다. 그리고 각 그룹에 같은 방법을 반복해 갑니다.

모든 그룹에서 교환을 끝내면 종료됩니다.

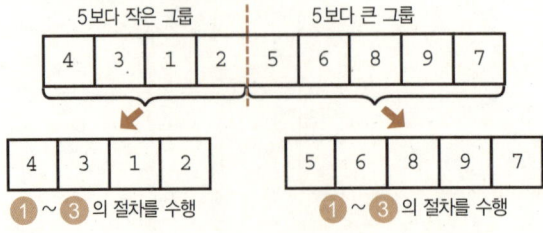

※ 기준값 자체가 어떤 그룹에 들어갈지는 원래 데이터에 따라 다릅니다.

프로그램 작성

여기서는 분할한 그룹에 대해 동일한 방법을 사용하고 있습니다. 이런 경우는 200쪽의 ①, ②의 처리를 함수로 만들고 재귀적으로 호출하는 것이 좋습니다.

이 함수의 내용을 순서도로 만들면 다음과 같습니다.

```
qs(a, 0, n-1);        *a[ ]는 데이터가 들어 있
                       는 배열, n은 요소 개수
      맨 처음은 그냥 호출

void qs(int *a, int first, int last)
{                        시작 위치    종료 위치
    ⋮
                      자기 자신을 호출
    qs(a, i, j);
    ⋮   좁혀진 새로운 범위
}
```

순서도:

- 왼쪽에서 진행하는 카운터 i의 초깃값을 가장 왼쪽(first)의 값으로 한다.
- 오른쪽에서 진행하는 카운터 j의 초깃값을 가장 오른쪽(last)의 값으로 한다.
- 기준값 x를 만든다.
- 왼쪽부터 a[i] ≧ x가 되는 a[i]를 찾는다. (A)
- 오른쪽부터 a[j] ≦ x가 되는 a[j]를 찾는다. (B)

A: a[i] < x → i++
B: a[j] > x → j--

- i ≧ j ? → Yes이면 루프 종료 (i와 j의 위치가 바뀌는 시점에서 루프를 종료합니다.)
- No이면 a[i]와 a[j]를 바꾼다.
- i++, j--
- first < i - 1 ? → Yes이면 first~i의 범위에서 재귀 호출
- j + 1 < last ? → Yes이면 j~last의 범위에서 재귀 호출

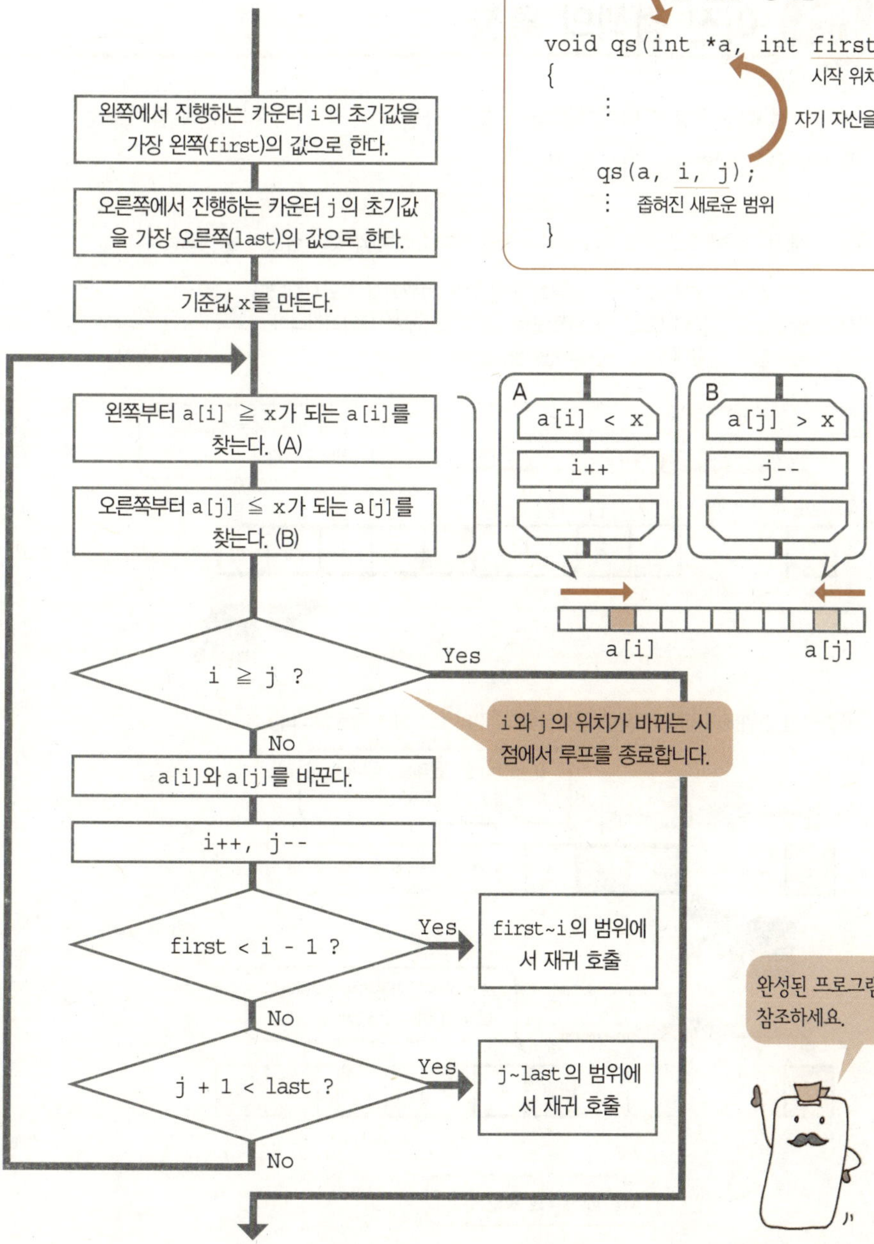

완성된 프로그램은 208쪽을 참조하세요.

퀵 정렬 | 201

이진 검색

정렬된 데이터를 검색하는 알고리즘인 이진 검색을 소개하겠습니다.

🔓 이진 검색의 특징

이진 검색은 정렬된 데이터를 좌우 둘로 나눠서 목적하는 값의 검색 범위를 좁혀 가는 방법입니다. 방법을 살펴보겠습니다.

① 배열에서 가운데 요소(요소 개수가 짝수이면 왼쪽을 선택)와 찾고 싶은 수를 비교합니다.

'찾고 싶은 값 < 가운데 요소' → 오른쪽 반을 검색 범위에서 제외시킵니다.
'찾고 싶은 값 > 가운데 요소' → 왼쪽 반을 검색 범위에서 제외시킵니다.
'찾고 싶은 값 = 가운데 요소' → 검색을 완료합니다.

중앙의 요소 번호를 구하려면 양쪽 끝의 요소 번호의 평균을 구하면 됩니다.

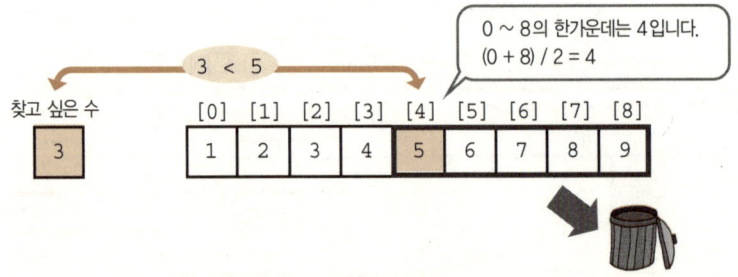

② 좁아진 범위에서 같은 절차를 반복합니다. 값이 1이 되면 종료합니다.

하나씩 조사하는 것보다 빠를 것 같네요.

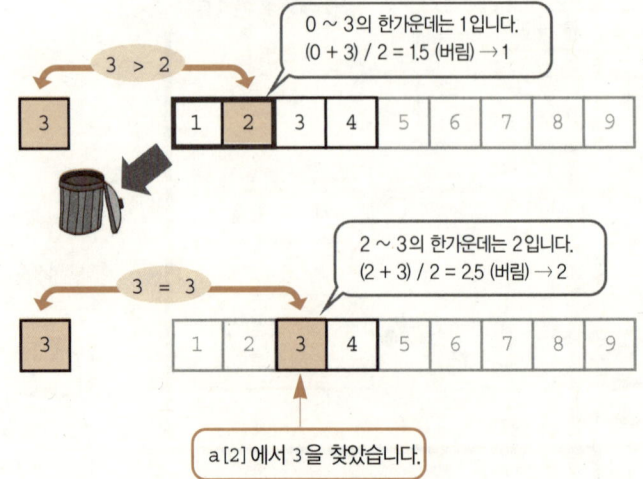

프로그램 작성

이 조작을 순서도로 만들면 다음과 같습니다. 데이터가 들어 있는 배열은 a[ ], 요소 개수는 n, 찾고 싶은 값은 x라고 합시다.

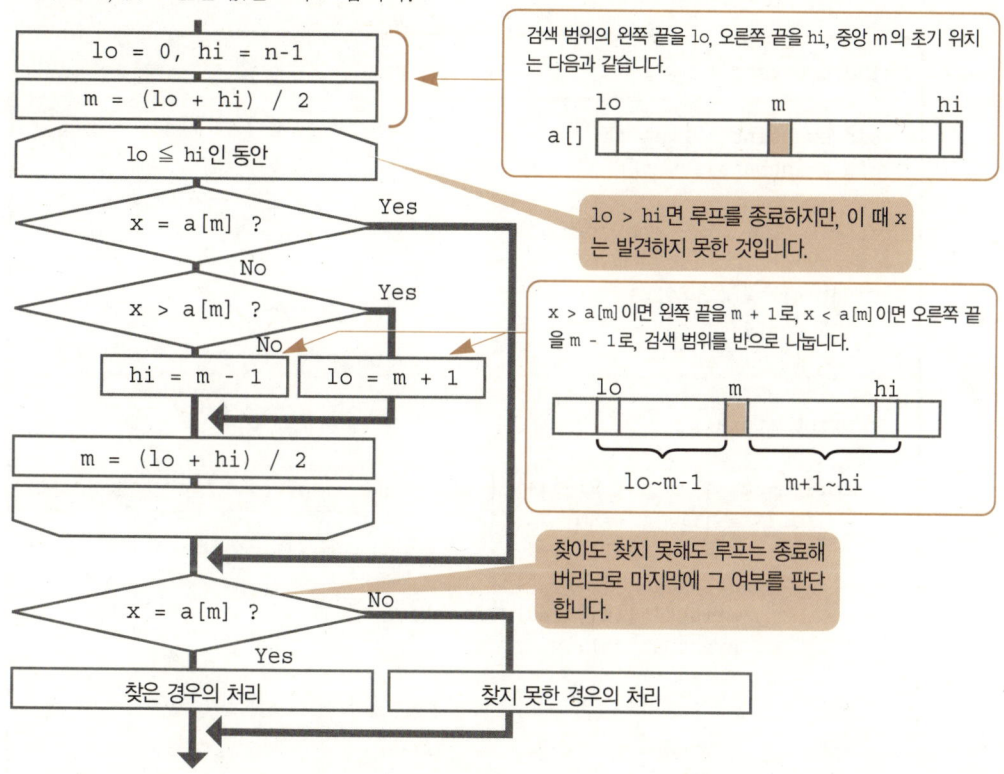

이것을 프로그램으로 만들면 다음과 같습니다.

```
lo = 0;
hi = n - 1;
m = (lo + hi) / 2;
while(lo <= hi){
    if(a[m] == x)
        break;
    else if(a[m] < x)
        lo = m+1;
    else
        hi = m-1;
    m=(lo + hi) / 2;
}
if(a[m] == x)
    printf("%d는 a[%d]에 있습니다. \n", x, m);
else
    printf("%d는 없습니다. \n", x)
```

데이터가 정렬되어 있기 때문에 가능한 것이지요.

예제 프로그램 ❶
단순 정렬

배열 a[ ]의 요소를 내림차순으로 정렬합니다. 값의 교환 처리는 나중에도 나오므로 swap( )이라는 함수로 만들어두었습니다.

소스 코드

```c
#include <stdio.h>

void swap(int *, int *);
void printData(int *);

int main(int argc, char *argv[])
{
    int a[] = {2, 4, 3, 5};
    int n = 4;
    int i, j;

    printData(a);

    for(j = 0; j <= n - 2; j++) {
        for(i = j+1; i <= n - 1; i++) {
            if(a[j] < a[i]) {
                swap(a + i, a + j);
                printf("[%d], [%d] 바꿈 \n", i, j);
                printData(a);
            }
        }
    }
    return 0;
}

void swap(int *y, int *z)
{
    int t;
    t = *y;
    *y = *z;
    *z = t;
}

void printData(int *a)
{
    int i;
    for(i = 0; i < 4; i++)
        printf("%2d ", a[i]);
    printf("\n");
}
```

오름차순으로 할 때는 부등호를 '>'로 바꿉니다.

n과 똑같은 값으로 합니다.

실행 결과

```
 2 4 3 5
[1], [0] 바꿈
 4 2 3 5
[3], [0] 바꿈
 5 2 3 4
[2], [1] 바꿈
 5 3 2 4
[3], [1] 바꿈
 5 4 2 3
[3], [2] 바꿈
 5 4 3 2
```

예제 프로그램 ❷
버블 정렬

배열 a[ ]의 요소를 오름차순으로 정렬합니다.

소스 코드

```c
#include <stdio.h>

void swap (int *, int *);
void printData(int *);

int main(int argc, char *argv[])
{
    int a[] = {2, 4, 1, 3};
    int n = 4;
    int i, j;

    printData(a);

    for(j = n-1; j >= 0; j--) {
        for(i = 0; i < j; i++) {
            if(a[i] > a[i+1]) {
                swap(a + i, a + i + 1);
                printf("[%d], [%d] 바꿈 \n", i, i + 1);
                printData(a);
            }
        }
    }
    return 0;
}

void swap(int *y, int *z)
{
    int t;
    t = *y;
    *y = *z;
    *z = t;
}

void printData(int *a)
{
    int i;
    for(i = 0; i < 4; i++)
        printf("%2d ", a[i]);
    printf("\n");
}
```

내림차순으로 할 때는 부등호를 '<'로 바꿉니다.

실행 결과

```
 2 4 1 3
[1], [2] 바꿈
 2 1 4 3
[2], [3] 바꿈
 2 1 3 4
[0], [1] 바꿈
 1 2 3 4
```

예제 프로그램 ❸
삽입 정렬

배열 a[ ]의 요소를 오름차순으로 정렬합니다.

소스 코드

```c
#include <stdio.h>

void printData(int *);

int main(int argc, char *argv[])
{
    int a[] = {9, 6, 5, 1, 2};
    int n = 5;
    int i, j, t;

    printData(a);
    for(i = 1; i < n; i++) {
        t = a[i];
        for(j = i - 1; j >= 0; j--) {
            if(a[j] > t)
                a[j + 1] = a[j];
            else
                break;
        }
        a[j + 1] = t;
        if(j + 1 != i) {
            printf(" [%d] 위치에 [%d] 삽입 \n", j + 1, i);
            printData(a);
        }
    }
    return 0;
}

void printData(int *a)
{
    int i;
    for(i = 0; i < 5; i++)
        printf("%2d ", a[i]);
    printf("\n");
}
```

내림차순으로 할 때는 부등호를 '<'로 바꿉니다.

실행 결과

```
 9 6 5 1 2
 [0] 위치에 [1] 삽입
 6 9 5 1 2
 [0] 위치에 [2] 삽입
 5 6 9 1 2
 [0] 위치에 [3] 삽입
 1 5 6 9 2
 [1] 위치에 [4] 삽입
 1 2 5 6 9
```

예제 프로그램 ④
셸 정렬

배열 a[ ]의 요소를 오름차순으로 정렬합니다.

소스 코드

```c
#include <stdio.h>

void printData(int *);

int main(int argc, char *argv[])
{
   int a[] = {9, 6, 5, 1, 2};
   int n = 5;
   int i, j, t, h;

   printData(a);

   for(h = 1; h <= n; h = 3*h + 1)
      ;
   h /= 3;

   while(h >= 1) {
      for(i = h; i < n; i++) {
         t = a[i];
         for(j = i - h; j >= 0; j -= h) {
            if(a[j] > t)          // 내림차순으로 할 때는 부등호를 '<'로 바꿉니다.
               a[j+h] = a[j];
            else
               break;
         }
         a[j + h] = t;
         if(j + h != i) {
            printf("[%d] 위치에 [%d] 삽입 \n", j + h, i);
            printData(a);
         }
      }
      h /= 3;
   }
   return 0;
}

void printData(int *a)
{
   int i;
   for(i = 0; i < 5; i++)
      printf("%2d ", a[i]);
   printf("\n");
}
```

실행 결과

```
 9 6 5 1 2
[0] 위치에 [4] 삽입
 2 6 5 1 9
[1] 위치에 [2] 삽입
 2 5 6 1 9
[0] 위치에 [3] 삽입
 1 2 5 6 9
```

예제 프로그램 ❺
퀵 정렬

배열 a[ ]의 요소를 오름차순으로 정렬하는 프로그램입니다.

소스 코드

```c
#include <stdio.h>

void qs(int *, int, int);
void swap (int *, int *);
void printData(int *);

int main(int argc, char *argv[])
{
    int a[] = {4, 8, 6, 5, 2, 1, 3, 9, 7};
    printData(a);
    qs(a, 0, 8);   ◀── 퀵 정렬을 수행하는 함수를 호출합니다.
    return 0;
}

void qs(int *a, int first, int last)
{
    int i, j, x;

    i = first;
    j = last;
    x = (a[i] + a[j]) / 2;
    while(1) {
        while(a[i] < x)
            i++;
        while(a[j] > x)      ◀── 두 부등호를 반대로 하면 내림차순으로 정렬할 수 있습니다.
            j--;
        if(i >= j)
            break;
        swap(a + i, a + j);
        printf("범위:%d - %d 기준값:%d [%d], [%d] 바꿈 \n",
            first, last, x, i, j);
        printData(a);
        i++;
        j--;
    }
    if(first < i - 1)
        qs(a, first, i - 1);
    if(j + 1 < last)
        qs(a, j + 1, last);
}

void swap(int *y, int *z)
{
    int t;
    t = *y;
    *y = *z;
    *z = t;
```

MORE ▼

```
}
void printData(int *a)
{
   int i;
   for(i = 0; i < 9; i++)
      printf("%2d ", a[i]);
   printf("\n");
}
```

실행 결과

```
4 8 6 5 2 1 3 9 7
범위 : 0-8  기준값 : 5   [1], [6] 바꿈
4 3 6 5 2 1 8 9 7
범위 : 0-8  기준값 : 5   [2], [5] 바꿈
4 3 1 5 2 6 8 9 7
범위 : 0-8  기준값 : 5   [3], [4] 바꿈
4 3 1 2 5 6 8 9 7
범위 : 0-3  기준값 : 3   [0], [3] 바꿈
2 3 1 4 5 6 8 9 7
범위 : 0-3  기준값 : 3   [1], [2] 바꿈
2 1 3 4 5 6 8 9 7
범위 : 0-1  기준값 : 1   [0], [1] 바꿈
1 2 3 4 5 6 8 9 7
범위 : 6-8  기준값 : 7   [6], [8] 바꿈
1 2 3 4 5 6 7 9 8
범위 : 7-8  기준값 : 8   [7], [8] 바꿈
1 2 3 4 5 6 7 8 9
```

예제 프로그램 ❻
이진 검색

미리 정렬되어 있는 데이터로부터 값을 검색하는 프로그램입니다. 이 프로그램은 같은 수가 여러 개 있는 경우에는 적용할 수 없습니다.

소스 코드

```c
#include <stdio.h>

int main(int argc, char *argv[])
{
    int a[] = {1, 4, 13, 44, 52, 55, 67, 88, 93};   ← 오름차순으로 정렬되어 있는
    int n = 9;                                         것이 조건입니다.
    int i, x, lo, hi, m;

    printf("a[] = {");
    for(i = 0; i < 9; i++)
        printf("%2d ", a[i]);
    printf("}\n");
    printf("찾고 싶은 데이터를 입력해 주세요 :");
    scanf("%d", &x);

    lo = 0;
    hi = n - 1;
    m  = (lo + hi) / 2;
    while(lo <= hi){
        if(a[m] == x)
            break;                       ← 이진 검색을 수행합니다.
        else if(a[m] < x)
            lo = m + 1;
        else
            hi = m - 1;
        m = (lo + hi) / 2;
    }
    if(a[m] == x)
        printf("%d는 [%d]에 있습니다. \n", x, m);    ← 최종 판단을 하고 결과를
    else                                                표시합니다.
        printf("%d는 없습니다. \n", x);
    return 0;
}
```

실행 결과

```
a[] = { 1 4 13 44 52 55 67 88 93 }
찾고 싶은 데이터를 입력해 주세요:52
52는 a[4]에 있습니다.
```

※ 굵은 글자는 키보드로 입력한 문자

Memo

꼭 기억해 둘 내용을 메모하세요.

도전! 알고리즘

프로그래밍의 제1수칙은 '백문이 불여일행' 입니다. 백 번 듣고 보는 것보다 한 번 프로그래밍을 해보는 것이 훨씬 좋다는 말입니다. 스스로 문제를 분석하고 알고리즘을 연구해서 프로그래밍에 도전해 보지 않으면 프로그래머의 길에 오를 수 없습니다. 여기서는 앞 장에서 배운 내용을 토대로 문제를 풀어 보겠습니다. 여러분의 프로그래밍 실력을 쌓을 수 있는 기초가 될 것입니다.

문제

01_ 다음 중 내부적으로 삽입 정렬을 사용하는 것은 무엇입니까?

a. 버블 정렬

b. 단순 정렬

c. 셸 정렬

d. 퀵 정렬

02_ 다음 중 대부분의 경우에 가장 빠른 정렬 방법은 무엇입니까?

a. 퀵 정렬

b. 버블 정렬

c. 삽입 정렬

d. 셸 정렬

03_ 이진 검색을 하려면 배열의 데이터는 어떤 상태에 있어야 합니까?

04_ 다음과 같은 데이터가 있는 경우 퀵 정렬을 사용하여 데이터를 정렬할 때 데이터의 위치 변화를 순서대로 작성하세요.

| 9 | 1 | 7 | 3 | 8 | 4 | 6 |

05_ 다음과 같이 정렬된 데이터 배열 a가 있는 경우 이진 검색을 사용하면 몇 번만에 77을 찾을 수 있을까요?

배열 a

| 2 | 13 | 19 | 25 | 37 | 44 | 56 | 61 | 65 | 77 | 82 |

정답 및 해설

c. 셸 정렬

셸 정렬은 정렬할 데이터를 큰 그룹에서 작은 그룹으로 범위를 좁혀 가며 각 그룹 내에서 삽입 정렬을 사용하여 데이터를 정렬하는 방법입니다. 특히 데이터가 뿔뿔이 흩어져 있는 경우에 보통의 삽입 정렬보다 처리 속도가 빠릅니다.

a. 퀵 정렬

퀵 정렬이 모든 경우에 처리 속도가 빠른 정렬 방법은 아닙니다. 하지만 대부분의 경우에 다른 정렬보다 빠르다고 할 수 있습니다.

데이터가 정렬되어 있어야 한다.

이진 검색을 사용하여 데이터를 검색하려면, 데이터는 반드시 오름차순으로 정렬되어 있어야 합니다. 이진 검색은 검색할 데이터의 범위를 반씩 나눠서 비교하고 비교 결과에 따라 나머지 반을 검색 범위에서 제외시키는 방법을 사용하므로 검색 속도가 아주 빠릅니다. 따라서 검색할 데이터가 정렬되어 있지 않으면 원하는 결과가 나오지 않을 수도 있습니다.

정렬 순서는 다음과 같습니다.

9	1	7	3	8	4	6

범위 : 0~6   기준값 : 7   [0]와 [6]을 바꿈

6	1	7	3	8	4	9

범위 : 0~6   기준값 : 7   [2]와 [5]를 바꿈

6	1	4	3	8	7	9

범위 : 0~3   기준값 : 4   [0]와 [3]을 바꿈

3	1	4	6	8	7	9

범위 : 0~1   기준값 : 2   [0]와 [1]을 바꿈

3	1	4	6	8	7	9

범위 : 4~6   기준값 : 8   [4]와 [5]를 바꿈

1	3	4	6	7	8	9

05

세 번

1회 검색

2	13	19	25	37	44	56	61	65	77	82

모두 11개의 요소가 있으므로 한가운데 요소는 a[5]입니다.

a[5] = 44 < 77이므로 왼쪽 반을 범위에서 제외시킵니다.

2회 검색

56	61	65	77	82

한가운데 요소 a[2] = 65 < 77이므로 왼쪽 반을 범위에서 제외시킵니다.

3회 검색

77	82

가운데 요소 a[0] = 77 = 77이므로 찾았습니다.

검색한 횟수는 총 세 번입니다.

qsort( )와 bsearch( )

8장에서 배운 퀵 정렬과 이진 검색은 C 언어의 표준 라이브러리에 함수가 준비되어 있습니다. 퀵 정렬은 qsort( ), 이진 검색은 bsearch( )라는 이름의 함수입니다. 여기서는 이 함수들의 사용법을 소개하겠습니다. 이 함수들은 배열에만 사용하고 연결 리스트에는 사용할 수 없습니다. 이들을 사용하려면 프로그램의 맨 처음에 #include <stdlib.h>를 기술해야 합니다.

qsort( ) 함수의 호출 방법은 다음과 같습니다. 실행하면 배열의 요소가 정렬됩니다.

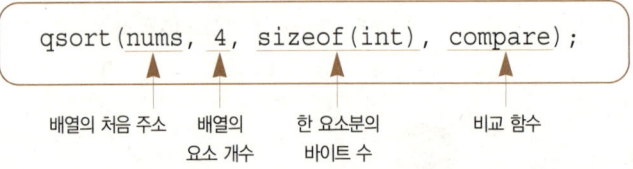

bsearch( ) 함수는 데이터가 발견된 경우에 그 배열 요소에 대한 포인터를 반환하고, 발견되지 않은 경우에는 NULL을 반환합니다.

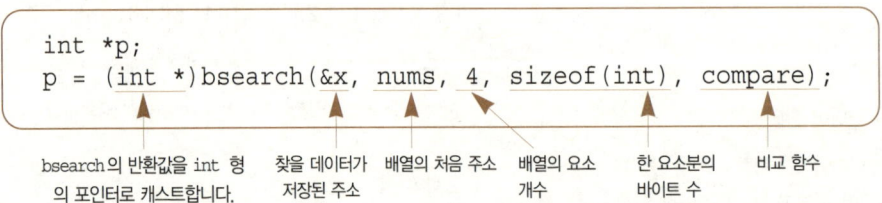

이 함수는 둘 다 비교 함수의 주소(4장 칼럼)를 필요로 하고 있습니다. 비교 함수란 비교 처리 방법을 정한 함수입니다. qsort( )와 bsearch( )는 어떤 데이터에도 적용할 수 있는데, 이것은 사용자가 설정할 수 있도록 되어 있습니다. 다음은 int형의 데이터를 오름차순으로 정렬시킬 때의 비교 함수 예를 보여주는 것입니다. 내림차순으로 하는 경우에는 부등호를 바꾸면 됩니다.

```
int compare(const void *a, const void *b){
    int x = *((int *)a);         a, b는 비교되는 각 요소를 가리키고 있습니다.
    int y = *((int *)b);         void형의 포인터를 int형으로 캐스트하고,
                                 포인터가 가리키는 값을 구합니다.
    if(x > y) return 1;          /* *a > *b의 경우 1을 반환 */
    else if (x < y) return -1;   /* *a < *b의 경우 -1을 반환 */
    else return 0;               /* *a == *b의 경우 0을 반환 */
}
```

비교 함수의 준비가 약간 귀찮기는 하지만 퀵 정렬이나 이진 검색을 기술하는 것보다는 짧고, 바르게 작동하는 것이 보장되어 있으므로 이 함수를 사용할 것을 권장합니다.

9

부록 고급 프로그래밍
묘수 꼼수!

프로그램을 짜다가 막히면

프로그램을 작성하다 보면 여러 가지 곤란한 상황에 부딪히는 일이 많습니다. 그런 경우 어떻게 하면 상황을 해결해 갈 수 있을까요?

프로그램을 짜다가 막히면 먼저 자신이 무엇 때문에 막혔는지를 아는 것이 선결 과제입니다. 아무래도 초보자는 '무엇을 모르는지를 모르는 경우'가 많으므로, 먼저 모르는 것을 분명히 해 둡시다. 다음은 초보자가 좁혀 가기 쉬운 패턴을 예로 들었습니다.

어디부터 손을 대야 할지 모르는 경우: 설계 단계

여러 명의 프로그래머가 함께 작업을 하는 대규모 소프트웨어의 설계도 힘든 일이지만, 프로그래밍 경험이 적은 초보자에게는 프로그램의 구성을 어떻게 할지, 데이터 형식을 어떻게 정할지도 아주 큰일입니다. 물론 이 책은 그런 최초의 한걸음에서 헤매지 않도록 배려하고 있지만, 한정된 지면으로는 도저히 모든 패턴을 망라할 수 없을 것입니다. 만일 주위에 물어볼 사람이 있다면 대강의 방침에 대한 힌트를 얻는 것이 좋겠지요. 그런 사람이 없는 경우에는 책이나 웹에서 비슷한 종류의 예제 프로그램을 찾아서 그 방법을 흉내내 보는 것이 좋을 것 같습니다. 그렇게 해서 흡수한 작은 아이디어를 자신의 것으로 만들면 이상에 가까운 깔끔한 프로그램을 작성할 수 있게 될 것입니다.

프로그램을 어떻게 짜야 할지 모르는 경우: 알고리즘 고안 단계

그럭저럭해서 만드는 절차를 알았다고 해도 구체적으로 프로그램 코드로 작성하려고 하면 왠지 어려운 법입니다. 이 책은 알고리즘 책으로 7장과 8장에서 비교적 어려운 주제도 설명하고 있지만, 실제로 현장에서 필요한 것은 3장에 나오는 것과 같은 작은 기능들을 모아서 조합하는 것이 대부분입니다.

코딩 단계가 되어서 프로그램의 흐름이 떠오르지 않는 경우라도 먼저 차분하게 이미 알고 있는 것과 앞으로 구하고 싶은 것을 명확히 구분해 주세요. 그리고 대강의 절차를 생각하고 그 하나하나의 단계에 대해 다시 더 잘 알고 있는 것과 구하고 싶은 것을 결정해 갑니다. 이런 작업을 반복해 가면 대체적으로 이 책에서 소개한 것과 같은 간단한 처리를 작성할 수 있을 것입니다. 이런 일반적인 것부터 프로그래밍에 친숙해지면 다소 복잡한 처리도 금방 길이 보일 것입니다.

또, 이 책에서 다루고 있는 범위는 알고리즘이라는 학문에서 기초 중의 기초에 지나지 않습니다. 이후 고도의 알고리즘이 필요할 때는 그 수준의 전문 서적을 읽으면 좋을 것입니다.

어떻게 작성해야 좋을지 모르는 경우: 코딩 단계(문법, 아키텍처)

단어를 모르면 영어로 말할 수 없는 것과 마찬가지로 함수나 선언 등의 문법을 모르면 프로그램을 작성할 수 없습니다. 하지만 문법만 알고 있어도 프로그램은 작성할 수 없습니다. 영어의 경우 한국말에 해당하는 단어를 나열하기만 해도 의미가 통하지만, 컴퓨터의 문법은 그 언어 고유의 개념과 연결되어 있기 때문에 개념에 대한 이해 없이는 작성할 수 없는 것입니다. 예를 들어 C 언어에서 포인터를 모르고서는 malloc( ) 함수를 사용할 수 없습니다. 따라서 먼저 문법을 모르는지, 개념을 모르는지를 분명히 해 주세요.

만일 개념도 포함해서 모르는 경우라면 입문서(또는 해당 웹 페이지 등)를 읽는 것이 좋습니다. 언어에는 특유의 이론(정석)도 있는데 그런 것도 동시에 학습할 수 있을 것입니다. 개념의 이해가 특히 부족한 것 같다면 이 책의 자매서인 〈C가 보이는 그림책(성안당)〉이나 〈Java가 보이는 그림책(성안당)〉을 보는 것도 도움이 될 것입니다.

만일 문법을 확인하고 싶은 정도라면 사전식으로 찾을 수 있는 자료가 도움이 될 것입니다. 더욱이 최근에는 C++이나 Java 등 문법이 비슷한 것이 많이 나와 있으므로, 기본이 되는 언어를 확실히 습득해 두면 처음부터 학습할 필요가 적어집니다. 실제로 어느 정도 경험이 있는 사람이라면 'C++를 작성하면 Java도 작성할 수 있다'라고 할 정도입니다.

덧붙여 윈도우 표시를 수행하는 Windows용 애플리케이션 등은 그것이 작동하는 환경에 맞게 특성화된 프로그램으로 만들 필요가 있습니다. 그런 경우는 그 용도로 나온 입문서 등에서 그 구조(아키텍처)와 작성법을 학습해야 합니다.

컴파일이 안 되는 경우: 컴파일 단계(문법, 아키텍처)

코딩이 끝나고 우선 컴파일을 해보면 누구라도 몇 군데 또는 몇 십 군데에서 오류가 발견됩니다. 오류 메시지를 참고로 잘못된 부분을 순서대로 수정해 갑시다. 여러 번 고쳐도 컴파일에 성공하지 못하는 경우에는 근본적으로 문법에 대한 이해가 잘못되어 있을지도 모르므로 다시 한번 문법을 확인해 봅시다. 오류 메시지의 의미에 대해서는 컴파일러 설명서를 잘 읽어 주세요.

C 언어의 경우에는 한 군데라도 문법적 오류가 있으면 그 이후에 오류가 없더라도 연쇄적으로 오류로 표시됩니다. 먼저 앞에 나오는 오류를 고치고 여러 번 컴파일해 보는 것도 좋을 것입니다. 컴파일 시 오류가 있는 곳의 행 번호를 알려 주기는 하지만, 오류가 반드시 그 행에 있다고는 한정할 수 없으므로, 전후의 행도 같이 다시 살펴보는 것이 좋습니다.

제대로 작동하지 않는 경우: 디버그 단계

지금까지는 초보자에게 해당하는 쉬운 화제를 들어 왔지만, 실제로 실행해 보면 잘 작동하지 않는 베테랑 프로그래머도 반드시 직면하는 문제입니다. 지금부터는 다른 사람에게 물어보는 방법도 좋지만, 가능한 한 자신의 힘으로 해결해서 경험을 쌓아 가는 것이 더욱 좋을 것입니다. 갑자기 혼자서 해결하라고 하면 어떻게 해야 좋을지 모르겠지요? 그래서 여기서 디버그 방법을 대강 소개하겠습니다.

먼저 어디까지 제대로 작동하고 있는지를 확인합니다. 그렇게 하려면 printf( ) 함수 등으로 진행 상황이나 변수의 값을 표시하거나 소스 코드의 일부를 제한하거나 해서 확인하는 것이 좋습니다. 또 약간 상급의 개발 환경에는 디버거라는 툴이 내장되어 있습니다. 디버거를 사용하면 실행을 일시적으로 중지시키거나 변수의 내용을 간단히 알 수가 있으므로 디버그 작업을 수월하게 진행할 수 있습니다. 이상과 같은 방법으로 생각한 대로 작동하지 않는 부분을 찾아냅니다.

그리고 잘못된 부분을 알았다면 이제 반 정도 온 것입니다. 그 다음은 '왜 그런지'를 조사합니다. 조금 전의 방법을 반복해서 상황을 더욱 깊이 파악함과 동시에 상상력, 추리력을 발휘하여 '컴퓨터 속에서 무슨 일이 일어나는지'를 생각하세요. 이 수수께끼가 풀리면 고지가 바로 눈앞에 보일 것입니다. 그 이후의 작업은 보통의 코딩과 똑같습니다.

고도로 복잡한 프로그램에서는 오류의 재현성이 낮고, 타이밍에 따라 결과가 다르고, 특정 환경에서만 오류가 일어나는 등의 어려운 상황에 처해 원인을 찾아내는 것이 더욱 어려워집니다. 그럴 경우 끝까지 원인을 파헤쳐서 근본적인 대책을 강구하는 것이 가장 좋기는 하지만, 마지막 수단으로 급한 대로 우선 처치해 두고 상황을 보아 가는 경우도 있습니다.

정리: 예제 코드를 읽을 때 어드바이스

　지금까지 여러 가지 사례들을 봐 왔지만 그 중에 나온 주제로 예제 프로그램을 읽는 것이 있습니다. 다른 사람이 작성한 코드나 책에 게재되어 있는 예제 프로그램은 프로그래밍 능력을 향상시키는 데 가장 도움이 됩니다. 특히 정상적으로 작동하는 코드는 적어도 똑같이만 하면 원하는 것을 제대로 구현할 수 있다는 것을 보증해 줍니다. 마지막으로 예제 코드를 읽을 때 몇 가지 어드바이스를 하고 싶습니다.

　먼저 코드를 여러 번 읽어서 눈에 익숙해지도록 합니다. 처음에는 잘 몰라도 구멍이 날 정도로 보고 있으면 자신도 모르게 익숙해집니다. C 언어의 경우에는 프로그램을 상당히 생략해서 작성할 수가 있으므로 좀 귀찮습니다(예를 들어 s[n]; n++라고 쓰는 것을 s[n++];라고 묶어서 쓸 수 있습니다). 예전에는 어렵게 작성한 프로그램을 읽고 해석하는 것이 일종의 실력차를 보여 주는 것이었지만, 프로그래머 인구가 증가한 지금은 알기 어려운 기술 방법은 경원시되는 경향이 있습니다. 하지만 그런 코드도 아직 남아 있으므로 믿을 만한 책을 옆에 두고 주의 깊게 의미를 생각하면서 읽어 갑시다. 가능하면 실제로 작동을 확인하면서 읽어 가는 것이 좋습니다.

　웹이나 책에 게재되어 있는 예제 코드 중에는 길이가 긴 것도 적잖이 있습니다. 어느 정도의 소스 코드를 크다고 느낄지는 사람마다 다르지만, 큰 프로그램에서는 그 틀과 전체 흐름을 파악하는 것이 이해의 지름길입니다. 컴퓨터 화면 상으로는 단편적으로밖에 볼 수 없으므로 코드를 좀 작게 인쇄해서 책상 위에 늘어놓고 보아도 좋을 것입니다. 그리고 거기에 자신만의 메모를 적어 가면서 '자신의 프로그램'으로 만들어 가는 것입니다.

　다른 사람의 코드를 보면 주석을 달아서 알기 쉬운 코드를 작성하는 것이 얼마나 중요한지 알고 있을 것입니다. 이것을 게을리하면 자신이 예전에 작성한 프로그램을 읽을 때 스스로도 모르는 경우가 생깁니다. 자기 자신을 위해서라도 반드시 주석을 다는 습관을 기르는 것이 좋습니다.

프로그래밍할 때의 마음가짐 8가지

효율적으로 프로그래밍을 하기 위한 주의 사항을 전수하겠습니다.

① 집중해서 작성할 것

보통 공부도 그렇지만 프로그래밍에 있어서 중요한 것은 프로그램을 작성하고 있는 시간이 아니라 그 중에서 얼마의 시간을 집중해서 했느냐입니다. 단, 집중해서 작성한 코드는 나중에 보면 모르는 경우가 많으므로 반드시 주석을 남기도록 합시다.

② 모르는 곳에서 멈추지 말 것

모르는 곳에만 너무 매달려도 안 됩니다. 모르는 부분은 일단 나중으로 미루고, 다른 곳을 손대거나 산책이나 체조를 해보는 등 마음의 여유를 갖도록 합시다. 시간이 좀 지나서 살펴보면 의외로 간단히 해결할 수 있는 경우가 있습니다.

③ 코딩만 하지 말 것

프로그래밍은 코딩과 디버깅의 반복입니다. 중간중간에 코딩을 멈추고 지금까지의 내용을 디버깅한 다음 문제를 해결하고, 생각한 대로 작동되는 데서 오는 즐거움도 느끼는 것이 좋습니다. 코딩과 작동 테스트를 균형 있게 섞는 쪽이 효율성이 높습니다.

④ 타협하지 말 것

컴퓨터는 충실한 기계이므로 프로그래머가 프로그램을 적당히 만들면 컴퓨터도 적당히 동작합니다. 시간적 제약 같은 것이 있을지도 모르지만 나중에 곤란하지 않도록 작은 부분에도 완벽을 기하는 마음가짐을 갖도록 합시다.

5 프라이드를 가질 것

'절대 다른 사람한테 지지 않을 거야'라는 마음가짐은 향상심을 낳습니다. 너무 지나쳐서 위압적인 사람도 눈에 거슬리지만 프라이드가 너무 없어도 곤란한 법입니다. '난 이 일이 맞지 않아.'라고 침울해하는 사람은 스스로 좀더 자신을 갖도록 합시다.

6 부끄러워 말고 질문할 것

몰라서 고민하는 시간만큼 헛된 것은 없습니다. 생각할 만큼 하고 난 후 그래도 모르겠다면 솔직히 선배 등에게 질문을 하도록 합시다. 프라이드가 너무 높거나 사람과 얘기하는 것을 꺼려 묻지 않고 있으면 결국 자신이 손해인 것입니다.

7 건강에 주의할 것

프로그래밍은 의외로 기력을 소진하는 작업입니다. 건강에 문제가 있거나 수면 부족이나 집중력이 달리면 능률이 오르지 않고, 건강을 망치는 경우가 있습니다. 항상 규칙 바른 생활과 충분한 영양과 수면에 신경을 쓰도록 합시다. 도저히 안 되서 자고 싶을 때는 10분 정도 잠깐 자고 일어나면 머리 회전이 좋아져서 효과적입니다. 또 몸이 좋지 않을 때에는 무리하지 말고 푹 쉽시다.

8 주위의 의견을 들을 것

완성된 프로그램을 주위 사람에게 보여 주고 의견을 들어 봅시다. 언제나 자기 만족만으로 끝나면 발전이 없습니다. 따끔한 충고나 의견은 여러분을 강하게 하고, 칭찬의 말은 여러분에게 자신감을 갖게 할 것입니다. 가능한 한 많은 사람의 의견을 듣고, 자신 외의 사람도 만족시킬 수 있는 프로그램을 지향하도록 합시다.

Visual Studio 설치

무료로 제공되는 Visual Studio Community 2017을 다운로드하고 설치해 봅시다.

Visual Studio 2017이란?

Visual Studio는 마이크로소프트가 제공하는 프로그램 개발도구(통합개발환경/IDE)입니다. C#, C++, Visual Basic, HTML, JavaScript 등 다양한 프로그래밍 언어로 윈도우용 애플리케이션이나 웹 애플리케이션을 개발할 수 있습니다. 게다가 최신판인 Visual Studio 2017에서는 윈도우뿐만 아니라 iOS와 Android, Linux 상에서 동작하는 프로그램도 만들 수 있게 되었습니다.

Visual Studio 2017에서는 개발 규모나 용도에 맞게 몇 가지 에디션이 준비되어 있습니다. 여기서는 그 중 **Visual Studio Community 2017**을 다운로드하고 설치하는 방법을 소개합니다. Visual Studio Community는 개인 개발자나 학습 및 연구를 목적으로 하는 조직 및 개발자 5인 이하의 중소기업 등에 한해 무료로 이용할 수 있는 에디션입니다. 에디션마다 라이선스 조항이나 요금이 다르므로, 다운로드하기 전에 잘 확인하세요.

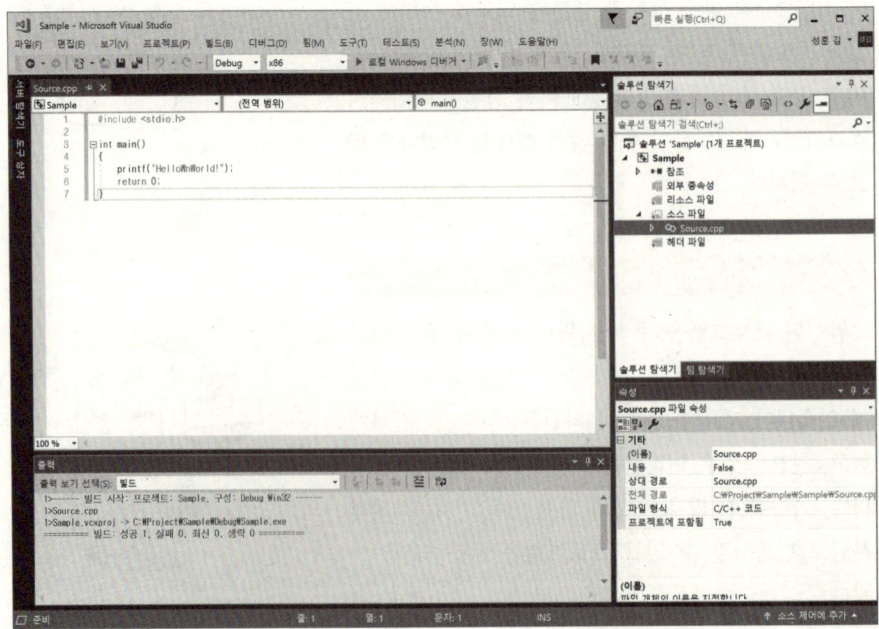

Visual Studio Community 2017 화면

Visual Studio 2017 설치하기

이 책에서는 집필 시점(2018년 11월) URL 및 웹 디자인을 따라 설명을 진행합니다.

인스톨러 다운로드

우선, 마이크로소프트에서 제공하는 웹사이트에서 인스톨러를 다운로드합시다.

```
https://www.visualstudio.com/ko/downloads/
```

위 웹사이트에 접속하면 다음과 같은 화면이 표시됩니다.

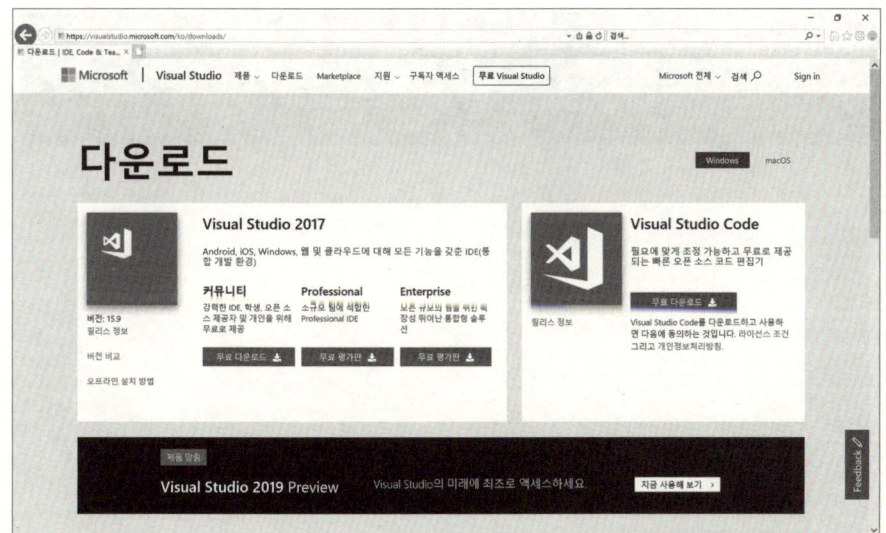

페이지 아래쪽 제품 목록에서 'Visual Studio 2017'을 선택하고 클릭합니다.

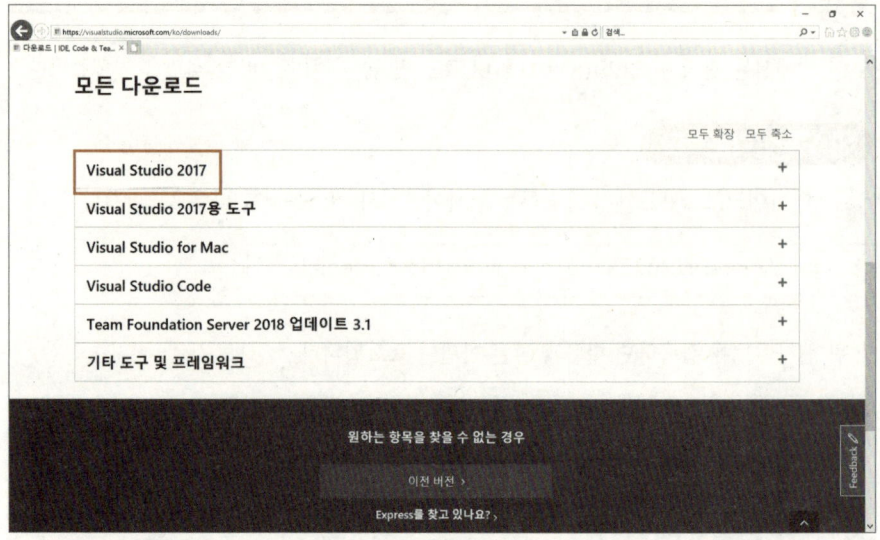

펼쳐진 메뉴에서 'Visual Studio Community 2017'을 찾아, [다운로드]를 클릭하면 다운로드가 시작됩니다.

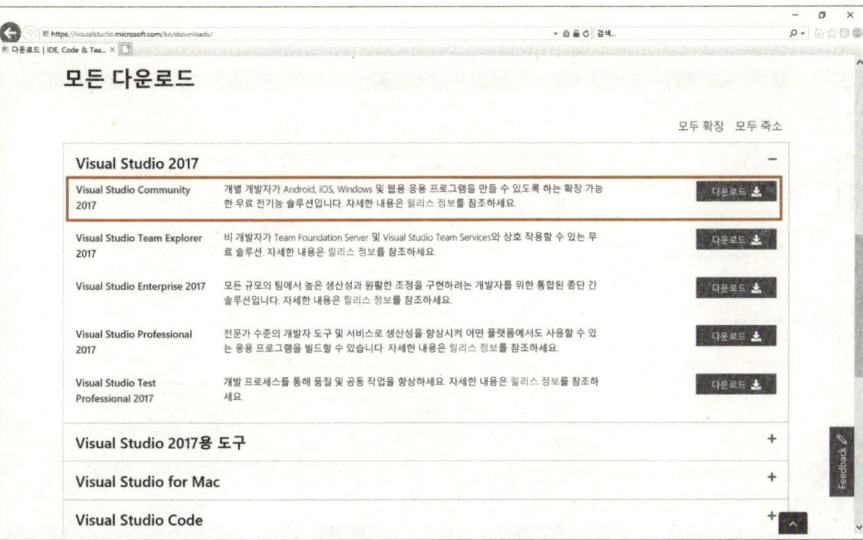

인스톨

다운로드가 끝났으면 인스톨러를 실행합니다.
처음에 마이크로소프트 소프트웨어 사용 조건과 개인정보처리방침에 관한 안내를 확인하고 [계속]을 클릭합니다.

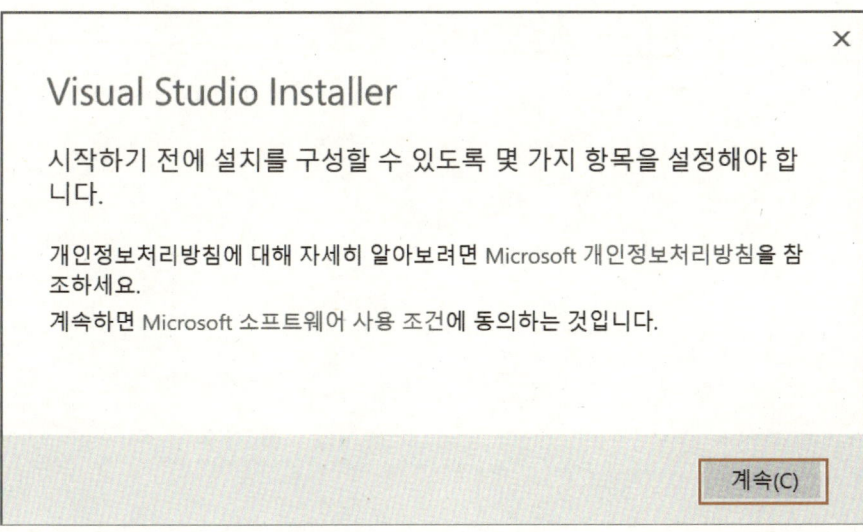

설치할 기능을 선택하는 화면이 표시되면, 'C++를 사용한 데스크톱 개발'에 체크해 주세요. 설치할 장소를 확인하고 [설치]를 클릭합니다. C++는 C언어와 호환성이 있어, 'C++를 사용한 데스크톱 개발'로 C 언어 소스 코드를 컴파일할 수 있습니다.

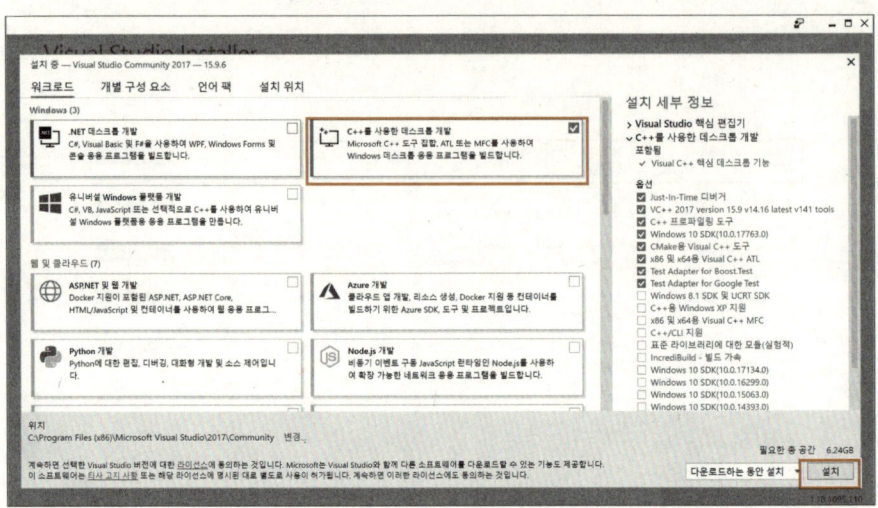

'사용자 계정 컨트롤' 대화창이 표시되면 [예]를 눌러주세요.

설치가 시작됩니다. 환경에 따라서 시간이 걸릴 수도 있습니다.

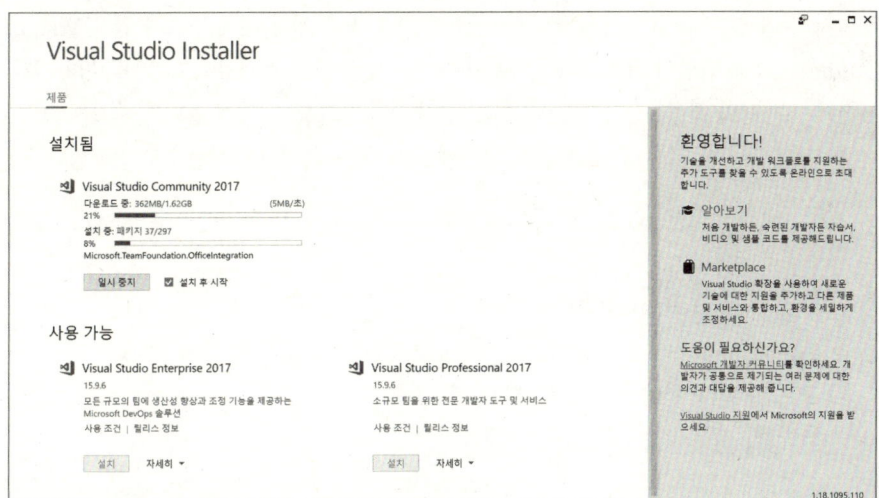

설치가 끝났습니다.

처음 시작하기

설치 후 또는 Visual Studio Community 2017 처음 시작 시에 다음과 같은 Visual Studio 로그인 화면이 표시됩니다. 로그인하면, 제품 등록이 완료되고 30일 평가기간 제한이 해제되며 개인화한 설정을 복수의 PC에서 동기화할 수 있게 됩니다.

로그인은 나중에 할 수도 있으므로 '나중에 로그인'을 클릭하고 다음으로 진행합니다.

'개발 설정'과 '색 테마'를 선택합니다. 이 설정은 나중에 변경할 수 있습니다. 바로 변경할 필요가 없으면, 기본 설정 그대로 [Visual Studio 시작] 버튼을 클릭합니다.

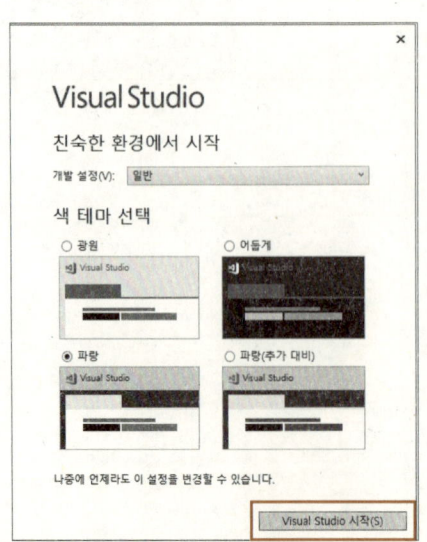

Visual Studio Community 2017이 시작됩니다.

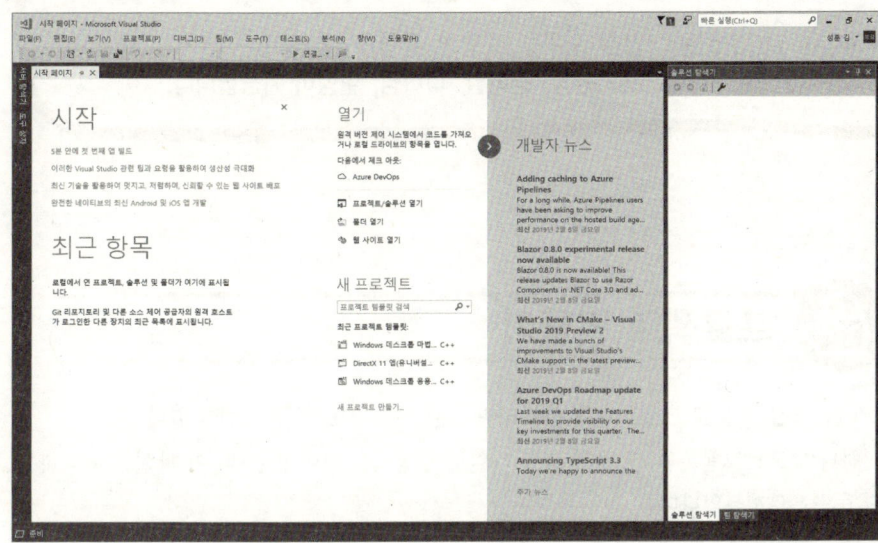

다음부터는 '시작 메뉴'에 등록된 애플리케이션 이름을 클릭해서, Visual Studio Community 2017을 실행합니다.

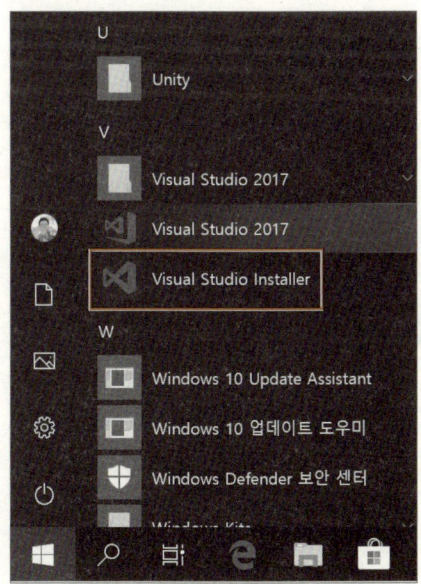

Visual Studio를 이용한 개발

Visual Studio는 다양한 도구를 포함한 통합개발환경(IDE)입니다. Visual Studio만으로도 프로그램 편집, 컴파일, 디버깅, 실행이 가능합니다.

 프로젝트 만들기

Visual Studio로 프로그램을 만들려면 우선 '프로젝트'를 준비해야 합니다.

하나의 프로그램은 여러 개의 소스 파일로 구성되는 일이 많은데, 이 파일을 관리하는 단위가 프로젝트입니다.

Visual Studio를 시작하면, 메뉴에서 [파일] - [새로 만들기] - [프로젝트]를 선택합니다. 표시된 대화창의 왼쪽 패널에서 [Visual C++] - [Windows 데스크톱]을 선택합니다. 이어서 오른쪽에서 [Windows 데스크톱 마법사]를 선택하세요. [이름]에는 프로젝트 이름(실행 파일의 이름도 됩니다)을 지정합니다. 필요하면 프로젝트를 생성할 위치를 수정하고 [확인] 버튼을 클릭합니다.

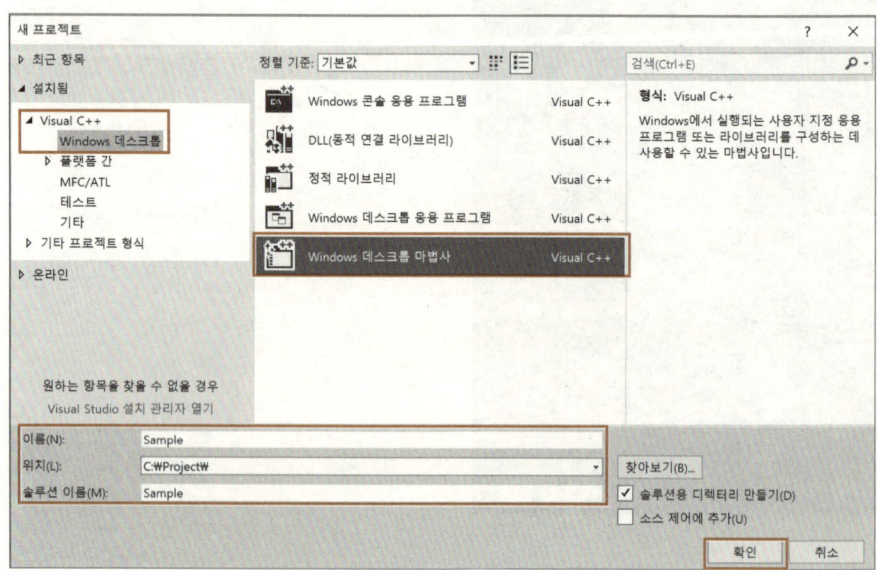

응용 프로그램의 종류와 설정을 선택하는 대화창이 표시됩니다. '응용 프로그램 종류'가 '콘솔 응용 프로그램(.exe)'으로 되어 있는지 확인합니다.

'추가 옵션'에서 '빈 프로젝트'만 체크하고 '미리 컴파일된 헤더'와 'SDL 검사'는 체크를 해제합니다. 설정을 마쳤으면 [확인] 버튼을 누르세요.

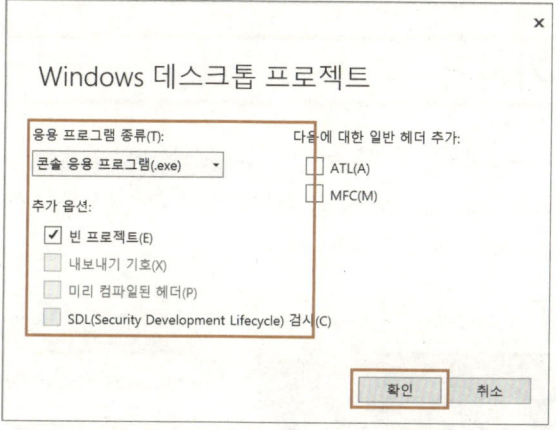

빈 프로젝트가 아니어도 상관없지만, 필요 없는 기능들이 추가됩니다.

마법사가 완료되면 지정된 폴더에 프로젝트가 만들어져 다음과 같이 됩니다.

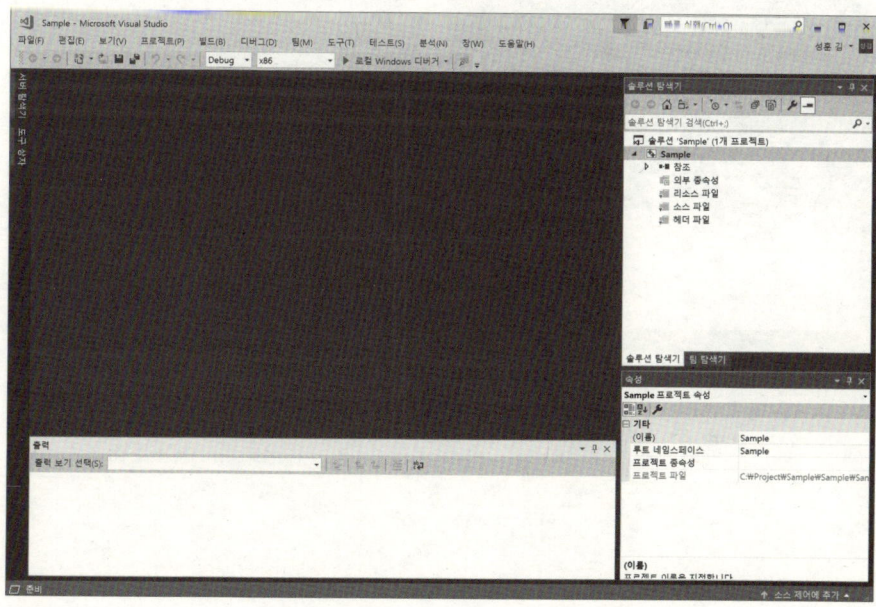

Visual Studio에서는 작업 단위를 '솔루션'이라고 부릅니다. 하나의 솔루션에서 여러 프로젝트를 다룰 수 있습니다. 이번처럼 프로젝트를 만든 직후에는 솔루션이 1개, 프로젝트가 1개인 상태로 되어 있습니다. 다음에 프로그래밍을 다시 시작할 때는 메뉴의 [파일] – [열기] – [프로젝트/솔루션]에서 원하는 폴더의 솔루션 파일(*.sln)을 엽니다.

소스 파일 추가하기

다음 단계는 프로젝트에 C언어 소스 파일을 추가하는 것입니다. 소스 파일을 새로 만들려면, 솔루션 탐색기의 프로젝트 이름을 마우스 오른쪽 버튼을 클릭해서 표시되는 컨텍스트 메뉴에서 [추가]-[새 항목]을 선택합니다.

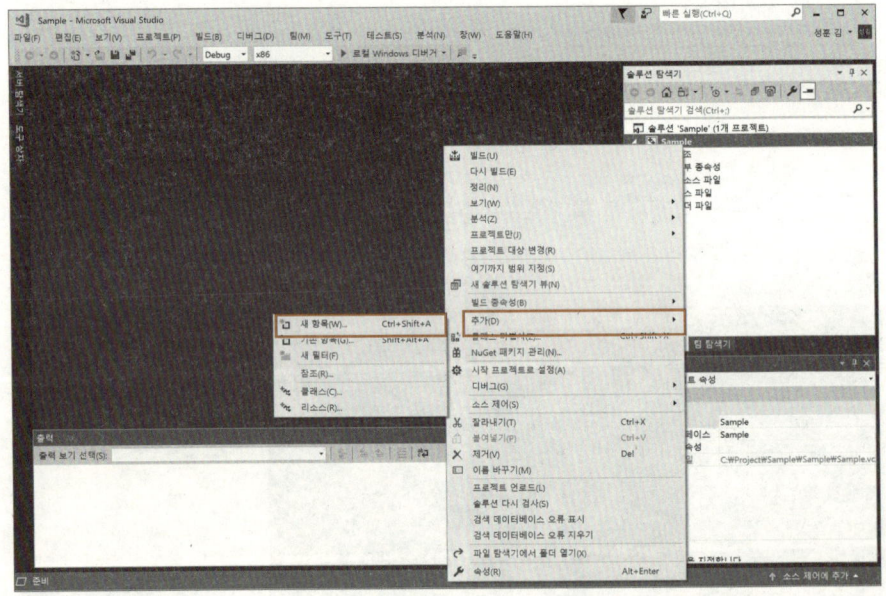

'새 항목 추가' 대화창의 'Visual C++'에서 'C++ 파일'을 선택합니다. 파일명을 입력하고 [추가] 버튼을 클릭하면, 프로젝트에 새 파일이 추가됩니다.

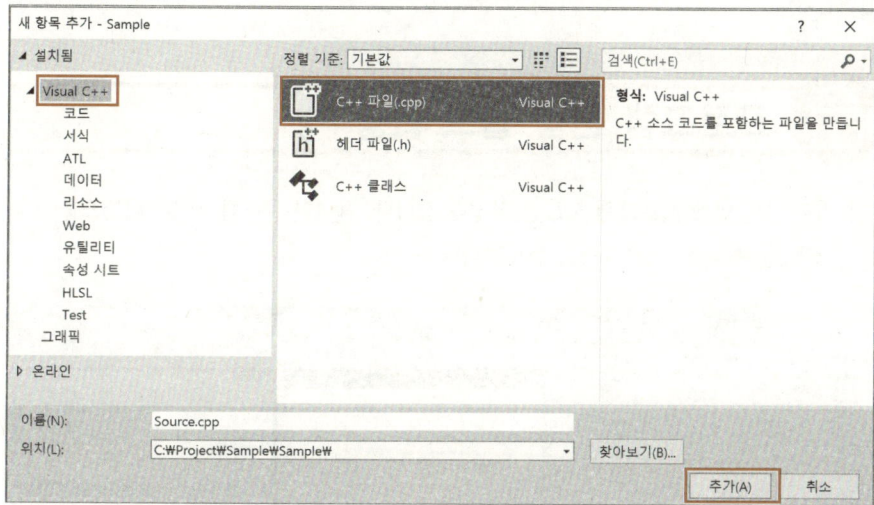

소스 파일을 추가하면, 그 파일이 열린 상태가 됩니다. 추가된 파일은 솔루션 탐색기 창에서 확인할 수 있습니다.

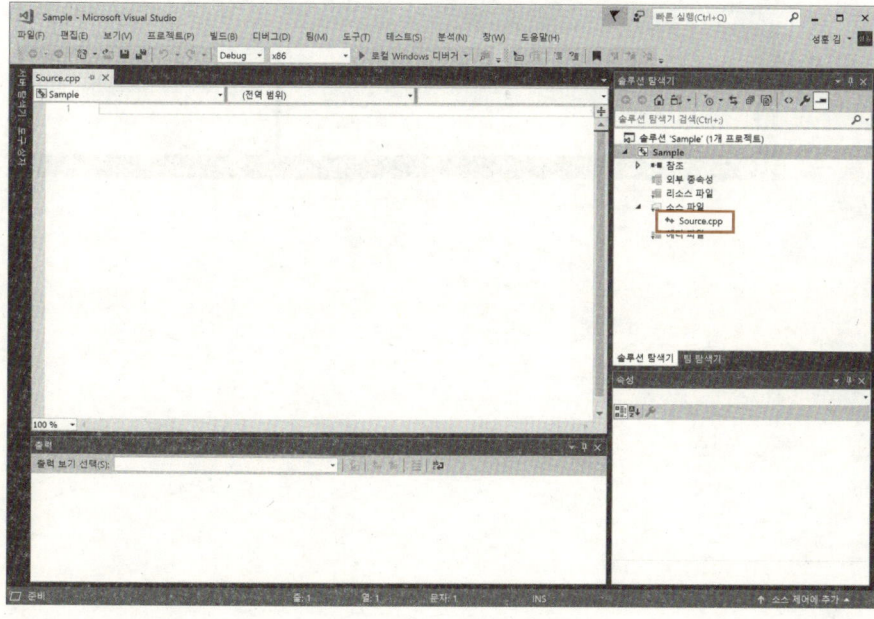

덧붙여, 이미 있는 파일을 프로젝트에 추가하고 싶을 때는 솔루션 탐색기의 프로젝트 이름을 마우스 오른쪽 버튼으로 클릭해 컨텍스트 메뉴가 나오면, [추가]-[기존 항목]을 선택합니다.

프로그램 편집·빌드·실행

추가한 파일 안에 프로그램 코드를 작성해 갑니다. 작성이 끝나면, 메뉴의 [빌드] – [솔루션 빌드]를 선택해, 프로그램을 빌드합니다.

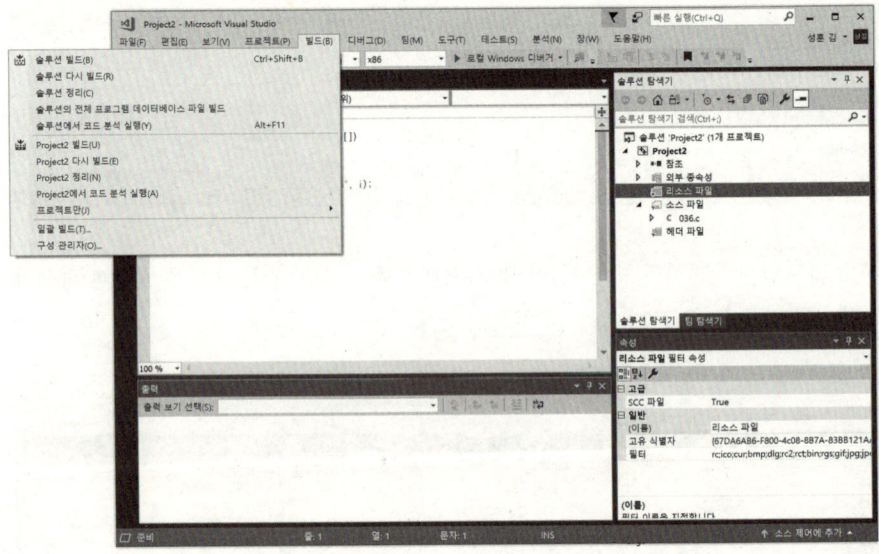

프로그램에 문제가 없으면 [출력] 창에 '성공 1'이라고 표시됩니다(정상적으로 종료한 처리가 하나라는 뜻입니다). 만약 오류가 있으면 [오류 목록] 창이 활성화되고 오류 내용이 표시됩니다. 오류가 없어도 문법적으로 추천하지 않는 코드가 있으면, 경고해 줍니다.

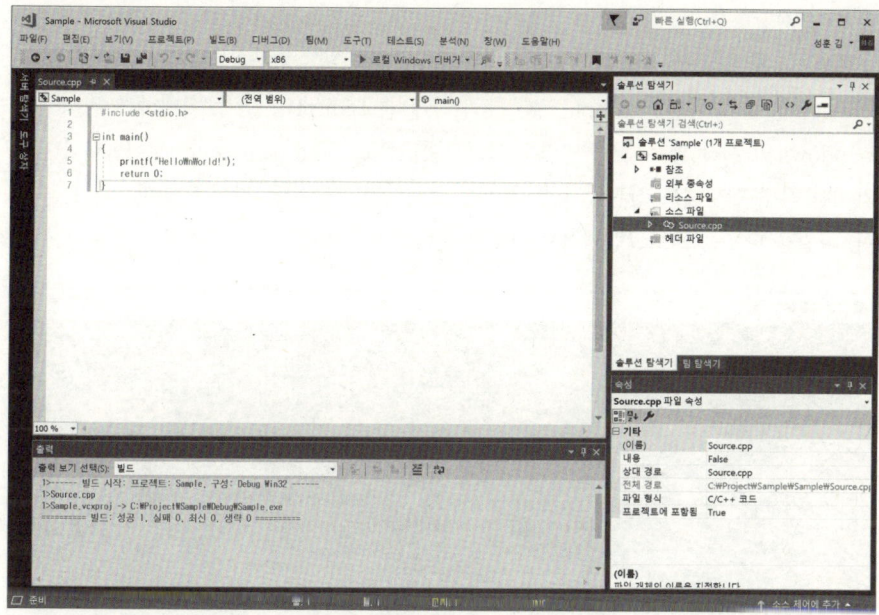

빌드가 성공하면 프로그램을 실행할 수 있습니다. 메뉴에서 [디버그]-[디버그하지 않고 시작]을 선택하면, 디버그 콘솔이 열리고 그 안에서 프로그램이 실행됩니다. 프로그램이 종료하면, '이 창을 닫으려면 아무 키나 누르세요.'라고 표시됩니다. 아무 키나 눌러 디버그 콘솔을 닫습니다.

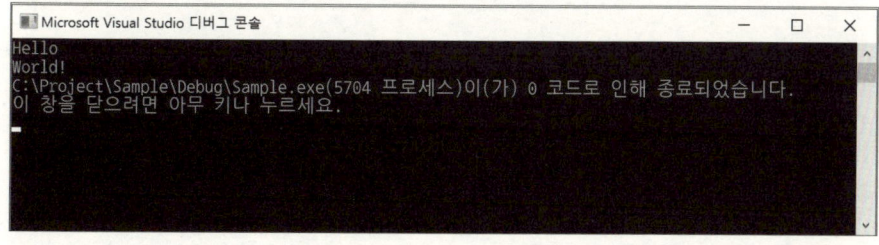

Visual Studio를 이용한 개발 | 235

명령 프롬프트에서 프로그램 실행하기

Visual Studio는 처음에 지정한 프로젝트 위치의 Debug 디렉토리 아래에 실행 파일을 만듭니다.

예를 들어 프로젝트가 'C:\Project\Sample'에 있으면, 'C:\Project\Sample\Debug;에 실행 파일 'Sample.exe'를 만듭니다. Sample.exe를 실행하기 위해서는, Windows의 시작 메뉴에서 '명령 프롬프트'를 열고 'Sample.exe'를 실행합니다(탐색기에서 직접 실행해도 상관없지만, 결과를 표시하자마자 바로 창이 닫혀버립니다. 덧붙여, 파일을 다루는 프로그램에서는 실행할 디렉토리 위치에도 주의하세요.

명령 프롬프트에서 개발하기

지금까지 Visual Studio의 IDE를 사용해 프로그래밍하는 방법을 살펴봤지만, IDE를 사용하지 않고 프로그램을 빌드하고 실행할 수도 있습니다. 그때는 선호하는 텍스트 에디터로 소스 파일을 편집하고, 'VS 2017에 대한 개발자 명령 프롬프트'에서 컴파일합니다. 'VS 2017에 대한 개발자 명령 프롬프트'는 시작 메뉴의 Visual Studio 2017 폴더 안에 있습니다.

명령 프롬프트에서 컴파일할 때는 'cl.exe'라는 프로그램을 사용합니다. 이 cl.exe가 바로 컴파일러의 본체입니다. Source.cpp라는 파일을 컴파일하려면, 명령 프롬프트에서 Source.cpp가 있는 폴더로 이동해 다음과 같이 입력합니다.

```
cl Source.cpp
```

컴파일이 성공하면 같은 폴더에 실행 파일 Source.exe가 만들어집니다.

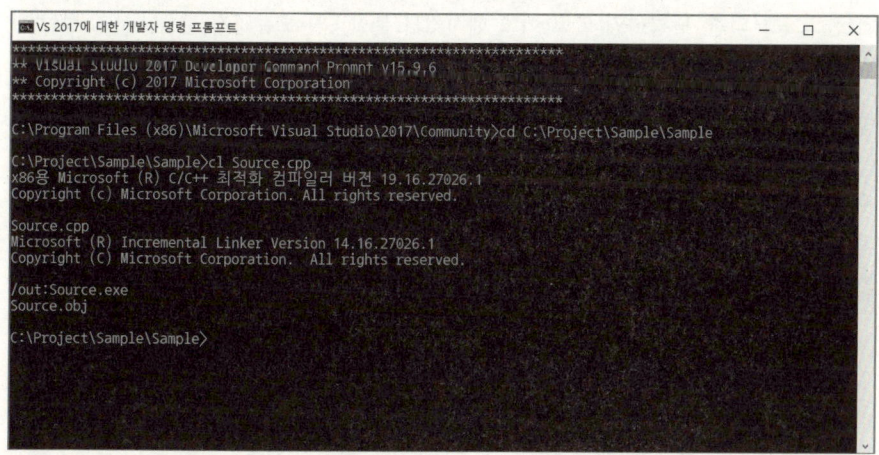

프로그램을 구성하는 파일이 여러 개 있는 경우는 메이크 파일이라는 소스 파일 구성 내용이 기술된 파일이 필요하지만, 이 책에서는 생략합니다.

일반적인 디버그 기법

프로그램에는 버그(오류)가 끼어있기 마련입니다. 프로그램이 생각대로 동작하지 않을 때는 버그를 제거하는 디버그라는 작업을 합니다.

 ## 오류의 종류

프로그래밍을 하다가 제일 처음 부딪히는 벽이 컴파일 시의 오류입니다. 프로그램을 컴파일할 수 없는 원인으로는 문법이 틀렸을 수도 있고(문법 오류), 컴파일 방법이 잘 못 됐을 수도 있습니다. 어느 부분에 문제가 있는지는 컴파일러가 알려줍니다. 단, C 컴파일러가 출력하는 오류 메시지는 좋든 싫든 컨베이어 시스템과 같아 한 곳에 오류가 있을 뿐이더라도 그로 인해 그 이후가 맞지 않으면, 그때마다 메시지를 표시합니다. 오류 메시지가 잔뜩 표시되면, 당황하지 말고 어느 메시지가 본질적인 오류인지 분석해서 수정할 필요가 있습니다.

그런데, 컴파일에 성공했다고 해서 바르게 동작하는 프로그램이 만들어진 것은 아닙니다. 가장 고생하는 것이 프로그램 실행 중의 오류입니다. 버그라고 하면, 보통 이쪽을 가리킵니다. 버그에는 프로그램이 멈추는 것(런타임 에러), 멈추지는 않지만 프로그램의 동작이 이상한 것, 생각한 대로 동작하지만 잘못된 결과가 나오는 것 등 다양한 종류가 있습니다.

예를 들어, 'i = 3;'은 변수 i에 3이라는 값을 대입하는 문입니다. 이 문의 부호를 실수로 두개 써서 'i==3'이 되면, i와 3이 같은지 비교하는 식이 됩니다. 비교하는 식 자체만으로는 의미가 없지만, 문법적으로는 틀리지 않았으므로 컴파일러가 오류를 알려주지 않습니다. 결국, 의도했던 'i에 3을 대입'하는 처리는 이루어지지 않는 프로그램이 만들어집니다.

 ## 버그를 발견하는 팁

프로그램의 버그를 발견하려면, 우선 소스 프로그램을 꼼꼼히 읽는 것이 기본입니다. 자기가 생각한 처리가 생각한 대로 기술되어 있는지 다시 한 번 확인합시다. 하지만, 그래도 모를 때는 프로그램이 어떻게 동작하는지 자세히 조사할 필요가 있습니다.

이제부터 디버그에서 자주 사용되는 몇 가지 기법에 관해 그 목적과 방법을 설명합니다.

분할 처리한다

　C언어에서는 식이나 문을 매우 유연하게 기술할 수 있습니다. 연구하기에 따라 상당히 복잡하게 코드를 구성할 수도 있어, 버그의 온상이 될 때도 있습니다. 코드는 적절히 분할해 가는 게 좋겠지요. 코드를 적절히 분할하면 오류가 있을 때 위치를 파악하기 쉬워집니다. 식의 의미를 이해하기 어렵고 연산 우선순위가 명확하지 않을 때는 괄호로 묶어주거나 한 번 변수에 대입하거나 하면, 식의 의미가 명확해지고 읽기 편해집니다.

결과나 중간 경과를 표시한다

　프로그램을 그냥 실행해서는 버그가 있는 것을 알아도 좀처럼 원인을 파악하기가 어렵습니다. 그래서 소스 프로그램에 원래는 필요 없는 'printf("실행됐습니다.\n");'와 같은 코드를 삽입하면 그 부분이 언제 실행되는지 알 수 있습니다. 또 변수의 값을 표시하도록 해두면, 그 시점에서의 변수값을 조사할 수 있습니다. 화면 출력 내용이나 타이밍에 민감한 응용 프로그램에서는 로그를 파일로 남기는 것도 효과적인 방법입니다.

함수별로 실행한다

　C언어에서의 처리 단위는 함수이므로 함수를 테스트힐 일이 많을 것입니다. 함수에 다양한 인수를 넘겨주고 반환값을 조사하면, 함수가 정상으로 동작하는지 판단할 수 있습니다. 프로그램을 일시적으로 수정해서 테스트할 함수가 바로 실행되게 해도 좋겠지요. 다른 테스트용 프로그램을 만들어, 거기서 테스트하고 싶은 함수를 호출하는 방법도 좋습니다.

처리의 흐름을 제한한다

　버그가 숨어있는 장소를 찾을 때 조건 분기가 방해되는 경우가 있습니다. 조건 분기는 상황에 따라 동작이 변하므로, 버그를 알아내기가 힘들어집니다. 이런 경우는 조건식을 수정해 버리는 것도 하나의 방법입니다. 이 방법은 좀처럼 실행되지 않는 부분을 테스트할 때 효과적입니다.

데이터 구조를 추측한다

　복잡한 알고리즘이나 데이터 구조를 가진 프로그램에서는 버그가 있는 장소와 전혀 관계 없는 곳에서 이상 동작을 하는 일도 있습니다. 그럴 때는 머리를 써서 '이 부분의 메모리는 어떻게 사용될까?' 하고 생각해 봅니다. 실제로 배열의 범위 밖의 요소를 참조하거나 포인터가 잘못된 위치를 가리켜서 문제가 되는 사례가 많습니다. 이런 버그를 찾아내는 것은 어렵지만, 어느 정도 전문적인 프로그램 오류 중에서는 흔한 편입니다.

Visual Studio의 디버거

구체적인 디버거로서 Visual Studio의 예를 살펴보겠습니다.

🔓 디버거 이용하기

여기까지는 소스 프로그램을 변경해서 디버그하는 방법을 소개했습니다. 이 방법은 이른바 직접 버그를 찾아내기 위한 방법입니다. 하지만, 프로그램이 커질수록 버그를 발견하고 소스 코드를 수정하기가 매우 힘들어집니다.

그래서 도구의 힘을 빌리기로 하겠습니다. 디버그를 지원하는 도구를 디버거라고 하고, 컴파일러와 함께 프로그램 개발에서 빼놓을 수 없습니다. Visual Studio를 비롯해 대개의 개발 환경은 컴파일러와 디버거를 모두 갖추고 있습니다.

🔓 브레이크 포인트 설정하기

소스 프로그램에 지정한 위치에서 프로그램 실행을 일시 정지할 수 있습니다. 브레이크 포인트란 프로그램이 정지할 위치입니다. 브레이크 포인트를 설정하고 프로그램을 실행하면, 그 위치에 도달했을 때 프로그램이 정지합니다. 소스 프로그램 편집 화면에서 직접 브레이크 포인트를 설정할 수 있습니다. 브레이크 포인트를 설정하려면 설정하고 싶은 행에 커서를 이동한 다음 키를 눌러줍니다. 다시 한번 키를 누르면 브레이크 포인트를 해제할 수 있습니다. 브레이크 포인트는 얼마든지 설정할 수 있습니다. 프로그램을 실행할 때는 '실행(!마크)'이 아니라 디버그 실행(키)을 선택해 주세요.

🔓 변수 표시와 변경

프로그램을 일시 정지했을 때, 그 시점의 변수값도 알아볼 수 있습니다. 디버그를 위해 소스에 printf( )를 삽입하는 것과 같은 기능이지만, 디버거를 이용하면 소스 프로그램을 변경할 필요 없이 알고 싶은 변수의 값을 표시할 수 있습니다.

브레이크 포인트에서 프로그램이 정지하면, 변수를 감시할 수 있는 창이 열리고 정지 위치와 관련된 변수와 값이 표시됩니다. 변수의 값을 계속해서 표시하고 싶을 때는 '조사식' 창에 드래그 앤 드롭으로 추가할 수도 있습니다. '조사식' 창에서는 변수 이외에도 자유롭게 식을 입력해서 값을 표시할 수 있습니다.

스텝 실행

소스 프로그램을 한 줄씩 실행하는 기능입니다. 이 기능을 사용하면, 프로그램이 실제로 어떻게 동작하는지, 어느 시점에서 멈춰버리는지 파악할 수 있습니다. 변수의 값을 표시해 두면, 변수값의 변화를 조사할 수도 있습니다. 조건 분기가 많은 프로그램에서 특히 편리한 기능입니다.

Visual Studio에서는 세 종류의 스텝 실행을 할 수 있습니다.

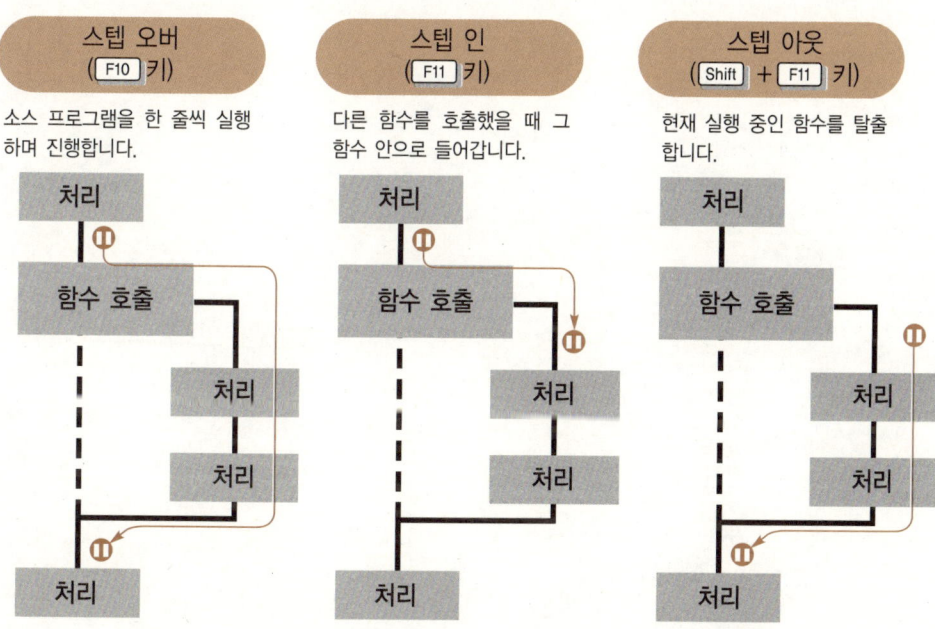

이 디버그 기능들은 디버그 창 안의 버튼을 눌러서 실행할 수도 있습니다.

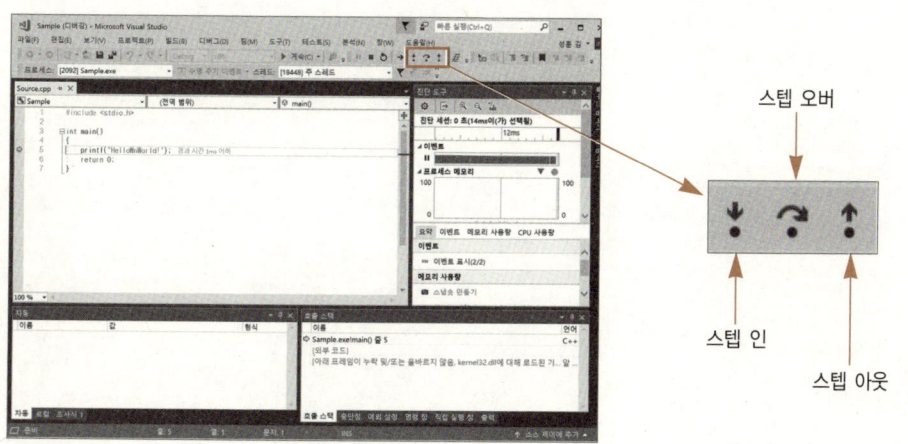

Memo
꼭 기억해 둘 내용을 메모하세요.

C 언어
프로그래밍 언어 중에서 대표적인 언어로 하드웨어에 대한 세밀하고 직접적인 제어가 가능한 반면 생산성은 낮다. C++는 C 언어에 객체 지향 프로그래밍 개념을 도입한 것이며, C#은 .NET 플랫폼에서 실행되는 프로그램을 작성할 수 있도록 개선된 것으로, C와 C++의 장점인 성능과 세밀한 제어를 갖고 있는 동시에 신속한 개발이 가능하다.

main( ) 함수
C 언어 프로그램을 실행할 때 시작되는 부분으로 main( ) 함수를 보면 프로그램의 전체적인 흐름을 알 수 있다. 전체적인 흐름은 main( ) 함수에 작성하고, 세부적인 부분은 별도의 함수로 작성한다.

기계어(machine language)
CPU가 직접 해석 및 실행할 수 있는 수치로 된 프로그램을 말한다. 기계어가 아닌 C 언어, Java, Visual Basic 등의 프로그래밍 언어로 작성된 프로그램은 모두 기계어로 변환해야 실행된다.

구조체(structure)
동일한 형으로 된 데이터를 저장할 수 있는 배열과는 달리 다른 형으로 된 데이터를 여러 개 저장할 수 있는 데이터 모음이다. 또한 다음 요소를 가리키는 포인터를 멤버로 가질 수 있어서 리스트에 사용된다.

구조화(structurized)
goto 문을 사용하는 비구조적인 제어가 아니라 if 문이나 for 문, while 문을 사용하여 프로그램의 흐름을 구조적으로 표현하는 것을 말한다.

디버그(debug)
오류가 발생하여 프로그램이 실행되지 않을 때 오류를 찾아가는 과정을 말한다. 초창기 컴퓨터에 벌레(bug)가 들어가서 작동하지 않았을 때 벌레를 잡았던 일에 비추어 디버그(debug)라는 용어가 생겨났다.

데이터 구조
데이터를 저장하는 방법을 말하며, 그 방법에 따라 정렬이나 검색에 성능적 기능적 차이를 가져온다. 대표적인 데이터 구조로는 스택, 큐, 리스트, 트리 등이 있다.

라인 에디터(line editor)
텍스트를 한 행씩 삽입하거나 삭제할 수 있는 편집기를 말한다. 주로 명령 프롬프트에서 한 행씩 처리한다.

메모리(memory)
컴퓨터의 주기억장치로 모든 명령과 데이터는 이 메모리로 읽어들여 프로세서가 처리한다. 메모리가 부족할 때는 실제 메모리 외에 하드디스크 등의 보조기억장치를 이용한 가상 메모리를 사용하기도 한다.

명령 프롬프트
MS-DOS 명령을 입력할 수 있는 프롬프트(C:\ 등)로, 윈도우 98에서는 [시작]-[실행]을 선택하고 command를 입력하고, 2000이나 XP에서는 'cmd'를 입력하면 실행된다. 이 책에 나오는 모든 예제 프로그램은 명령 프롬프트에서 실행된다.

무한 루프
조건을 만족하는 값이 존재하지 않으므로 루프가 영원히 반복되어 프로그램을 종료할 수 없는 루프를 말한다. 프로그램을 작성할 때는 무한 루프에 빠지지 않도록 항상 루프를 종료할 수 있는 조건을 두어야 한다.

문자열(string)
여러 개의 문자로 이루어진 것을 말하며 스트링(string)이라고 한다. C 언어에는 String 형이 없으므로 문자열은 문자(char) 배열로 처리한다.

명세서
프로그램 작성에 필요한 모든 사항을 기록한 문서로, 대규모 프로그램에서는 전체 설계서와 세부 설계서 등을 작성하여 프로그램을 작성해 간다. 문서를 제대로 구비하는 일은 프로그램 작성, 유지, 보수에 도움이 된다.

반복
조건이 참이냐 거짓이냐에 따라 루프(loop) 안의 처리 내용을 반복 실행하는 것을 말한다. for 문이나 while 문을 사용한다.

버그(bug)
프로그램의 오류(error)를 말하는 것이다. 초창기 컴퓨터는 지금과는 비교가 안 될 만큼 거대했는데 종종 컴퓨터 안에 나방이 들어가서 오작동이 일어나는 경우가 있었다. 버그라는 말은 이때부터 유래된 것으로 버그를 잡는 것을 디버그(debug)라고 한다.

변수(variable)
프로그램에서 사용할 값을 넣어 두는 장소로, 메모리에서 빈 기억 장소에 이름을 붙여 두고 사용한다. 따라서 변수를 사용하기 전에 어떤 형의 값을 얼마만큼 저장할지를 미리 선언해야 한다.

배열(array)
같은 형과 크기로 된 변수를 똑같은 이름으로 여러 개 묶은 것이 배열이다. 배열의 각 요소는 첨자를 사용하여 구분한다. 예를 들어 a[ ]라는 배열의 첫 번째 요소는 a[0]이 된다.

블록

프로그램에서 관련된 일련의 처리를 묶어 놓은 것으로 C 언어에서는 {와 }로 둘러싸인 부분을 프로그램 블록이라고 한다.

순서도(flowchart)

프로그램의 흐름(flow)을 기호를 사용하여 나타낸 도표(chart)로, 순서도가 제대로 되어 있으면 어떤 언어로든 프로그램을 작성하기가 쉬워진다.

선형 검색(linear search)

찾을 데이터를 하나씩 비교해 가면서 찾는 방법으로 찾을 데이터가 앞쪽에 있을 경우에는 빠르지만 뒤쪽에 있을 경우에는 상당히 느린 방법이다.

시작 지점(entry point)

프로그램을 실행할 때 가장 먼저 실행되는 지점으로, C 언어에서는 main( ) 함수가 시작 지점이다.

에라스토테네스

BC 273년에 태어난 그리스 과학자로 우물에 비친 태양의 각도를 이용하여 지구의 둘레를 쟀다. 또한 '에라스토테네스의 체'라는 소수를 판별하는 알고리즘을 발견한 사람이다. 소수는 1과 그 자신으로밖에 나눠지지 않는 수다.

연결 리스트(linked list)

자료를 기억하는 장소 이외에 다음 자료를 가리키는 포인터를 두어 자료의 삽입과 삭제 시 자료의 이동을 최소화하는 자료 구조다. 연결 리스트에는 단순 연결 리스트와 이중 연결 리스트가 있다.

인수

함수에 전달되어 함수 내 처리에 사용되는 변수와 같은 것을 말한다. 인수를 전달하는 방법으로는 값으로 전달하는 방법과 참조로 전달하는 방법이 있다.

윤년(leap year)

2월의 일수가 29일이 되는 해로, 연도가 4의 배수이면서 100의 배수가 아닌 경우와, 400의 배수인 경우가 윤년이다. 윤년을 구하는 식은 y % 4 == 0 && y % 100 != 0 || y %% 400 == 0이 된다.

이진 검색(binary search)

찾을 데이터의 범위를 반씩 줄여 가는 검색 방법으로 처리 속도가 빠르다.

제어문(control statement)
프로그램의 실행 순서를 제어하는 문장으로, 조건을 조사하여 참이냐 거짓이냐에 따라 분기하는 if 문, 실행 횟수를 알고 있는 경우 반복하는 for 문, 조건에 따라 루프를 반복하는 while 문 등이 있다. goto 문과 같은 무조건 제어문도 있지만 거의 사용하지 않는다.

조건 분기(conditional branch)
조건을 조사하여 예인지 아니오인지에 따라 처리할 내용이 달라지는 프로그램 흐름이다.

정렬(sort)
데이터를 일정한 기준에 따라 정렬하는 방법으로 버블 정렬, 삽입 정렬, 셸 정렬, 퀵 정렬 등이 있다.

카운터
for 문에서 조건을 반복할 횟수를 제어하는 변수를 말한다. 관례적으로 i, j, k와 같은 이름을 사용한다.

퀵 정렬(quick sort)
임의의 값을 기준으로 그 값보다 큰 범위와 작은 범위로 나눠 가는 방법으로 일반적으로 가장 빠른 정렬 방법이다.

포인터(pointer)
변수에는 데이터의 값이 들어가는 반면, 포인터에는 데이터의 주소가 들어가게 된다. 데이터 값은 커질 수도 있지만 주소는 항상 일정하기 때문에 메모리가 절약되며 실행이 빠르다는 장점이 있다.

표준 라이브러리
C 언어가 미리 준비해 둔 함수 모음이다. 대부분의 함수는 표준 라이브러리에 들어 있으므로 프로그래머가 힘들게 기술하지 않아도 된다. 단, 사용할 때는 #include 문을 사용하여 해당 함수가 들어 있는 헤더 파일을 프로그램에 포함시켜야 한다.

프로세서(processor)
일반적으로 CPU(Central Processing Unit, 중앙처리장치)를 말하며, 주기억장치인 메모리에 있는 명령과 데이터를 처리하는 일을 한다.

함수(function)
관련 있는 일련의 처리를 한데 모아 놓은 것이다. C 언어 프로그램은 수많은 함수들로 구성된다. 함수는 값을 전달받을 수도 있고 처리한 결과를 반환할 수도 있다.

찾아보기

숫자·기호

'\0'(NULL 문자) · · · · · · · · · · 86
"\n"(줄 바꿈) · · · · · · · · · · · · 84
#define · · · · · · · · · · · · · · · 58
#include 〈stdlib.h〉 · · · · · · · · 51
〈stdlib.h〉 · · · · · · · · · · · · · · 93
〈time.h〉 · · · · · · · · · · · · · · · 93

A

ASCII 코드 표 · · · · · · · · · · · 40

B

break 문 · · · · · · · · · · · · · · · 68
bsearch( ) · · · · · · · · · · · · · 214

C

C 언어 · · · · · · · · · · · · · · · · 24
cash · · · · · · · · · · · · · · · · · 188
char · · · · · · · · · · · · · · · · · · 34
clearBuffer( ) · · · · · · · · · · · 152
continue 문 · · · · · · · · · · · · · 68
CUI(Character User Interface) · · 24

D

do~while 문 · · · · · · · · · · · · 67
double · · · · · · · · · · · · · · · · 34

F

fclose( ) 함수 · · · · · · · · · · · · 46
feof( ) · · · · · · · · · · · · · · · · · 90
fgets( ) 함수 · · · · · · · · 47, 90, 143
FIFO(First In First Out) · · · · · 187
FILO(First In Last Out) · · · · · 186
float · · · · · · · · · · · · · · · · · · 34
fopen( ) 함수 · · · · · · · · · · · · 46
for · · · · · · · · · · · · · · · · · · 62
for문 · · · · · · · · · · · · · · · · · 66
fprintf( ) 함수 · · · · · · · · · · · · 46
free( ) 함수 · · · · · · · · · · · · · 51

G

getchar( ) 함수 · · · · · · · · · · · 49
gets( ) 함수 · · · · · · · · · · · · · 49
goto · · · · · · · · · · · · · · · · · 63
GUI(Graphical User Interface) · · 24

I

if 문 · · · · · · · · · · · · · · · · · 64
insertString( ) 함수 · · · · · · · · 154
int · · · · · · · · · · · · · · · · · · 34

M

main( ) 함수 · · · · · · · · · · · 102
malloc( ) 함수 · · · · · · · · 51, 144

N ~ O

NULL 문자 · · · · · · · · · · · · · · · 41
openFile( ) 함수 · · · · · · · · · · · 153

P ~ Q

printCalendar( ) · · · · · · · · · · · 128
printf( ) · · · · · · · · · · · · · · · · · 31
qsort( ) · · · · · · · · · · · · · · · · · 214

R

rand( ) 함수 · · · · · · · · · · · · · · · 92
return 문 · · · · · · · · · · · · · · · · 102

S

scanf( ) 함수 · · · · · · · · · · · 48, 92
short · · · · · · · · · · · · · · · · · · · 34
srand( ) · · · · · · · · · · · · · · · · · 92
strcmp( ) 함수 · · · · · · · · · · · · · 69
strlen( ) 함수 · · · · · · · · · · · · · · 88

V

Visual Studio 2017 · · · · · · · · · 222
Visual Studio 2017 설치 · · · · · · 223
void · · · · · · · · · · · · · · · · · · · 103

W

while 문 · · · · · · · · · · · · · · · · · 67
while · · · · · · · · · · · · · · · · · · · 62

ㄱ

가인수 · · · · · · · · · · · · · · · · · 107
감소 연산자 · · · · · · · · · · · · · · · 43
값 전달(by value) · · · · · · · · · · 107
교환법 · · · · · · · · · · · · · · · · · 192
구조체 멤버에 액세스 · · · · · · · · · 53
구조체 템플릿 선언 · · · · · · · · · · 52
구조체 · · · · · · · · · · · · · · 52, 167
구조체의 초기화 · · · · · · · · · · · · 53
구조화 · · · · · · · · · · · · · · · · · · 63
기계어 · · · · · · · · · · · · · · · · · · 16

ㄴ

논리 연산자 · · · · · · · · · · · · · · · 45

ㄷ

다익스트라 · · · · · · · · · · · · · · · 72
다차원 배열 · · · · · · · · · · · · · · · 37
대입 연산자 · · · · · · · · · · · · · · · 42
동적 메모리 · · · · · · · · · · · · · · · 50

ㄹ

라인 에디터 · · · · · · · · · · · · · · 138

루프(loop) · · · · · · · · · · · · · · 60
루프단 · · · · · · · · · · · · · · · · 22

ㅁ

마침표 · · · · · · · · · · · · · · · · 53
메모리(기억 장치) · · · · · · · · · · 16
메인 함수 · · · · · · · · · · · · · · 30
무한 루프 · · · · · · · · · · · · · · 61
문자형 · · · · · · · · · · · · · · · · 40

ㅂ

바깥쪽 루프 · · · · · · · · · · · · · 85
반환값(리턴값) · · · · · · · · · · · 100
배열 · · · · · · · · · · · · · · · 29, 36
버그 · · · · · · · · · · · · · · · · 130
버블 정렬 · · · · · · · · · · · · · 194
버퍼 · · · · · · · · · · · · · · 96, 142
범위(scope) · · · · · · · · · · · · 106
변수 · · · · · · · · · · · · · · · 29, 32
변수명 · · · · · · · · · · · · · · 32, 58
부동 소수점 연산 · · · · · · · · · · 164
블록(block) · · · · · · · · · · · · · 64
비교 연산자 · · · · · · · · · · · · · 44

ㅅ

삽입 정렬 · · · · · · · · · · · · · 196
상향식 접근 방식 · · · · · · · · · · 136
서식 · · · · · · · · · · · · · · · · · 33
선형(또는 순차) 검색 · · · · · · · · 191

셸 정렬 · · · · · · · · · · · · · · 198
소수 · · · · · · · · · · · · · · · · 168
소인수 분해 · · · · · · · · · · 166, 170
순서도 · · · · · · · · · · · · · 16, 20
순서도의 기호 · · · · · · · · · · · · 22
스택(stack) · · · · · · · · · · · · · 96
시작 지점(엔트리 포인트) · · · 28, 104
실수형 · · · · · · · · · · · · · · · · 34
실인수 · · · · · · · · · · · · · · · 107

ㅇ

안쪽 루프 · · · · · · · · · · · · · · 85
알고리즘(algorithm) · · · · · · · · 16
에라스토테네스의 체 · · · · · · 166, 168
연결 리스트(linked list) · · · · 167, 174
연산자 · · · · · · · · · · · · · 29, 42
연속 if 문 · · · · · · · · · · · · · · 65
유클리드의 호제법 · · · · · · · · · 172
윤년 · · · · · · · · · · · · · · · · 119
이진 검색 · · · · · · · · · · · · · 202
이차원 배열 · · · · · · · · · · · · 144
인수(파라미터) · · · · · · · · · · · 100

ㅈ

재귀 호출(recursive call) · · · · · · 110
전역 변수(global variable) · · · 106, 148
전치 · · · · · · · · · · · · · · · · · 43
정수형 · · · · · · · · · · · · · · · · 34
제어문 · · · · · · · · · · · · · · · · 60
조건 분기 · · · · · · · · · · · · · · 61
중첩 if 문 · · · · · · · · · · · · · · 65

ㅈ

증가 연산자 · · · · · · · · · · · · · 43
지역 변수(local variable) · · · · · · 106

ㅊ

참조 전달(by reference) · · · · · · · 107
첨자 · · · · · · · · · · · · · · · · 36
최대 공약수 · · · · · · · · · 166, 172

ㅋ

캐스트 연산자 · · · · · · · · · · · 35
커맨드라인 인수 · · · · · · · · · · 104
컴파일러 · · · · · · · · · · · · · · 25
코드 · · · · · · · · · · · · · · · · 16
퀵 정렬 · · · · · · · · · · · · · · 200
큐(queue) · · · · · · · · · · · · · 96

ㅌ

텍스트 에디터 · · · · · · · · · · · 25

ㅍ

포인터 변수 · · · · · · · · · · · · 38
표준 라이브러리 함수 · · · · · · 98, 101
프로그래밍 · · · · · · · · · · · · · 17
프로그램 · · · · · · · · · · · · · · 16
프로세서(처리 장치) · · · · · · · · · 16
프로토타입(prototype) · · · · · · · 102
플래그 · · · · · · · · · · · · · · 169

ㅎ

하향식 접근 방식 · · · · · · · · · 136
함수 · · · · · · · · · · · · · 28, 100
함수 호출 · · · · · · · · · · · · · 103
화살표 연산자 · · · · · · · · · · · 53
후치 · · · · · · · · · · · · · · · · 43
힙(heap) · · · · · · · · · · · · · · 96

(주)성안당 추천 도서

앞서가는 MZ세대를 위한 그림책 시리즈의 신간들!

Linux가 보이는 그림책
ANK Co., Ltd. 저 | 오윤기 감역 | 황명희 역 | 216쪽 | 17,000원

이 책은 기존 〈UNIX가 보이는 그림책〉을 중대형 시스템에서 사용되는 유닉스에서 일반 서버나 PC 유저들도 사용 가능한 리눅스로 대상을 좁혀 개정하였다. 명령 행에 의한 기본 조작에서부터 시스템 관리, 한국어 이야기 등 다양한 주제를 비주얼하고 쉽게 설명한다.

Scratch가 보이는 그림책
ANK Co., Ltd. 저 | 한선관 감역 | 김성훈 역 | 176쪽 | 17,000원

이 책은 지난 2019년 1월에 MIT가 개발하여 발표한 블록형 코딩 언어 스크래치 3.0을 적용한 그림책 시리즈의 신간이자 첫 컬러 책이다. 꼬마 빌게이츠, 꼬마 스티브 잡스가 지레 프로그래밍에 흥미를 잃지 않도록 쉽고 재미있게 공부할 수 있다.

Python이 보이는 그림책
ANK Co., Ltd. 저 | 이영란 역 | 242쪽 | 17,000원

성안당 그림책 시리즈의 신간으로 최근 딥러닝 분야의 표준 언어로도 각광받는 파이썬(Python) 언어를 기초부터 그림과 함께 차근차근 설명한다.

C가 보이는 그림책
ANK Co., Ltd. 저 | 김성훈, 김필호 공역 | 240쪽 | 17,000원

이 책의 큰 특징은 프로그래밍이 논리적인 작업이라는 통념을 벗어나 이미지를 통해 독자의 상상력을 자극하여 프로그래밍 전체 구조를 프로그래머가 실제 파악하고 있는 시각에서 이해할 수 있도록 한 것이다. 그림책 시리즈 중 가장 오랜 기간 사랑받아온 베스트셀러로 개정증보판에서는 비주얼 스튜디오의 설치 방법을 추가했다.

Java가 보이는 그림책
ANK Co., Ltd. 저 | 변종석, 전영민 감역 | 김성훈 역 | 264쪽 | 17,000원

이 책은 자바 초보자들에게 Java의 기본과 객체 지향의 개념을 분명하고도 정확히 전달한다. 도입부에서는 Java 언어의 위상 등 기초 지식, 1장에는 Java 프로그램의 기본, 2장에서는 연산자, 3장에서는 제어문, 4장에서는 클래스의 기초, 5장에서는 클래스의 상속, 6장에서는 클래스의 응용, 7장에서는 파일과 스트림, 8장에서는 패키지 이용을 다루었다. 부록에서는 고급 프로그래밍을 위한 요소들과 다양한 팁을 소개한다.

BM (주)도서출판 **성안당** http://www.cyber.co.kr

04032 서울시 마포구 양화로 127 첨단빌딩 3층(출판기획 R&D 센터) T.02.3142.0036
10881 경기도 파주시 문발로 112 파주 출판 문화도시(제작 및 물류) T.031.950.6300